健康保险系列丛书

健康保险客户服务

主　编　孙祁祥　周新发

中国财经出版传媒集团
中国财政经济出版社

图书在版编目（CIP）数据

健康保险客户服务/孙祁祥，周新发主编. —北京：中国财政经济出版社，2018.4

（健康保险系列丛书）

ISBN 978-7-5095-8213-8

Ⅰ. ①健… Ⅱ. ①孙… ②周… Ⅲ. ①健康保险-销售管理-商业服务 Ⅳ. ①F840.625

中国版本图书馆 CIP 数据核字（2018）第 067702 号

责任编辑：翁晓红　宁　鑫　　　责任校对：杨瑞琦
封面设计：李运平

中国财政经济出版社 出版

URL：http://www.cfeph.cn

E-mail：cfeph @ cfeph.cn

（版权所有　翻印必究）

社址：北京市海淀区阜成路甲 28 号　邮政编码：100142
营销中心电话：010-88191537　北京财经书店电话：64033436　84041336
中煤（北京）印务有限公司印刷　各地新华书店经销
787×1092 毫米　16 开　15 印张　287 000 字
2018 年 4 月第 1 版　2018 年 4 月北京第 1 次印刷
定价：45.00 元
ISBN 978-7-5095-8213-8
（图书出现印装问题，本社负责调换）
本社质量投诉电话：010-88190744
打击盗版举报热线：010-88191661　QQ：2242791300

《健康保险系列丛书》编委会

主　　任：宋福兴

副 主 任：董清秀　冯祥英　高兴华　伍立平　胡占民
　　　　　黄本尧　李晓峰　徐伟成　陈龙清

学术顾问：（按姓氏笔画为序）
　　　　　于保荣　马海涛　王　欢　王国军　王绪瑾
　　　　　王　稳　朱恒鹏　朱铭来　朱俊生　孙祁祥
　　　　　孙　洁　李　玲　李保仁　李晓林　杨燕绥
　　　　　余　晖　张　晓　卓　志　郑　伟　赵尚梅
　　　　　郝演苏　庹国柱　董朝晖　魏华林

编务统筹：蔡皖伶　范娟娟

总　序

健康是人类永恒的追求，是人民幸福的起点，党中央、国务院高度重视人民健康事业。习近平总书记在党的十九大报告中指出："人民健康是民族昌盛和国家富强的重要标志。"没有全民健康，就没有完美意义上的全面小康。发达国家的成功经验表明，没有成熟的健康保险，全民的健康权就难以得到根本保障。

目前，健康保险在中国的实践与发展中尚处于重要的探索阶段，理论体系的构建和指引尤为迫切和重要。编著《健康保险系列丛书》的初衷就是要梳理近年来我国专家学者的理论探索，系统总结行业的实践经验，提炼健康保险的经营规律，从立足本土实际、借鉴国际经验、揭示运营规律、展望发展趋势等维度，努力构建健康保险行业的知识理论体系框架，更好地为我国健康保险业的有序发展提供坚实的理论支持。这套丛书可谓是皇皇巨著，由中国人民健康保险股份有限公司组织编著，凝聚了来自保险、财政税收、公共管理、社会保障、医疗卫生等领域近40位知名专家学者的心血与智慧。

改革开放以来，特别是近十余年来，健康保险业发展迅猛，众多跨领域的专家学者进行了一系列理论研究，流派纷呈，有力地推动了行业的快速发展。但应该看到，这些研究还不成体系，还相对分散，研究的广度和深度与当前行业发展的实际需求还不相适应。历史证明，科学系统的理论指引是保险事业健康发展的根本保证。从保险业的实践来看，什么时候有正确的保险理论指导，什么时候保险业发展的形势就比较好，对经济社会发展的贡献就比较大。

当前，我国特色社会主义已进入新时代，社会主要矛盾已经转化为人民日益增长的美好生活需要和不平衡不充分的发展之间的矛盾。人民群众对美好生活的需要呈现多样化、多层次、多方面的特点，其中，健康服务正在成为人民过上美好生活的一个基本要求。习近平总书记在党的十九大报告中指出:"要完善国民健康政策,为人民群众提供全方位全周期健康服务。"按照党的十九大报告新的部署,完善国民健康政策,将促进健康与经济社会建设相互协调,促进"人口红利"转向"健康红利",全社会对健康投资和消费需求将日趋旺盛,消费结构升级将为健康服务创造广阔的发展空间,包括商业健康保险在内的健康产业进入了重要战略机遇期。专业健康保险公司要在把握重大战略机遇中实现持续快速协调发展,完成"服务国家治理体系和治理能力现代化"这一历史角色的转变,不仅需要从国内外行业自身发展实践的优势与不足中总结经验教训,更需要探究并构建科学、系统的理论体系来指引改革发展的进程。

近几年,商业健康保险发展势头强劲,专业健康保险公司在多层次医疗保障体系建设中发挥了积极的市场机制优势,在满足人民群众日益增长的健康保障需求中的作用也日渐凸显。特别是近些年,健康保险人只争朝夕,真抓实干,成绩卓著。然而在有速度、有效度发展的同时,尚未及时把积累的发展经验总结出来,更没有形成相对完善的以学术研究为先导的理论体系构建。未来,随着新医改的加速推进,商业健康保险的服务链条将逐渐延伸到社会保障、医疗卫生、保健养生等多个领域,跨行业特性使风险控制更加复杂,经营管理难度更大,市场竞争更趋激烈。如果拥有了原创性的理论研究成果,就可以获取行业的理论话语主导权,就能引领未来发展的战略制高点,就能及时应对行业中出现的新变化和新挑战,就能在激烈的市场竞争中获取其他企业难以比拟的发展优势。

习近平总书记在党的十九大报告中强调:"创新是引领发展的第一动力,是建设现代化经济体系的战略支撑。"企业应该成为创新的主体,而推动创新的根本力量是人才。专业健康保险公司的快速发展,关键是要建设一支规模宏大、结构合理、素质优良的创新人才队伍,要培养一大批熟悉市场运作、具备研究能力的专业技术人才。理论知识体系的研究和构建就可以培养和集结这样一批专门人才,使他们成为健康保险事业发展中的中坚力量。

《健康保险系列丛书》就是在这样的时代与文化需求的大背景下应运而生的。全套丛书分为理论基石类、实践操作类、探索提升类三类共计十六册。其中,理论基石类五册,意在建立统一规范的工作语言环境,普及专业基础知识,分别有:《健康保险学》(西南财经大学卓志教授主编)、

《健康保险医学基础》（东南大学张晓教授主编）、《健康保险辞典》（中央财经大学郝演苏教授主编）、《健康保险与健康管理》（辛丹博士主编）、《健康保险制度与规制》（对外经济贸易大学王国军教授主编）。

实践操作类八册，重在梳理总结相对成熟的经验规律，解决目前实践中的困惑，为行业提供现实借鉴和趋势分析，分别有：《健康保险公司风险管理》和《健康保险经营管理》（对外经济贸易大学王稳教授主编）、《健康保险营销管理》（西南财经大学卓志教授主编）、《健康保险产品创新》（北京工商大学王绪瑾教授主编）、《健康保险精算》（中央财经大学李晓林教授主编）、《健康保险财务管理》（中央财经大学马海涛教授主编）、《健康保险信息技术与管理》（北京邮电大学王欢教授主编）、《健康保险客户服务》（北京大学孙祁祥教授主编）。

探索提升类三册，旨在探索未来健康保险业发展之道，分别有：《健康保险与医疗体制改革》（清华大学杨燕绥教授主编）、《健康保险与大数据应用》（北京航空航天大学赵尚梅教授主编）、《护理保险在中国的探索》（南开大学朱铭来教授主编）。

为确保丛书编著的专业性和权威性，这些专家学者搜集整理了大量资料，梳理研究了国内外最新的理论知识和实践经验，进行了多次学术研讨，反复斟酌、精益求精，在编著工作中倾注了大量心力。我们希望本丛书能为健康保险行业的从业人员、健康保险相关专业领域的研究人员提供实际操作的范本和理论参考，为健康中国战略和国家多层次医疗保障体系建设提供必要的理论建构、学术前瞻与路径导向。

前　言

本书依托健康保险理论知识，结合实际工作要领，对健康保险服务进行了深入浅出的探讨，力求使读者能够在理论知识和专业技能两方面得到提升，熟悉和掌握健康保险客户服务技能。本书既可以用于保险公司业务培训，也可供高等院校保险专业学生使用。

本书在内容上拓展了传统意义上狭义的保险客户服务的概念，将保险服务的内容贯穿于保险合同生效前的展业与保险规划服务、保险营销中的保险承保、核保与相关服务，以及生效后的保险理赔服务与投诉管理、保单管理与保全业务。

全书共分十四章。

第一章至第三章阐述健康保险客户服务的理论基础。第一章"健康保险概述"，介绍了健康保险的基本概念、特征、险种，以及从经济学分析健康保险领域中存在的信息不对称、不确定因素下的风险决策、健康保险供求影响因素和健康保险市场与产业分析；第二章对健康保险的合同理论进行介绍，重点介绍了健康保险合同概念与特征、主体与客体、健康保险合同的内容及订立、变更、解除、中止、复效与终止等；并对适用于健康保险的可保利益原则、近因原则、最大诚信原则和其他法律规定进行了阐述；第三章介绍了健康保险客户服务基本理论，对客户服务的概念和分类进行阐述，尤其从客户关系管理的角度讨论了健康保险客户服务的管理思想，对健康保险客户服务的内容和模式进行介绍。

第四章和第五章阐述合同生效前的健康保险客户服务。第四章介绍了健康保险展业服务的概念、意义、展业模式，重点介绍了保险展业服务的一般流程和服务内容；第五章介绍了客户档案管理服务的必要性、编制调查问卷的方法和客户档案的分类管理，并在基于风险态度和客户风险承受能力分析的基础上，提出针对客户健康风险管理的必要性、管理途径和保险规划。

第六章至第十章阐述健康保险承保、核保及相关服务。第六章介绍了健康保险承保的概念、处理流程与服务内容以及新保单承保业务处理的特殊情况；第七章介绍了健康保险核保的概念、原理、基本原则、作业程序与内容及常见的健康保险核保流程；第八章介绍了团体健康保险承保与核保服务的概念、特征、特殊条款、承保程序与服务内容；第九章介绍了健康保险合同的生成与制作，以及保险合同的送达与回执管理；第十章介绍了健康保险客户回访的概念、模式与档案管理、客户回访的工作原则和流程。

第十一章和第十二章阐述健康保险理赔服务及投诉管理。第十一章介绍了健康保险理赔的基本理论，包括健康保险理赔的概念与理念、独特性、管理原则、客户对健康保险索赔的流程和健康保险理赔服务环节，并对常见健康保险的理赔进行了介绍。第十二章介绍了健康保险客户投诉管理知识，包括健康保险投诉的概念、分类、客户投诉中心的主要职责和相关部门的职责，并对投诉办理须知、投诉流程和投诉监督与考核进行了介绍。

第十三章和第十四章阐述了健康保险保单管理与保全业务。第十三章介绍了健康保险保单管理知识，包括健康保险合同、健康保单的内容、保单的状态、健康保险合同的变更、健康保险保单无效和如何处理健康保险的"孤儿保单"；第十四章介绍了健康保险保全服务的知识，包括保全的概念和内容、保全的基本原则、处理流程与内容，并阐释了常见个人险和团体险保全项目的处理要求、保全项目和规则。

本书在编写过程中得到了中国人民健康保险股份有限公司的大力支持与帮助，感谢范娟娟女士和赵静怡女士的帮助。由于时间紧迫，编者水平有限，书中难免有疏漏之处，敬请各位专家和读者批评指正，及时将各种建议和意见反馈给我们，使之不断完善。

编者
2018 年 3 月

目 录

第一章 健康保险概述 — 1

第一节 健康保险的概念与特征 — 1
一、健康保险的概念 — 1
二、健康保险的起源、发展与特征 — 2

第二节 健康保险的主要险种 — 5
一、健康保险的分类 — 5
二、常见健康保险简介 — 6

第三节 健康保险的经济学分析 — 14
一、健康保险领域中的信息不对称 — 14
二、不确定性因素下的风险管理 — 16
三、健康保险市场供求及其影响因素分析 — 18

第二章 健康保险合同理论与基本原则 — 23

第一节 健康保险合同理论 — 23
一、健康保险合同的概念与特征 — 23
二、健康保险合同的主体和客体 — 24
三、健康保险合同的内容 — 26
四、健康保险合同的形式 — 27
五、健康保险合同标准常用条款 — 29

第二节 健康保险的基本原则 — 34
一、保险利益原则 — 34
二、近因原则 — 38

　　　　三、最大诚信原则　　　　　　　　　　　　　　　　　41

第三章　健康保险客户服务概述　　　　　　　　　　　　49

　　第一节　保险客户服务的概念与意义　　　　　　　　　49
　　　　一、保险客户服务的概念和内涵　　　　　　　　　49
　　　　二、健康保险客户服务的意义　　　　　　　　　　51
　　第二节　健康保险客户服务管理思想　　　　　　　　　52
　　　　一、客户关系管理理论　　　　　　　　　　　　　52
　　　　二、保险客户服务满意度管理　　　　　　　　　　56
　　　　三、保险客户忠诚度管理　　　　　　　　　　　　59
　　第三节　健康保险客户服务的内容与模式　　　　　　　64
　　　　一、健康保险客户服务内容　　　　　　　　　　　65
　　　　二、健康保险客户服务的模式　　　　　　　　　　67
　　　　三、保险客户服务质量管理　　　　　　　　　　　68

第四章　健康保险展业服务　　　　　　　　　　　　　　72

　　第一节　健康保险展业概述　　　　　　　　　　　　　72
　　　　一、健康保险展业的概念　　　　　　　　　　　　72
　　　　二、保险展业的意义　　　　　　　　　　　　　　72
　　　　三、健康保险的展业模式　　　　　　　　　　　　73
　　第二节　健康保险的展业流程与服务内容　　　　　　　76
　　　　一、健康保险展业流程　　　　　　　　　　　　　76
　　　　二、保险展业服务内容　　　　　　　　　　　　　79

第五章　客户档案管理与保险规划　　　　　　　　　　　84

　　第一节　建立客户档案　　　　　　　　　　　　　　　84
　　　　一、建立客户档案的必要性　　　　　　　　　　　84
　　　　二、编制客户调查问卷　　　　　　　　　　　　　85
　　　　三、客户档案的管理　　　　　　　　　　　　　　87
　　第二节　健康保险规划　　　　　　　　　　　　　　　89
　　　　一、客户风险态度和承受能力分析　　　　　　　　89

二、帮助客户制订风险管理方案　　92

第六章　健康保险承保服务　　100

第一节　个人健康保险承保概述　　100
　　一、健康保险承保概念　　100
　　二、健康保险承保的主要环节与职责　　101

第二节　个人健康保险承保流程与服务内容　　101
　　一、健康保险承保流程　　101
　　二、健康保险承保服务内容　　102

第三节　新保单承保业务处理的特殊情况　　113
　　一、新单撤销　　114
　　二、变更要约处理　　114
　　三、核保订正　　114
　　四、拒保延期撤件退费　　115

第七章　健康保险核保服务　　116

第一节　健康保险核保概述　　116
　　一、核保的概念　　116
　　二、核保的基本原理　　116
　　三、健康保险核保的基本原则　　117

第二节　健康保险核保实务　　117
　　一、健康保险核保流程　　117
　　二、健康保险核保作业程序　　118
　　三、常见核保结论　　128

第八章　商业团体健康保险承保与核保服务　　131

第一节　健康团险契约承保概述　　131
　　一、商业团体健康保险概念　　131
　　二、商业团体健康保险的特点　　132
　　三、团体健康保险特殊条款　　133

第二节　商业型健康团体险承保程序　　134

一、健康团体险承保的主要环节与职责　　　　　　　　　　134
　　二、商业健康保险承保服务内容　　　　　　　　　　　　　135

第九章　健康保险合同生成与送达　　　　　　　　　　　　　139

第一节　保险合同生成与缮制　　　　　　　　　　　　　　　139
　　一、保险合同生成的条件　　　　　　　　　　　　　　　　139
　　二、缮制保险合同　　　　　　　　　　　　　　　　　　　140
第二节　保险合同送达与回执管理　　　　　　　　　　　　　141
　　一、保险合同的送达　　　　　　　　　　　　　　　　　　141
　　二、保险合同回执管理　　　　　　　　　　　　　　　　　142

第十章　健康保险客户回访服务　　　　　　　　　　　　　　　143

第一节　客户回访概述　　　　　　　　　　　　　　　　　　143
　　一、客户回访的概念　　　　　　　　　　　　　　　　　　143
　　二、客户回访的模式　　　　　　　　　　　　　　　　　　144
　　三、回访档案管理　　　　　　　　　　　　　　　　　　　144
第二节　保险客户回访实务　　　　　　　　　　　　　　　　145
　　一、保险客户回访制度设计　　　　　　　　　　　　　　　145
　　二、客户回访的工作原则和要求　　　　　　　　　　　　　146
　　三、客户回访工作流程　　　　　　　　　　　　　　　　　147

第十一章　健康保险理赔服务　　　　　　　　　　　　　　　　150

第一节　健康保险理赔基本理论　　　　　　　　　　　　　　150
　　一、健康保险理赔概念与理念　　　　　　　　　　　　　　150
　　二、健康保险理赔的独特性　　　　　　　　　　　　　　　151
　　三、健康保险理赔服务的管理原则　　　　　　　　　　　　153
第二节　客户对健康保险索赔的流程　　　　　　　　　　　　154
　　一、理赔报案　　　　　　　　　　　　　　　　　　　　　154
　　二、准备单证　　　　　　　　　　　　　　　　　　　　　155
　　三、理赔申请　　　　　　　　　　　　　　　　　　　　　156
　　四、保险公司审核　　　　　　　　　　　　　　　　　　　157

五、结论通知　　157
第三节　健康保险理赔服务环节　　157
　　一、案件受理、材料初审与登录　　157
　　二、健康保险理赔审核处理　　159
　　三、健康保险理赔调查　　161
　　四、健康保险理赔结论与给付　　162
　　五、理赔善后处理　　164
第四节　常见健康保险类型及其理赔　　165
　　一、医疗费用保险理赔　　165
　　二、重大疾病保险　　167
　　三、失能收入保险　　168
　　四、长期护理保险　　169

第十二章　健康保险投诉管理　　171

第一节　健康保险投诉概述　　171
　　一、健康保险投诉的概念　　171
　　二、健康保险投诉的分类　　172
第二节　保险客户投诉服务中心和相关部门的职责　　174
　　一、客户投诉服务中心的主要职责　　174
　　二、相关部门的职责　　175
第三节　健康保险投诉客户服务流程　　178
　　一、客户办理投诉须知　　178
　　二、健康保险投诉管理流程　　178
　　三、投诉的监督与考核　　181

第十三章　健康保险保单管理　　184

第一节　健康保险保单基本理论与知识　　184
　　一、健康保险保单的概念及内容　　184
　　二、健康保险合同的状态　　185
第二节　健康保险合同的变更　　189
　　一、变更健康保险合同　　189
　　二、健康保险合同变更的材料　　190

第三节　健康保险保单复效服务　　191
　　一、健康保险保单合同效力中止　　191
　　二、健康保险保单复效　　192
　　三、保单复效案例分析　　194
第四节　处理健康保险的"孤儿保单"　　196
　　一、"孤儿保单"的概念　　196
　　二、"孤儿保单"服务　　196

第十四章　健康保险保全服务　　199

第一节　健康保险保全的基本问题　　199
　　一、保全的概念　　199
　　二、健康险保单保全的基本原则　　200
　　三、保全服务处理流程　　200
第二节　常见个人保单保全工作的处理　　202
　　一、保全岗位日常工作内容及工作要求　　202
　　二、客户申请保全业务事项　　203
　　三、个人客户申请渠道　　205
　　四、关于委托代办保全业务　　206
　　五、保全服务相关费用的处理　　206
第三节　常见团体险保单保全工作的处理　　207
　　一、团体险保全的基本要求　　207
　　二、团体险一般保全变更规则　　210
　　三、团险补退费类变更项目保全规则　　213

参考文献　　217

跋　　221

第一章

健康保险概述

随着保险业的发展，健康保险与人们的生活紧密相关。本章通过对健康保险概念的界定，总结、阐释健康保险的特征，在此基础上介绍了常见的四类健康保险：医疗保险、疾病保险、失能收入损失保险和护理保险；介绍了健康保险市场的信息不对称问题以及不确定因素下的风险决策理论与健康保险市场供求理论，帮助消费者更好地了解如何在不确定因素下进行风险决策。

第一节　健康保险的概念与特征

一、健康保险的概念

健康保险是以被保险人的身体为保险标的，以被保险人在保险有效期间内因疾病、分娩或意外伤害而接受治疗时所发生的医疗费用，或补偿被保险人因疾病、意外伤害伤残或因分娩造成无法工作时的收入损失，而由保险人给付保险金的一种保险。健康保险是保险领域人身保险的一个重要分支，包括商业健康保险与社会健康保险。本书主要研究商业健康保险，研究人的生命健康与风险赔付之间的关系。健康保险业随着经济社会的发展而进步，健康保险理论与实践也在不断发展。

二、健康保险的起源、发展与特征

健康保险的起源最早可以追溯到公元前400年至公元前44年的古罗马时代。当时许多协会就开始为其成员在遭遇工伤事故时提供一定额度的收入补偿。到了中世纪，英国和意大利的部分行会组织开始向会员提供包括对死亡、疾病、抢掠、沉船、火灾等事故的救助，其中对疾病的补偿可以看作是健康保险的雏形。在17世纪的欧洲，还出现了使海员获得疾病保障和士兵获得伤残保障的法律，这些都是现代健康保险产生的条件和基础。[①]

现代意义上的健康保险是在19世纪初各类人寿保险公司产生之后才出现的，确切地说，起源于英国的意外伤害保险。早期的健康保险主要是个人疾病保险，1847年美国马萨诸塞州波士顿健康保险公司开办了第一份疾病保险单。1883年德国俾斯麦政府颁布了世界上第一部社会保险法——《疾病保险法》，这项法令批准由国家建立健康保险计划。到了20世纪初，欧美等地的人寿保险公司开始向各类团体提供包括死亡、伤残和医疗保险在内的团体健康保险。1911年美国首次开发了针对团体的健康保险产品，团体健康保险开始获得发展。如果说英国创建了商业健康保险的话，美国则使商业健康保险的经营制度化和全球化。目前，美国已经成为世界上商业健康保险最发达的国家。

由于健康保险标的主要是人的身体健康及其遭受损失的风险，健康保险也表现出不同于其他保险的特征。相比人寿保险和意外伤害保险，健康保险除了保险责任完全不同之外，还具有以下特征：

（一）经营风险上的特征

健康保险的经营风险主要是医疗费用或医疗成本的不确定性风险。影响医疗费用的因素非常复杂，这使得健康保险在经营风险上呈现以下三个方面的特点：第一，健康保险的逆向选择和道德风险比寿险更为严重。为降低逆向选择风险，健康保险的核保要比人寿和意外伤害保险严格得多[②]，道德风险导致的索赔欺诈也给健康保险的理赔工作提出了更高的要求。第二，健康保险的业务管理涉及医学上的专业技术，精算人员在进行风险评估及计算保费时，除了依据统计资料，还要获得医学知识方面的支持。因此，保险精算人员在进行风险评估和产品定价时必须获得医学专家的帮助。第三，在健康保险的风险控制中，有不少外部因素是很难控制的。由于医疗机构在很大

---

① 孙祁祥：《保险学》，北京大学出版社2017年第六版，第162页。
② 荆涛：《人寿与健康保险》，北京大学出版社2011年版，第34页。

程度上决定着医疗服务的数量和价格，进而决定着医疗费用和医疗成本，因而保险公司要真正控制经营风险，就必须与医疗机构这一第三方进行很好的合作。由此可见，健康保险与人寿保险和意外伤害保险的经营有着显著的区别。

（二）保险期限上的特征

除重大疾病等保险以外，健康保险多以一年期的短期保险合同为主，特别是医疗费用保险。由于医疗服务成本不断上涨和统计资料相对有限，保险人很难计算出一个长期适用、合理的保险费率，因而一般都采用短期合同。长期或终身型个人健康保险合同只是一种补充形式，所占比例不大。而一般的寿险合同主要是长期合同，在整个缴费期间都可以采用一个均衡的保险费率，这一特征在目前的国内保险市场比较明显。由于中国的商业健康保险市场正处在开发初期，为了降低经营风险，各个保险公司推出的健康保险产品一般都是一年期产品，而且通常都没有续保的承诺。

（三）精算技术上的特征

与其他人身保险业务特别是寿险业务相比，健康保险的产品定价和准备金计算有较大的不同。人寿保险的定价采用寿险精算技术，在制定费率时主要考虑死亡率、费用率和利息率；而健康保险的定价则采用非寿险精算技术，在制定费率时主要考虑疾病发生率、伤残发生率和疾病（伤残）持续时间。

此外，健康保险合同中规定的等待期、免责期、免赔额、共付比例和给付方式、给付限额等也会影响最终的费率。就准备金的计算和提取而言，健康保险类似财产保险，以未到期责任准备金为最重要的准备金形式。但是，健康保险的未决赔款准备金与财产保险和其他责任保险相比也有较大的差异。此外，在长期性的健康保险合同中，也有类似寿险责任准备金的年龄准备金。

（四）健康保险给付方式的特征

在给付方式方面，健康保险有其特殊性。对于费用型健康保险尤其是医疗费用保险而言，这类健康保险适用补偿性原则，即"被保险人获得的补偿不能高于其实际损失"。但是，对于定额给付型健康保险，则不适用保险补偿原则，保险金的给付与实际损失无关。

需要特别指出的是，就"补偿性原则"而言，健康保险与人寿保险和意外伤害保险相比具有显著的差异。人寿保险在被保险人因疾病死亡后会有死亡保险金的给付，人身意外伤害保险在被保险人因意外伤害导致死亡或伤残后也会给付死亡或伤残保险金。但人寿和意外伤害保险都是在被保险人发生保险事故时给付事先约定的保险金，而健康保险则主要是补偿性的给付，强调对被保险人因伤病所致的医疗花费或收入损失提供补偿，这种损失补偿的特征是人寿和意外伤害保险所不具备的。正是由于健康保险在保险精算和给付方式上的这一特征，也有学者将健康保险划入非寿险的范畴。

（五）给付责任方面的成本分摊条款

健康保险的基本责任主要是指疾病（通常不包含分娩）医疗给付责任，即对被保险人的疾病医治所发生的医疗费用支出，保险人按规定给付相应的疾病医疗保险，即以约定的医疗费用为给付保险金条件的保险。由于健康保险有风险大、不易控制和难以预测的特性，因此在健康保险中，保险人对所承担的疾病医疗保险金的给付责任往往制定很多限制或制约性条款。其中很重要的一条就是比例给付条款，又称为共保比例条款。比例给付条款主要适用于医疗费用保险与重大疾病保险，是保险人采用与被保险人按照一定比例共同分摊被保险人医疗费用的方式进行保险赔付的方式。通过对保险人对医疗保险金有比例支付的规定，有利于被保险人对医疗费用的控制，也有利于被保险人的风险保障权益。

（六）合同条款的特殊性

健康保险为被保险人提供医疗费用和残疾收入补偿，无须指定受益人，且被保险人和受益人常为同一个人。健康保险合同的一般条款与寿险合同基本相同，如宽限期条款、复效条款、不可抗辩条款等；有些条款与寿险相似但不完全一致，如续保条款；还有一些条款是健康保险合同中特有的，包括体格检查条款、等待期条款、免赔额条款、尸体解剖条款、法律行为条款、既往症除外条款、共保条款等。但相比较而言，由于健康保险是补偿性给付而非定额给付，理赔认定通常带有一定的主观性，同时保单有效期间可能会出现多次理赔，索赔金额的差异也比较大，因此，健康保险合同中有关保险责任部分的条款比人寿保险的条款更为复杂。

（七）健康保险的除外责任

健康保险中的除外责任一般包括战争或军事行动，故意自杀或企图自杀造成的疾病、死亡和残疾，堕胎导致的疾病、残疾、流产、死亡等。健康保险中将战争或军事行动除外，因为战争所造成的损失程度一般来说是很高的，而且难以预测。在制定正常的健康保险费率时，不可能将战争或军事行动的伤害因素考虑在内，因而把战争或军事行动列为除外责任。故意自杀或企图自杀均属于故意行为，与健康保险所承担的偶然事故相悖，所以也是除外责任。

第二节 健康保险的主要险种

健康保险产品的分类没有统一的标准，本文根据几种常见的分类标准，如保障范围、承保对象、给付方式、实施形式等介绍健康保险的保险产品。

一、健康保险的分类

（一）按照保障范围分类

根据保障范围的不同，健康保险可以分为医疗费用保险、重大疾病保险、伤残收入损失保险和长期护理保险。医疗费用保险简称医疗保险，主要补偿被保险人因为疾病或意外事故所导致的医疗费用支出，包括医生的门诊费用、药费、住院费用、护理费用、医院杂费、手术费用和各种检查费用等。重大疾病保险是以投保人投保和被保险人罹患保险合同条款中规定的某种疾病为给付保险金条件的疾病保险，重大疾病保险是定额保险，即无论是否发生医疗费用或发生多少费用，被保险人都可获得保险公司的定额补偿。伤残收入损失保险又称失能收入损失保险，主要补偿被保险人因为疾病或意外伤害事故导致的收入损失。收入损失补偿的给付通常采用按月支付固定津贴的方式，津贴额的高低与被保险人伤残前的收入水平直接相关。长期护理保险是以被保险人失去自理能力后，产生护理需求为给付保险金条件的健康保险。丧失自理能力的原因一般是疾病、意外或年老等。

（二）按照承保对象分类

根据承保对象的不同，健康保险可以分为个人健康保险和团体健康保险两种。个人健康保险是以单个自然人为投保人的健康保险，承保时要求每一个被保险人都必须通过核保，同时在销售时需要借助大量的个人业务代理人，承保时在订立可保标准、承保、核保、续保、保全、理赔等方面都比团体健康保险复杂。

团体健康保险是以团体法人为投保人、以团体成员作为被保险人的健康保险。投保人可以是企业、机关、事业单位以及各个社团等，但不能是专为购买团体健康保险而组成的团体。对于较大的团体，在核保时并不要求其所有的被保险人都符合可保标准。由于团体健康保险在销售和管理方面都较个人健康保险简单，因此，在同样的保障内容下，团体健康保险的管理成本通常比个人健康保险低，因而费率通常也相对较低。

（三）按照给付方式分类

根据给付方式的不同，健康保险可以分为定额给付型健康保险、津贴给付型健康保险和费用补偿型健康保险。定额给付型和津贴给付型健康保险是指在合同中规定疾病种类或治疗方式。当被保险人患上合同中规定的疾病，或者采用合同规定的治疗方式时，保险公司向被保险人一次或分期支付定额补偿。这种保险方式一般不需要提供医疗费用单据，经营风险相对容易控制。费用补偿型健康保险是指被保险人的医疗费用开支可在健康保险合同规定的限额以内由保险公司予以报销补偿，这种保险方式在业务管理和经营风险控制方面都比较复杂。

（四）按照实施形式分类

根据实施形式的不同，健康保险可以分为自愿投保的健康保险和强制实施的健康保险。自愿投保的健康保险是根据自愿原则实施的健康保险，这类健康保险可由保险公司和各类民间服务性组织经营。强制性健康保险是根据一定的政策法规强制实施的健康保险，这类健康保险一般由政府或政府资助的有关组织开办，但是也可以委托商业保险公司进行具体管理。

此外，还可以参照其他一些分类标准，如根据期限长短，可将健康保险分为短期险、长期险、终身险等。根据合同形式，分为主险与附加险。主险是指健康保险可以独立出单，承保由于疾病或意外事故造成的医疗费用及收入损失；附加险是指健康保险中不能单独出单，只能作为附加险出单，如汽车保险中附加特约的驾驶人员意外伤害保险和医疗费用保险等。

二、常见健康保险简介

目前，我国常见的健康保险包括医疗保险、重大疾病保险、失能收入保险和护理保险[①]，以下对这四种保险进行详细介绍。

（一）医疗费用保险

1. 医疗费用保险的概念

医疗费用保险简称医疗保险，是指以约定的医疗费用为给付保险金条件的保险，

---

① 参考 2006 年 7 月 1 日中国保监会《健康保险管理办法》对健康保险的界定。

即提供医疗费用保障的保险，它是健康保险的主要内容之一。[①] 医疗费用是病人为了治病而发生的各种费用，医疗费用一般按照其医疗服务的特性来区分，主要包含医生的门诊费用、药费、住院费用、护理费用、医院杂费、手术费用、各种检查费用等，各种不同的健康保险保单所保障的费用一般是其中的一项或若干项的组合。

2. 医疗保险的主要类型

常见的医疗保险主要有普通医疗保险、综合医疗保险、住院保险和手术保险等。

（1）普通医疗保险。普通医疗保险又称基本医疗保险，主要承保被保险人治疗疾病的一般性医疗费用，包括门诊费用、医药费用、检查费用等。在保费价格方面，普通医疗保险的保费较低，适用于一般社会公众。在医疗保险补偿方面，由于医药费用和检查费用的支出控制有一定的难度，普通医疗保险一般具有免赔额和比例给付规定，对各项医疗费用的补偿一般都有严格的上限规定，并且保险人只承担免赔额以上部分的一定百分比（如报销比例60%）的医疗费用。当每次疾病所发生的费用累计超过保险金额时，保险人不再承担保险责任。

（2）综合医疗保险。综合医疗保险是保险人为被保险人提供的一种全面的医疗费用保险，费用范围包括医疗、住院、手术等的一切费用。综合医疗保险是目前国外最普遍的医疗费用保险产品。综合医疗保险提供的医疗费用补偿不管是在项目范围，还是在补偿程度上都远远超过普通医疗保险。综合医疗保险的给付额相对较高，一般不存在医疗服务费用的单项限额，而只设置一个总的赔偿限额。此外，综合医疗保险的除外责任也比基本医疗保险要少得多。当然，相比普通医疗保险，综合医疗保险保单的保险费也较高。

（3）住院保险。住院医疗保险是指保险人对被保险人因意外事故或疾病需住院治疗而支出的各项费用承担保险给付责任的健康保险。由于住院所发生的费用相比门诊费用一般高很多，风险较大，具有承保的必要性和价值，所以将住院费用作为一项单独的保险。住院保险的目的在于解决被保险人因住院而产生的高额费用支出问题。住院保险的费用项目主要是每天住院房间的费用、住院期间医生治疗费用、利用医院设备的费用、手术费用、医药费等。住院时间长短将直接影响其费用的高低，因此，这种保险的保险金额应根据病人平均住院费用情况而定。为了控制不必要的长时间住院，住院保险保单一般规定保险人只负责所有费用的一定百分比（例如85%）。[②]

（4）手术保险。手术保险是指为被保险人在患病治疗过程中进行必要的各种大小外科手术而发生的医疗费用提供保障的医疗保险。手术保险提供因病人需作必要的手术而发生的费用，这种保单一般是负担所有手术费用。该险种属于单项医疗保险，

[①] 孙祁祥：《保险学》，北京大学出版社2017年第六版，第165页。
[②] 荆涛：《人寿与健康保险》，北京大学出版社2011年版，第107页。

只负责被保险人因施行手术而支出的医疗费，不论是门诊手术治疗还是住院手术治疗。手术保险既可作为独立的险种，也可作为住院费用保险的一项附加险。在费用理赔方面，采用补偿方式给付的手术医疗保险，只规定作为累计最高给付限额的保险金额；而对于定额给付的手术医疗保险，保险公司只按被保险人施行手术的种类定额给付医疗保险费。

3. 医疗保险的常用条款

医疗保险的常用条款有免赔额条款、比例给付条款和给付限额条款。

（1）免赔额条款。免赔额是指在保险人根据保险的条件做出赔付之前，被保险人先要自己承担的损失额度。免赔额条款是健康保险的主要特征之一。在健康保险中，一般对一些额度较低的医疗费用采取免赔额的规定，即保险人只负责超过免赔额的部分。这样做具有经济合理性。对保险人而言，首先，免赔额的规定可以促使被保险人加强对医疗费用的自我控制，避免不必要的浪费；其次，免赔额可以消除许多小额索赔，由此省去保险人因此而投入的大量工作，从而节省理赔费用，降低经营成本。对被保险人而言，一方面，对金额较低的医疗费用，被保险人在经济上可以承受；另一方面，保险费率也比无免赔额的要低。

在实践中，免赔额的设计一般有三种：一是单次赔款免赔额，即针对每次赔款确定一个免赔额；二是全年免赔额，即按全年赔款总计，超过一定数额后才赔付；三是集体免赔额，这是针对团体投保而言的。规定了免赔额之后，小额的医疗费由被保险人自负，大额的医疗费用由保险人承担。如果是一个家庭投保，免赔额可在整个家庭成员费用之和的基础上规定。

（2）比例给付条款。比例给付条款又称"共保比例条款"，比例给付是指保险人采用与被保险人按一定比例共同分摊被保险人医疗费用的方式进行保险赔付的方式。比例给付条款是在免赔额条款基础上经常采用的一个条款。在健康保险中，由于以人的身体为保险标的，不存在是否足额投保问题；同时，由于健康保险的危险不易控制，因此，在大多数健康保险合同中，对于保险人医疗保险金的支出均有比例给付的规定。比例给付条款既有利于保障被保险人的经济利益，也有利于保险人对医疗费用的控制。比例给付分为固定比例给付和累进比例给付。固定比例给付即采用固定比例的形式确定给付标准，如保险人承担80%，被保险人自负20%；累进比例给付即随着实际医疗费用支出的增大，保险人承担的比例累计递增，被保险人自负的比例累计递减。

（3）给付限额条款。给付限额条款一般载明在保险合同订立之时，双方当事人约定的保险标的最高赔偿金额，并以此作为承担赔偿或给付保险金责任的最高限额。由于生命健康保险的保险标的具有人格化特征而无法确定保险价值，只能于投保之时约定一个保险金额，因此，很多健康保险通常设定一个最高赔付金额。另外，由于危害人体健康的风险大小差异很大,医疗费用支出的高低也存在很大差别。为了加强对健康保险的管理,保障保险人和广大被保险人的利益,一般对医疗保险金的最高给付均有限额规定,以控制保险赔付支出水平。不过,在以某些专门的大病为承保对象的健康保险中,也存在没有赔偿限额的规定,但这种合同的免赔额一般比较高,被保险人自负的比例一般也较高。

(二) 重大疾病保险

1. 重大疾病保险的概念

重大疾病保险是指由保险公司经办的以特定重大疾病,如恶性肿瘤、心脏病、脑溢血等为保险对象,当被保人患有上述疾病时由保险公司对医疗费用给予适当补偿的商业保险行为。重大疾病保险是当被保险人在保险期间内发生保险合同约定的疾病、达到约定的疾病状态或实施了约定的手术时,给付保险金的健康保险产品。

重大疾病保险的设计初衷是为病情严重、花费巨大的疾病治疗提供风险保障,最早于1983年在南非由外科医生马里优斯·巴纳德提出,随后在世界迅速推广和发展。1995年我国内地市场引入了重大疾病保险。目前,重大疾病保险在国内比较流行,保障的疾病一般有恶性肿瘤、急性心肌梗死、脑中风后遗症、重大器官移植术或造血干细胞移植术、冠状动脉搭桥术(或称冠状动脉旁路移植术)、急性或亚急性重症肝炎、严重的原发性心肌病等。

2. 重大疾病保险的基本特点

重大疾病保险的基本特点主要体现在如下几个方面:

(1) 疾病保险条款一般都规定了一个观察期。一般为180天(不同的国家规定可能不同)。被保险人在观察期内因疾病而支出的医疗费用及收入损失,保险人概不负责,观察期结束后保险单才正式生效。

(2) 以保险合同约定的特定重大疾病的发生为给付保险金条件。某些特殊的疾病往往给病人带来的是高额的费用支出,例如癌症、心脏疾病等。这些疾病一经确诊,必然会产生大额的医疗费用支出。因此,重疾险的保险金额通常都比较高,以足够支付其产生的各种费用。

(3) 确诊即给付。疾病保险的给付方式一般是在确诊为特种疾病后,保险公司立即一次性支付保险金额,不需要被保险人自己在病后垫付医疗费用,更重要的是减轻了个人的医疗支出负担。

(4) 保障程度较高。疾病保险为被保险人提供切实的疾病保障。疾病保险保障的重大疾病,均是可能给被保险人的生命或生活带来重大影响的疾病项目,如急性心肌梗死、恶性肿瘤。

(5) 保险期限较长。疾病保险一般都能使被保险人"一次投保,终身受益"。保费交付方式灵活多样，且通常设有宽限期条款。

3. 重大疾病保险的种类

（1）按保险期间划分，可以将重大疾病保险分为定期重大疾病保险和终身疾病保险。定期重大疾病保险为被保险人在固定的期间内提供保障，固定期间可以按年确定（如10年），也可以按被保险人的年龄确定（如保障至70岁）。终身重大疾病保险为被保险人提供终身的保障，"终身保障"的形式一般有两种：一种是为被保险人终身提供重大疾病保障，直至被保险人身故；另一种是指一个"极限"年龄（如100周岁）。当被保险人健康生存至这个年龄时，保险人给付与重大疾病保险金额相等的保险金，保险合同终止。终身重大疾病保险产品一般都含有身故保险责任，费率相对比较高。

（2）按保险金的给付形态划分，重大疾病保险有提前给付型、附加给付型、独立主险型、按比例给付型、回购式选择型五种。

第一，提前给付型重大疾病保险。提前给付型重大疾病保险的保险责任包含重大疾病、死亡和（或）高度残疾；保险总金额为死亡保额，包括重大疾病和死亡保额两部分。如果被保险人罹患保单所列重大疾病，保险人可以按照死亡保额的一定比例提前给付重大疾病保险金，用于医疗或手术费用等开支，身故时由身故受益人领取剩余部分的死亡保险金。如果被保险人没有发生重大疾病，则全部保险金作为死亡保障，由受益人领取。

第二，回购式选择型重大疾病保险。回购式选择型重大疾病保险产品是针对提前给付型产品存在的因领取重大疾病保险金而导致死亡保障降低的不足而设计的。根据该产品的条款规定，保险人给付重大疾病保险金后，如果被保险人在某一特定时间后仍存活，可以按照某固定费率买回原保险总额的一定比例（如25%），使死亡保障有所增加；如果被保险人再经过一定时期仍存活，可再次买回原保险总额的一定比例，最终使死亡保障达到购买之初的保额。此类保险产品最早出现在南非，在澳大利亚和英国非常普遍，目前在我国尚属空白。回购式选择带来的逆选择是显而易见的，因此，保险人对于"回购"的前提或条件的设定至关重要。

第三，独立主险型重大疾病保险。独立主险型重大疾病保险包含的死亡和重大疾病责任是完全独立的，各自的保额为单一保额。如果被保险人身患重大疾病，保险人给付重大疾病保险金，死亡保险金为零；如果被保险人未患重大疾病，则给付死亡保险金。此类保险产品较易定价，即单纯考虑重大疾病的发生率和死亡率，但对重大疾病的描述要求严格。

第四，附加给付型重大疾病保险。附加给付型重大疾病保险通常作为寿险的附约，保险责任包含重大疾病和死亡高残两类。不同于提前给付型的是，该类产品有确定的生存期间。生存期间是指自被保险人身患保障范围内的重大疾病开始，至保险人确定的某一时刻为止的一段时间，通常为30天、60天、90天、120天不等。如果被保险人死亡或高残，保险人给付死亡保险金；如果被保险人罹患重大疾病且在生存期内死亡，保险人给付死亡保险金；如果被保险人罹患重大疾病且存活超过生存期间，保险人给付重大疾病保险金，被保险人身故时再给付死亡保险金。此种产品的优势在于死亡保障始终存在，且不会因重大疾病保障的给付而减少死亡保障。

第五，按比例给付型重大疾病保险。按比例给付型重大疾病保险产品是针对重大疾病的种类而设计的，同时可应用于以上诸类产品中，主要考虑某一种重大疾病的发生率、死亡率、治疗费用等因素。被保险人罹患某一种重大疾病时，按照重大疾病保险金额的一定比例给付，其死亡保障不变。

（三）失能收入保险

1. 失能收入保险的概念

失能收入保险是指以因保险合同约定的疾病或者意外伤害导致工作能力丧失为给付保险金条件，为被保险人在一定时期内收入减少或者中断提供保障的保险。失能收入损失保险一般分为两种：一种是补偿因伤害而致残疾的收入损失；另一种是补偿因疾病造成残疾而致的收入损失。当被保险人由于疾病或意外伤害导致残疾，丧失劳动能力不能工作以致失去收入或减少收入，保险人在一定期限内分期给付保险金。失能收入保险的主要目的是为被保险人因丧失工作能力导致收入的丧失或减少提供经济上的保障，但不承担被保险人因疾病或意外伤害所发生的医疗费用。

2. 失能收入损失保险的特点

失能收入损失保险的特点主要体现在以下几个方面：

（1）免责期间。免责期间是指在残疾失能开始后无保险金可领取的一段时间，即残疾后的前一段时间。免责期间类似于医疗费用保险中的免责期或自负额，在此期间，保险人不给付任何补偿。免责期的设定目的在于排除一些不连续的疾病或受伤，因其所致丧失劳动能力可能只有几天，或者在短时间内，被保险人还可以维持一定生活。同时，设置免责期还可以通过取消对短期残疾的给付而减少保险成本。各保险公司的免责期不同，如1个月、2个月、3个月、半年和1年等，免责期越长，保费越便宜。另外需要说明的是，免责期间允许中断，如被保险保人在短暂恢复后（一般限定为6个月以内）再度失能，可将两段失能期间合并相加计算免责期。

（2）给付方式。失能收入保险一般是按月或按周进行补偿，主要根据被保险人的选择而定，每月或每周可提供金额相一致的收入补偿。失能收入保险的给付额一般都有一个最高限额，该限额低于被保险人在伤残以前的正常收入水平。这一限制的目的是为了促使残疾的被保险人尽早重返工作岗位。失能收入保险除了在被保险人全残时给付保险金外，还可以提供其他利益，包括部分伤残保险金给付、未来增加保额给付、生活费用调整给付、残疾免交保费条款、移植手术保险给付、非失能性伤害给付、意外死亡给付等。这些补充利益作为特殊条款，通过缴纳附加保费的方式获得。

（3）给付期限。给付期限是指收入保障保单支付保险金的最长时间。给付期限可以是短期，也可以是长期。短期补偿是为了补偿被保险人在身体恢复前不能工作的收入损失；长期补偿是为了补偿被保险人全部残疾而不能恢复工作的收入损失。一般而言，失能保险期间，不论是生病致残还是受伤致残均相同，从13周、26周、52周，到2年、5年或给付至65岁。如果全残始于55岁、60岁或65岁，可提供终身给付。多数失能为短期失能，即失能者恢复期在12个月内。若恢复期超过12个月，恢复工作能力的概率也锐减，尤其是年老者，因此，这个人群更宜于选择较长的保险给付期间。

3. 失能收入损失保险中关于残疾的界定

残疾和全残是失能收入损失保险中两个非常重要的概念。残疾指由于伤病等原因在人体上遗留的固定症状，并影响正常生活和工作能力。导致残疾的原因通常有先天性的残障、后天疾病遗留、意外伤害遗留等。失能收入保险对先天性的残疾不给付保险金，并规定只有满足保单载明的全残定义时，才可以给付保险金。在失能收入保险保单中，关于残疾的定义有很多种，这里讨论完全残疾和部分残疾的定义。

（1）完全残疾。完全残疾一般指永久丧失全部劳动能力，不能参加工作（原来的工作或任何新工作）以获得工资收入。商业保险中常见的全残定义有以下几种：

第一，全残。目前，常见的做法是将残疾分成两个阶段：在致残初期，如被保险人不能完成其惯常职业的基本任务，则可认定为全残或完全丧失工作能力，被保险人就可按规定领取保险给付；在致残2—5年后，被保险人仍不能完成任何与之所受教育、训练或经验相当的职业任务，可认定为全残，并继续领取残疾收入给付直至保险期满。这种定义可能导致被保险人自愿重返任何一种有收入的职业后就不能再领取全残保险给付。

第二，绝对全残。失能保险单中将全残定义为绝对全残，即该残疾使得被保险人不能从事任何职业。现在大多数公司已经不再采用此种苛刻的定义。

第三，原职业全残。一些保险公司对从事某些特定职业者（如钢琴师、医师、牙医、律师或会计师等）签发的保单进一步放宽了全残的限制，规定如被保险人因伤残不能完成原职业的基本任务时，就可认定为全残，也可以领取约定的保险金，而不论他是否从事其他有收入的职业。

第四，收入损失全残。被保险人由于残疾而遭受收入损失，就可被认定为全残。这种保单提供的残疾收入保险金包括两种情况：一是被保险人因全残而丧失工作能力；二是被保险人尚能工作，但因伤残致使其收入降低。

第五，推定全残。在某些情况下，被保险人患病或遭受意外伤害，最终是否残疾在短期内难以判定，为此，保险公司往往在保险条款中规定一个定残期限，如180天。如果被保险人发生的伤残在定残期限届满时尚无明显的好转征兆，则自动认定为全残。

第六，列举式全残。有的保险公司还在保单中列举出被保险人可以被认定为"全残"的情况。这些情况通常包括：双目永久完全失明；两上肢腕关节以上或两下肢踝关节以上缺失；四肢关节机能永久完全丧失；咀嚼、吞咽机能永久完全丧失；中枢神经系统机能或胸、腹腔部脏器机能极度障碍，终身不能从事任何工作，为维持生命必要的日常生活全须他人扶助等。全部残疾给付金额一般比残疾前的收入少一些，通常是原收入的75%—80%。

（2）部分残疾。部分残疾是指部分丧失劳动能力。如果我们把全部残疾认为是收入全部损失，那么，部分残疾则意味着被保险人还能从事一些有收入的其他职业（显然这种职业的收入比原来职业的收入少）。在这种情况下，保险人给付的将是全部残疾给付的一部分，其计算公式如下：

部分残疾给付＝全部残疾给付×（残疾前的收入－残疾后的收入）/残疾前的收入

（四）长期护理保险

1. 长期护理保险的概念

长期护理保险是健康保险非常重要的组成部分。护理保险是指以因保险合同约定的日常生活能力障碍引发护理需要为给付保险金条件，为被保险人的护理支出提供保障的保险。一般的医疗保险或其他老年医疗保险不提供长期护理的保障。护理保险的保险范围一般分为医护人员看护、中级看护、照顾式看护和家中看护四个等级，但早期的护理保险产品不包括家中看护。

相比健康保险中的其他险种，长期护理保险起步较晚，大约20年前在美国开始，随后在德国、法国等欧美发达国家迅速发展。近年来，随着我国老龄化的加剧和人们保险意识的提升，长期护理保险在我国一些地方也逐渐开展起来。

2. 长期护理保险的特点

护理保险的特点主要体现在以下几个方面：

（1）长期护理保险的免责期。长期护理保险的免责期是指被保险人从长期护理被认定到开始领取保险金所需等待的一段时间。例如选择20天的免责期，即从被保险人开始接受承保范围内的护理服务之日起，在看护中心接受护理的前20天不属保障范围。免责期通常在0—365天。免责期的规定既有利于保险公司降低成本，也有利于被保险人，因为较长的免责期可以大大降低保费。

（2）长期护理保险的保费。护理保险的保费一般采用均衡保费的形式，也有每年或每一期间固定上调保费者，其年缴保费因投保年龄、等待期间、保险金额和其他条件的不同而有很大区别。为了吸引消费者购买，很多护理保险一般都有保费豁免条款[①]，即保险人开始履行保险金给付责任的 60 天、90 天或 180 天起免缴保费。

（3）长期护理保险的保单。所有护理保险保单都是保证续保的，可保证对被保险人续保到一特定年龄，有的甚至保证对被保险人终身续保。保险人可以在保单更新时提高保险费率，但不得针对具体的某个人，而是必须一视同仁地对待同样风险情况下的所有被保险人。

（4）护理保险的不没收价值条款。长期护理保险一般有不没收价值条款，即当被保险人撤销其现存保单时，保险人应将保单积累的现金价值退还给投保人。

第三节　健康保险的经济学分析

一、健康保险领域中的信息不对称

（一）信息不对称理论

在古典经济学研究中，通常假设市场信息是完全的，在这种完全信息市场中，所有参与者都免费使用市场信息，市场参与者之间不存在信息不对称问题。但是，在现实市场中，市场交易双方都拥有不为对方所知晓的信息，这就形成了信息的不对称。所谓不对称信息是指交易双方所掌握的信息在数量和质量上存在差异，即一方掌握的信息数量较多、质量较高，而另一方则恰好相反。信息不对称是经济活动中的普遍现象，它不仅存在于有形商品市场，而且在无形商品市场即服务市场中也经常出现，保险市场就是典型的信息不对称市场。

早在 1953 年阿罗（Arrow）就指出，信息不对称是妨碍保险机制顺利运转的主要障碍，并对此进行了研究。[②] 之后，斯蒂格利茨（Stiglitz）也对保险市场的不对称信息进行了分析，他指出，保险公司事前不知道投保人的风险程度，从而使保险水平不能达到对称信息情况下的最优水平。梅耶森（Myerson，1991）主张把保险市场的不对称信息简单分为两类，即逆向选择和道德风险。

---

① 所谓保费豁免，是指在保险合同规定的缴费期内，投保人或被保人达到某些特定的情况（如身故、残疾、重疾或轻症疾病等），由保险公司获准，同意投保人可以不再缴纳后续保费，保险合同仍然有效。

② 诺贝尔经济学得主肯尼斯·约瑟夫·阿罗（1921—2017 年）主要研究一般均衡理论、不确定性经济学、信息经济学等领域，被认为是战后新古典经济学的开创者之一，是保险经济学发展的先驱。

(二) 保险市场信息不对称的表现

保险经营活动中交易双方因各自所处的地位、信息交流的愿望、拥有的资源和保险知识等差异，造成对方希望了解或本来能够了解的信息不能为对方所了解，从而形成保险信息的不对称。保险市场主体间信息不对称主要有保险人与投保人之间的信息不对称、保险人与市场监管者之间的信息不对称、保险人与保险代理人之间的信息不对称。在此，我们主要研究保险人与投保人之间的信息不对称问题。

1. 投保人的逆向选择和道德风险

（1）投保人的逆向选择。逆向选择是指市场的某一方如果能够利用多于另一方的信息使自己受益而使另一方受损，则倾向于与对方签订协议进行交易。保险市场的信息不对称特性，容易让认为自己身体状况较差或风险较大的人积极投保，而身体状况健康或风险较小的人却不急于投保，这种倾向导致逆向选择。保险人与被保险人对于风险之选择观点不同，保险人选质优或无显著不良风险之标的给以承保，而被保险人则选择对本身有利的情况。一般而言，自愿保险较易导致逆向选择，强制保险较少逆向选择现象。

（2）投保人的道德风险。道德风险是指交易双方在签订交易协定后，其中一方利用多于另一方的信息，有目的地损害另一方的利益而增加自己利益的行为。在保险领域，投保人的道德风险普遍存在于保险市场中，它在给保险公司带来损失的同时也降低了保险市场的效率，主要表现为以下几个方面：

第一，有意识的骗赔行为所导致的道德风险。例如财产保险中常有故意沉船、故意制造车辆肇事、故意纵火等欺诈行为。

第二，滥用保险导致的道德风险。在保险市场上，尤其是医疗保险中，虽然投保人并不以欺骗方式获得保险利益，但是在保险合同允许的范围内，可能会最大限度地使用超过治疗所必需的医疗服务，去医院进行不必要的检查，从而加大保险公司的支出。

第三，投保后防灾意识的淡薄所导致的道德风险。例如，投了汽车保险的被保险人知道在发生车祸之后能够获得保险公司足额赔偿，开车时不会再像以前那样小心翼翼驾驶或者定期保养维修汽车等。

2. 保险人的逆向选择和道德风险

（1）保险人的逆向选择。在我国保险市场上，保险人的逆向选择往往体现在以下方面：

第一，费率厘定方面的逆选择。由于其制订费率的过程具有高度的专业性和不透明性，有些保险人可能根据过去损失概率和损失离散程度所确定的费率，做有利于自己的改变，即提高损失概率或加大离散程度从而提高费率。保险人的费率厘定往往高于实际应有的费率标准,不能真正反映风险标的的损失概率和损失离散程度,由此损害投保人的利益,这本质上就是保险人逆向选择的一种表现。

第二,信息披露制度的不完善导致的逆向选择。在我国目前的保险信息披露制度下,投保人只能从公开发布的信息上了解有关保费、赔款、资本金等一些比较中性的信息,而和投保人决策有关的公司财务状况、资信状况、管理状况、服务质量和发展前景等方面的信息就不得知。

(2)保险人的道德风险。保险人的道德风险主要体现在保险事故发生后保险公司在理赔中出现的问题:

第一,保险理赔是保险公司经营的重要环节,然而我国保险理赔运行现状不甚理想。"投保容易,索赔难;收费迅速,赔款拖拉"现象已成为广大投保人对保险业最大的不满。

第二,公司内部有的员工思想素质低下,对工作不负责任,利用手头掌握的内部信息勾结投保人骗取保险的情况并不鲜见。有些公司在理赔中要么滥赔,要么人情赔款,导致理赔纠纷大量出现。

二、不确定性因素下的风险管理

(一)风险管理的含义

风险管理是指个体或单位通过对风险识别、估测和分析,采取合理经济技术手段,有效控制风险及妥善处理损失后果,以最小成本取得最大安全保障管理的方法。20世纪30年代风险管理在美国兴起,50年代得到推广,60年代逐渐成为一门独立的管理学科。风险管理传统上局限于纯粹风险,但从20世纪90年代开始,逐渐扩展到投机性财务风险以及组织面临的所有风险。

(二)风险管理步骤

风险管理的步骤包括:风险识别、风险估测、风险评价和风险应对。

1. 风险识别

风险识别是指在风险发生前,对面临的潜在风险加以经验判断(感知)、归类整理(分析),并对风险性质进行鉴定的过程。

2. 风险估测

风险估测是指通过分析大量损失资料,运用概率和数理统计,估计和预测风险发生概率和损失程度。损失频率是指一定时间和范围内发生损失的次数占所有可能发生损失的相对次数;损失程度是指发生一次风险事故平均损失额度,表示某一特定风险发生的严重程度。

3. 风险评价

风险评价是指根据系统发生风险的可能性及其危害程度，确定系统风险的性质和等级，以决定是否进行处理或者处理到什么程度，具体如表1.1所示。

表1.1　　　　　　　　基于损失频率和损失程度的风险评价

类型	损失程度	损失频率	评价
1	小	低	相对不重要
2	小	高	能承担
3	大	低	不能承担
4	大	高	不能承担

（1）不能承担：风险太大，造成的损失足以使一个家庭或企业崩溃或破产。

（2）难以承担：造成的损失将严重降低家庭的生活水平和企业的收入。

（3）相对不重要：不会对家庭生活水平或企业经营水平有较大的影响。

4. 风险应对

（1）风险回避。风险回避是指通过放弃某项活动以回避因从事该活动可能导致的风险损失。这种方法的优点是可以使损失降为零，是一种从根本上彻底消除特定风险的方法，简单易行。但是也存在一定的局限：不是所有的风险都可以回避；回避某一风险可能产生新的风险；回避风险意味着同时失去可能的经济利益。采用这种方法有两个适用条件：一是损失频率高，损失程度大；二是处理风险的成本大于其产生的效益。

（2）风险预防。风险预防是指风险发生前，为消除或减少可能引发损失的各种因素而采取相应的措施。预防的主要目的是通过控制风险因素，降低风险发生的频率。风险因素主要包括两点：一是实质风险因素。对于有形的并直接影响事物物理功能的因素，采取工程物理方法。二是人的行为风险因素。对于人的心理状态因素及人的道德修养，采取教育、感化、规则约束及强化安全管理制度化建设等措施。

（3）损失控制。损失控制是指在风险事故发生时或发生后，采取各种防止损失扩大的措施。损失控制不是放弃风险，而是制定计划和采取措施降低损失的可能性或者是减少实际损失，损失控制的重点在于降低损失发生的程度。损失控制可以从事前、事中和事后三个阶段进行，其中，事前控制主要是为了降低风险事故损失的概率，事中控制和事后控制则是为了减少风险事故实际发生的损失。

（4）风险自留。风险自留是指经济单位自身承担全部风险成本的风险财务管理方法。风险应该自留的情形：损失频率低，损失程度小。风险自留具有以下几种情况：一是主动自留（损失微不足道；冒险可获较大的利益）；二是被动自留（事前对风险估计不足，因而没有采取风险转移的方法）。

（5）风险转移。风险转移是指为避免承担风险损失，有意识地将风险损失或与风险损失相关的财务后果转嫁出去的风险管理方法。风险转移主要包括两种方式。

一是保险转移方式：指企业或个人向保险公司投保，通过支付一定费用购买保险，而将自身的风险转给保险公司。目前，最重要、最有效且最广泛应用的风险转移方法是保险，保险属于财务型风险转移方式。

二是非保险转移方式，主要有以下几种：①租赁——将出租财产或与业务有关的风险转移给承租人；②保证——将债务人可能欠债的风险转移给担保人；③转让——通过买卖或赠与方式，以所有权让渡转移风险；④转包——通过承包方式，以经营和管理权让渡转移风险（见表1.2）。

表 1.2　　　　　　　　　　常见的风险应对方法

类型	损失程度	损失频率	风险应对的主要方法				
			风险回避	风险预防	损失控制	风险自留	风险转移
1	小	低				★	
2	小	高		★		★	
3	大	低			★		★
4	大	高	★				

三、健康保险市场供求及其影响因素分析

健康保险市场主要由消费者组成的需求市场和保险公司组成的供给市场构成，下面从健康保险市场需求和供给方面分析影响健康保险产品市场的因素。

（一）健康保险市场需求及其影响因素

健康保险市场需求是指一定时期内在各种可能的价格下消费者愿意且可能购买的健康保险产品的数量。根据这个定义，消费者形成对健康保险产品的需求，必须满足三个条件：第一，消费者具有健康保险的购买意愿；第二，消费者具备消费能力；第三，消费者能够进行健康保险消费选择和决策。

影响健康保险市场需求的因素比较复杂，主要包括风险因素、经济发展水平、产品价格、相关产品的价格、医疗保障制度、参保意识等。

1. 风险因素

这里的风险因素包括市场风险和疾病风险两个部分。风险是健康保险产生、存在和发展的前提条件，健康保险市场需求总量与风险程度成正相关关系，假定其他条件

不变，风险程度越高，健康保险市场的需求就越大；反之，健康保险市场的需求总量就越少。同其他保险需求一样，疾病风险存在的客观性和普遍性是产生健康保险需求的最主要原因，即消费者可能遭遇的疾病和伤害所导致的经济损失是其购买健康保险最直接的动因。疾病或损伤发生的可能性越大，人们购买健康保险的需求就越强烈。

2. 经济发展水平

经济发展水平对健康保险产品市场主体的影响主要体现在经济收入对健康保险需求的影响上。一般而言，健康保险需求的增长是随着经济收入的增长而增长的，根据马斯洛需求层次理论，人们只有在满足了基本的生存需求之后，才会考虑健康保险需求，并且随着经济收入的增长，人们对自身生命和健康的关爱程度也会不断增加，对健康保险的需求也会越来越高。

3. 产品价格

在健康保险市场上，健康保险产品的价格即保险费率也是影响健康保险需求的一个重要因素。在其他条件一定的情况下，健康保险市场的需求与保险费率成反比。健康保险产品的价格上升，健康保险市场的需求下降；反之，价格降低时，健康保险市场的需求将增加。

4. 国家医疗保障制度

国家医疗保障制度直接影响一国健康保险市场的格局。如在较长的一个时期中，我国实行由国家负责的公费医疗制度，医疗费用完全由国家负担，人们因此缺乏对健康保险的自我需求。当新的社会基本医疗保险制度建立后，社会医疗保险只能提供最低限度的医疗保障，健康保险需求也就随之增加。

5. 居民的参保意识

参保意识是人们对健康保险作用的认识与态度，人们的参保意识受多方面的影响，如文化素质、传统观念、生活环境、国家的医疗保障制度变化等。消费者的参保意识越强，健康保险市场的需求就越大；相反，消费者的健康参保意识越淡薄，健康保险市场的需求就越小。

除了上述因素之外，经济体制、法律环境、人口规模和结构、社会阶层、文化等都会在一定程度上影响健康保险市场的需求。

（二）健康保险市场供给及其影响因素

健康保险市场供给是指在健康保险市场上，保险人在一定时期内在各种可能的价格条件下，愿意提供且能够提供的保险产品的数量。它既可指整个保险行业为社会提供的保险产品总量，也可以指单个保险公司在一定时期内提供的保险产品数量。

健康保险供给同时受宏观经济因素与微观经济因素的影响，制约保险供给的主要因素包括以下几个方面：

1. 健康保险公司的偿付能力

由于保险经营的特殊性，各国法律对保险企业都有最低偿付能力标准的规定，因此，健康保险供给也会受到偿付能力的制约。假定其他条件不变，偿付能力与保险供给能力呈正相关关系。经营资本越多，供给能力越强。但另一方面，保险企业的业务容量比率也制约其不能随意、随时扩大供给。

2. 保险需求

保险需求就是人们购买健康保险的需要。假定其他条件不变，一国的经济形势越好，消费者的购买力越强，人们对保险的需求就越大，保险供给的数量也就相应越多。

3. 保险费率

保险供给与保险费率成正相关关系。保险费率上升，刺激保险人提供产品，进而增加保险供给；反之，如果保险费率降低，企业盈利的可能性变小，就会影响保险供给者向市场提供产品的意愿，保险供给则会相应减少。

4. 保险技术

健康保险业的经营管理是科学技术性、专业性都很强的业务活动，在风险管理、险种设计、费率厘定、业务选择、准备金提存、人事管理及法律知识等方面都需要相应的技术，其中任何一项技术的高低，都会影响健康保险的供给。假定其他条件不变，保险技术与保险供给成正比。保险人的经营技术和管理能力越高，保险的供给能力就越强。

5. 制度、政策环境

政府的监管政策在很大程度上决定了健康保险业的发展，它既决定了健康保险市场竞争的性质，也决定了健康保险经营企业的发展方向。各国政府监管的程度不一，有宽松的，也有严格的。通常来说，国家政策越宽松，健康保险市场供给能力就越强；反之，国家政策越严，越会抑制健康保险供给的增加。此外，市场的规范程度也是影响健康保险供给的重要因素。竞争无序的市场会抑制保险需求，从而减少保险供给；而竞争有序、行为规范，则使保险市场的信誉提高，从而刺激保险市场需求，扩大保险供给。

6. 保险人才的数量和质量

保险供给者的数量越多，保险供给量就越大；反之，保险的供给量就减少。在现代社会中，保险供给不但讲求数量，还讲求质量。供给主体的质量越高，开发的产品对投保人不断变化的需求满足程度就越高，就越能扩大健康保险产品的有效供给；反之，供给主体的质量越低，满足投保人需求的能力就越低，健康保险产品的有效供给也就越低。

除了上述影响因素之外，相关产品的价格、保险公司对市场的预期和保险公司的资金运营及投资情况等都会影响健康保险市场的供给。

本章小结

1. 健康保险是以被保险人的身体为保险标的，以被保险人在保险期间内因疾病或分娩不能从事正常工作，或因疾病、分娩造成残疾或死亡时由保险人给付保险金的一种保险。

2. 健康保险主要包括医疗保险、重大疾病保险、失能收入损失保险和护理保险。健康保险作为人身保险的一种，其特征包括经营风险的特殊性、保险期限、精算技术、给付特性、除外责任以及合同条款的特殊性等方面。

3. 医疗保险就是医疗费用保险的简称，医疗保险是指以约定的医疗费用为给付保险金条件的保险，即提供医疗费用保障的保险，它是健康保险的主要内容之一。医疗费用是病人为了治病而发生的各种费用，它不仅包括医生的医疗费和手术费用，还包括住院、护理、医院设备等的费用。

4. 重大疾病保险是当被保险人在保险期间内发生保险合同约定的疾病、达到约定的疾病状态或实施了约定的手术时给付保险金的健康保险产品。重大疾病保险的根本目的是为病情严重、花费巨大的疾病治疗提供经济支持。

5. 失能收入损失保险是指以因保险合同约定的疾病或者意外伤害导致工作能力丧失为给付保险金条件，为被保险人在一定时期内收入减少或者中断提供保障的保险。

6. 护理保险是健康保险非常重要的组成部分，在国外比较流行。护理保险是指以因保险合同约定的日常生活能力障碍引发护理需要为给付保险金条件，为被保险人的护理支出提供保障的保险。

7. 由于保险人与投保人之间的信息不对称，保险市场会产生逆向选择和道德风险。逆向选择源于事前的信息不对称，道德风险源于事后的信息不对称。

8. 风险管理是指个体或单位通过对风险识别、估测和分析，采取合理经济技术手段，有效控制风险及妥善处理损失后果，以最小成本取得最大安全保障的管理方法，保险是风险管理中一种重要而有效的方法。

9. 健康保险市场需求是指一定时期内在各种可能的价格下，消费者愿意且可能购买的健康保险产品的数量。消费者形成对健康保险产品的需求，必须满足三个条件：第一，消费者具有健康保险的购买意愿；第二，消费者具备消费能力；第三，消费者能够进行健康保险消费选择和决策。

10. 健康保险市场供给是指健康保险市场上保险人在一定时期内在各种可能的价格条件下，愿意提供且能够提供的保险产品的数量。它既可指整个保险行业为社会提供的保险产品总量，也可以指单个保险公司在一定时期内提供的保险产品数量。

思考题

1. 健康保险的含义与特性。
2. 医疗保险的含义与特征。
3. 重大疾病保险的含义与特征。
4. 失能收入损失保险的含义与特征。
5. 长期护理保险的含义与特征。
6. 什么是逆向选择？什么是道德风险？信息不对称在保险人与投保人之间有何具体表现？
7. 在不确定情形下如何进行风险决策？风险处理与应对的方法有哪些？
8. 影响健康保险市场的需求与供给因素有哪些？

第二章

健康保险合同理论与基本原则

健康保险合同是由保险公司与被保险人本着权利与义务对等的原则签订的书面文件,明确健康保险合同的概念、特征、内容对保险双方当事人非常重要。健康保险作为保险的一种,一方面具有一般保险的特征,符合一般保险的基本原则;另一方面也有其独特性,这种独特性更多地体现在健康保险合同当中,因此,掌握保险的基本原则在保险合同与实践中的运用尤为重要。

第一节 健康保险合同理论

一、健康保险合同的概念与特征

(一)健康保险合同的概念

健康保险合同是指以被保险人的身体为保险标的,保险人与被保险人因疾病或意外事故所致伤害时造成的直接费用或间接损失获得补偿的一种保险。[①] 具体地,健康保险合同是在保险人于被保险人疾病、分娩以及由此所致的支出、残疾或死亡时,承担给付保险金义务的人身保险合同。在疾病未致残致死时,填补医疗费用的支出;在

---

① 魏华林,林宝清:《保险学》,高等教育出版社2011年第3版,第150、169页。

致残时，保险给付的目的在于填补医疗费用支出及生活收入减少所致之损失；在被保险人死亡时，用于填补丧葬费用与遗属生活费用的支出。[①]

根据保险责任的不同，可以划分为医疗费用保险、疾病保险、失能收入损失保险和护理保险等。健康保险合同与意外伤害保险合同不同，前者的承保范围适用于被保险人因病理状况所致疾病而产生的所有能力欠缺，后者适用于因意外事故所致的被保险人的身体损伤。

（二）健康保险合同的特征

1. 健康保险合同的承保风险具有综合性

健康保险合同承保的风险包括被保险人因疾病、分娩所致的费用支出，以及因疾病、分娩所致伤残、死亡等，而不是单一的危险。

2. 保险标的是被保险人的身体健康

健康保险合同除了承保由于疾病或意外事故所致的医疗费用或所致的收入损失以外，由于其标的为人身健康利益，难以用金钱来衡量，故不会发生超额保险的问题。但亦有人认为健康保险合同保险人给付的保险金不是对被保险人的生命或身体伤害的补偿，而是对被保险人因疾病、分娩进行医疗过程中的费用支出以及由此而生的其他费用损失的补偿，因此，代位求偿权也可以适用。

3. 被保险人的资格受到一定限制

若他人以第三人为被保险人订立的健康保险合同涉及死亡为保险事故，订立保险合同时应经被保险人书面同意。不能以无行为能力人为被保险人来订立以死亡为给付条件的健康保险合同。健康保险合同一般都明确约定限制患有某些特种疾病的人为被保险人。

二、健康保险合同的主体和客体

（一）健康保险合同的主体

健康保险合同的主体是指在健康保险合同中享有权利和承担义务的人，包括健康保险合同的当事人和关系人。

1. 健康保险合同的当事人

健康保险合同的当事人是指保险合同的双方，包括保险人和投保人。

（1）保险人。保险人是指与投保人订立保险合同，向投保人收取保险费，并在

[①] 鲍勇：《健康保险学》，科学出版社2015年版，第102页。

保险事故发生时对被保险人承担赔偿或给付保险金责任的法人，即保险公司。根据《保险法》第十条的规定，健康保险合同中的保险人是指与投保人订立保险合同，向投保人收取保险费，并承担赔偿或者给付保险金责任的保险公司，一般为依照法定程序申请批准取得健康险经营资格的保险公司。

（2）投保人。投保人是指与保险人订立保险合同，并根据保险合同负有交付保险费义务的人。投保人可以是自然人，也可以是法人或非法人团体。健康保险合同中的投保人是指与保险人订立保险合同，并按照保险合同负有支付保险费义务的个人或者单位。

投保人可以为自己投保，也可以为他人投保，即投保人或同时为被保险人，或以第三人为被保险人。当投保人和被保险人为同一人时，投保人对自己当然具有保险利益；当两者非为同一人时，根据我国《保险法》第十二条的规定，"投保人对被保险人须具有保险利益"，否则，合同无效。

2. 健康保险合同的关系人

健康保险合同的关系人是指不参与签订健康保险合同，但在保险合同中享有权利和承担义务的人，包括被保险人和受益人。

（1）被保险人。健康保险合同中的被保险人是指受保险合同保障并且享有保险金请求权的人。在健康保险合同中，如果投保人以第三人为被保险人，在以死亡为保险金给付条件时，须经被保险人同意。对于健康保险的被保险人，我国《保险法》第三十三条规定："不得为无民事行为能力人投保以死亡为给付保险金条件的保险合同，保险人亦不得承保；除父母为其未成年子女缔约外，不能以无行为能力人为被保险人订立以死亡为给付条件的保险合同。"

（2）受益人。健康保险合同的受益人，指由被保险人指定或经由被保险人同意、投保人指定的，当保险事故发生时，享有保险金给付请求权的人。受益人通常为被保险人，亦可以指定第三人为受益人。我国《保险法》第三十九条、第四十条和第四十一条分别对受益人的指定、受益人的顺序及份额和受益人的变更作了明确规定。其中，"规定投保人为其有劳动关系的劳动者投保人身保险，不得指定被保险人及其近亲属以外的人为受益人"。

（二）健康保险的客体

客体是指在民事法律关系中主体享受权利和履行义务时共同指向的对象。保险合同虽属民事法律关系范畴，但它的客体不是保险标的本身，而是投保人或者被保险人对保险标的具有的法律上承认的利益，即保险利益。我国《保险法》第十二条规定："人身保险的投保人在保险合同订立时，投保人对保险标的应当具有保险利益。保险利益是指投保人或者被保险人对保险标的具有的法律上承认的利益。"因此，投保必须凭借保险利益投保，投保人对保险标的不具有保险利益的，保险合同无效。而保险人必须凭借投保人对保险标的的保险利益才可以接受投保人的投保申请，并以保险利益作为保险金额的确定依据和赔偿依据。

相比一般保险合同的客体，健康保险合同的客体具有其独特性，它不是保险标的本身——生命或身体，而是体现于该标的上的利益，即保险可保利益。[①] 健康保险承保的风险包括被保险人因疾病、分娩所致的费用支出，以及因疾病、分娩所致伤残、死亡等造成的损失，而不是单一的风险。健康保险中的保险利益是指投保人对被保险人的身体所具有的法律上承认的利益，它是保险合同的客体，保险标的是保险利益的载体。健康保险标的是投保人申请投保的个人的生命和身体或者有关利益，这是确定健康保险合同关系和保险责任的依据。在不同的具体健康保险合同中，保险人对保险标的的范围都有明确规定，即哪些可以承保，哪些不予承保，哪些在一定条件下可以特约承保等。

三、健康保险合同的内容

（一）保险期间

保险期间是指保险合同的有效期限，即保险合同双方履行权利和义务的起讫时间。健康保险合同的保险期间一般由当事人约定为1年，保险期间自合同成立的翌日零时起至期满之日的24时止，期满可以续保。对于健康保险合同的保险期间，合同一般约定有"等待期"，即约定自承保之日起，保险人对于被保险人所患病不承担保险给付义务的延缓期限。等待期长短不一，一般最长达180日。

（二）保险金额

保险金额是指投保双方约定的、保险事故发生时保险公司承担赔偿或给付金额的最高限额，即投保人对保险标的的实际投保金额。保险金额是保险公司收取保险费的计算基础。健康保险合同的保险金额有的以实际支出的医疗费用为标准计算给付的数额，多有最高限额的约定，在其限额内给付。也有的健康保险合同约定按医疗时间定额给付保险金。

（三）保险费

保险费简称保费，是指被投保人参加保险时，根据其投保时所订的保险费率，向

---

① 荆涛：《人寿与健康保险》，北京大学出版社2011年版，第178页。

保险人交付的费用。保险费可以趸缴，即一次性缴纳；也可以分期缴纳。健康保险合同的保险费分期支付的，若未交付当期保险费达 60 日则效力中止。保险费的数额同保险金额的大小、保险费率的高低和保险期限的长短成正比，即保险金额越大，保险费率越高，保险期限越长，则保险费也就越多。健康保险保险费的计算不仅与保险金额有关，也与年龄等成正比。

（四）健康保险合同的保险事故

我国《保险法》第十六条第五款规定："保险事故是指保险合同约定的保险责任范围内的事故。"健康保险合同承保的风险包括疾病、分娩，以及疾病、分娩导致的残疾、死亡所致的人身、财产损失等。健康保险合同承保的风险包括疾病、分娩，以及疾病、分娩导致的残疾、死亡所致的人身、财产损失。疾病是来自身体内部或外部的、逐渐形成的反生理或反心理的客观状态，致病因素经相当时间酝酿而逐渐形成。而伤害保险合同的保险事故来自身体以外，是具有偶发性、剧烈性的结果反应。疾病以后天发生的为限，若先天性的盲、聋或哑等则不在承保之列。

（五）保险人不负保险给付义务的情形

1. 法定情形

法定不负义务的情形，一般包括以下两种情况：

（1）保险事故已发生。保险风险必须是尚未发生的，否则，不能为保险人承保。例如，在健康保险中，投保人与保险人缔结保险合约时，被保险人已经患病。但关键的问题在于如何判断。一般根据外表迹象来判断，即自外表所显示的迹象足以判断被保险人已经患病，则投保人不得推诿为不知。如果保险事故已发生，并且是确定事实，则不在承保之列。

（2）故意致保险事故发生。这种情况主要包括：第一，投保人、受益人故意促使保险事故发生。第二，被保险人故意制造保险事故，包括故意患疾病。例如，被保险人明知第三人患艾滋病，但毫不避讳，仍与其亲密接触，以致感染该病。

2. 约定情形

约定不负义务的情形包括：法定传染病；美容手术以及整形手术；牙齿的治疗、镶补或装设义齿；本合同等待期内所患的疾病；未按医生指定适用药品以致疾病、伤残、死亡等。

四、健康保险合同的形式

保险合同依据其订立的程序，大致可以分为四种形式：

（一）投保单

投保单是投保人向保险人申请订立保险合同的书面要约。投保单由保险人准备，通常有统一的格式，投保人依照保险人所列项目逐一填写。在保险实践中，保险人为了方便投保而简化手续，对有些险种也可不要求投保人填写投保单。投保人只要以口头形式提出要约，提供有关单据和凭证，保险人即可当即签发保单或保险凭证。

投保单是保险合同的重要组成部分。投保人在投保单中所填写的内容会影响到合同的效力。投保单上如有记载，保险单上即使有遗漏，其效力也是与记载在保险单上一样的。如果投保人在投保单中告知不实，在保险单上又没有修正，保险人可以投保人未遵循合同的诚信原则为由在规定的期限内宣布合同无效。

（二）暂保单

暂保单又称为临时保单，是在正式保单发出之前的一个临时合同。订立暂保单不是订立保险合同的必经程序，一般而言，使用暂保单有以下三种情形：

一是保险代理人在争取到业务但是尚未向保险人办妥保险单之前，对被保险人临时开具的证明。

二是保险公司的分支机构在接受投保时，需要请示总公司审批，或者还有一些条件尚未谈妥。在这种情况下，保险公司的分支机构向投保人开出暂保单。

三是正式保单须由电脑统一处理，而投保人又急需保险凭证。在这种情形下，保险人在保单做成交付前先签发暂保单，作为保险合同的凭证。

需要说明的是，暂保单的法律效力与正式保单相同，但是有效期较短，大多由保险人具体规定。当正式保单交付后，暂保单即自动失效。保险人亦可在正式保单发出前终止暂保单效力，但是必须提前通知投保人。暂保单的形式既可以是书面的，也可以是口头的。但是为了避免由于"空口无凭"而产生的纠纷，人们大多还是使用书面形式。

（三）保费收据

保费收据是在保险公司发出正式保单之前出具的一个文件。我国《保险法》第十四条规定："保险合同成立后，投保人按照约定交付保险费；保险人按照约定的时间开始承担保险责任。"由此可见，对于已成立的保险合同来说，保险人是否按照保险合同约定的时间来承担保险责任，是以投保人是否按照约定交付保险费为前提条件的，而保险费是否交付，则是以保费收据为凭证的，因此，保费收据是保险合同纠纷中重要的法律证据，保险从业人员应对保费收据的重要性给予高度重视，保险公司应加强对保费收据使用情况的管理，保户则应当及时索要保费收据，并保管好。

(四) 保险单

保险单简称为保单，它是保险人与被保险人之间订立保险合同的一种最为正式的书面证明。保险单必须完整地记载保险合同双方当事人的权利、义务及责任。保险单记载的内容是合同双方履行的依据。我国《保险法》第十三条规定："投保人提出保险要求，经保险人同意承保，保险合同成立。保险人应当及时向投保人签发保险单或者其他保险凭证。"由此可见，保险合同成立与否并不取决于保险单的签发，只要投保人和保险人就合同的条款协商一致，保险合同就成立，即使尚未签发保险单而签署其他保险凭证，保险人也应负赔偿责任。当然，对于保险合同双方当事人在合同中约定以出立保险单为合同生效条件的除外。

五、健康保险合同标准常用条款

在健康保险合同中，除适用一般人寿保险的宽限期条款、复效条款、不可抗辩条款等条款之外，由于健康保险的风险具有变动性和不易预测性、赔付危险大，保险人对所承担的保险金给付责任还规定了一些健康保险所独有的条款。

（一）一般特殊条款

一般特殊条款是指个人健康保险和团体健康保险共同采用的一些特别规定。

1. 年龄条款

被保险人的年龄是厘定保险费率的重要因素，也是确定是否承保的前提条件。通常而言，不同年龄的群体，健康状况会有所差异。年龄过大或过小，健康方面的风险可能更大。相应地，年龄偏大的被保险人，其对应的保费也会相应提高。年龄条款对年龄不实的情形有特别的处理规定，我国《保险法》第三十二条规定："投保人申报的被保险人年龄不真实，并且其真实年龄不符合合同约定的年龄限制的，保险人可以解除合同，并按照合同约定退还保险单的现金价值。保险人行使合同解除权，适用本法第十六条第三款、第六款的规定。投保人申报的被保险人年龄不真实，致使投保人支付的保险费少于应付保险费的，保险人有权更正并要求投保人补交保险费，或者在给付保险金时按照实付保险费与应付保险费的比例支付。投保人申报的被保险人年龄不真实，致使投保人支付保险费多于应付保险费的，保险人应当将多收的保险费退还投保人。"

2. 体检条款

体检条款适用于失能收入损失保险，要求被保险人接受定期检查，以确定被保险人是否仍然丧失工作能力。体检条款允许保险人指定医疗服务提供方对提出索赔的被保险人进行体格检查，目的是使保险人对索赔的有效性做出鉴定。

3. 观察期条款

观察期也被称为等待期，是指在医疗保险、重大疾病保险等健康保险中，被保险人首次投保时从合同成立后至保险责任生效之前的这段时间。观察期条款是健康保险合同特有的条款，是指观察期内被保险人所发生的医疗费用，保险人不承担赔付责任。之所以有观察期条款，是因为有时仅仅依据被保险人的个人信息、自我汇报、个人病历等资料，保险人很难判断被保险人在投保时是否曾经或当时患有保险合同规避的疾病。为了防止被保险人带病投保，防止投保过程中逆向选择行为的发生，健康保险保单中通常要规定一个观察期。不同保险公司的观察期有所差异，一般而言，重大疾病和日常住院医疗的观察期为90—180天。在观察期之内，被保险人因疾病支出医疗费或收入损失，保险人不承担赔付责任，只有在观察期满之后，保险人才承担给付保险金的责任。对于可续保单而言，续保年度不再有观察期。

4. 免赔额条款

免赔额条款是医疗保险合同中的常用条款，也是医疗保险合同区别于其他人身保险合同的重要特征之一。一般均对起付线以下的医疗费用采用免赔额的规定，即在保险合同规定的起付线以下的医疗费用支出由被保险人自己承担，保险人承担赔付责任。免赔额条款的设置，一方面，由被保险人承担可以承担的较低的医疗费用支出，客观上可以减少保险公司大量的理赔工作，从而减少保险公司的理赔成本；另一方面，可以促使被保险人加强风险意识，减少被保险人的事后道德风险，减少因个人原因导致的保险事故的发生和损失的扩大，避免不必要的医疗费用支出。

5. 比例给付条款

比例给付条款，也被称为共保比例条款，是指对被保险人因为保险合同规定的标的损失导致的医疗费用支出超过免赔额以上的部分，采用保险人和被保险人共同分摊的比例给付方法。比例给付条款是在免赔额基础上经常采用的一个条款，此种情形相当于保险人与被保险人共同承担风险责任。例如，共保比例为75%，意味着对被保险人的医疗费用，保险人负担75%，被保险人要自负25%。也有按累进比例给付的医疗保险产品，即随着实际医疗费用支出的增大，保险人承担的比例累计递增，被保险人自负的比例累计递减。

如果同一份健康保险合同既有共保条款又有免赔额条款，保险人一般只对超出免赔额以上部分的医疗费用采用与被保险人按一定比例共同分摊的方法进行保险赔付。在大多数医疗保险合同中，保险人对医疗保险金的支出均有比例给付的规定，通常是保险人承担其中的大部分费用，这样既有利于保障被保险人的经济利益，也有利于保险人对医疗费用的控制，从而达到风险保障的目的。

6. 给付限额条款

给付限额条款是指保险合同针对被保险人的医疗费用规定了费用或服务量的最高限额，即封顶线，封顶线以下的医疗费用支出由保险人按照合同规定范围内的报销比例进行承担，封顶线以上的部分需要由被保险人自己承担。在医疗保险合同中，保险人给付给被保险人的医疗保险金一般有最高限额规定，如门诊费用给付限额、住院费用给付限额、手术费用给付限额、单项疾病给付限额等。设置这一条款的初衷是为了保障保险人和大多数被保险人的利益，保险合同中规定医疗保险金的最高给付限额，可以控制总的支出水平。不过，对于具有定额保险性质的健康保险，如重大疾病保险等，通常没有赔偿限额，而是依约定保险金额实行定额赔偿。

7. 不可抗辩条款

不可抗辩条款又被称为不可争条款，是指保险人在保单生效之日起2年之后，就不得对保单的效力提出怀疑。换句话说，如果投保人故意或者因错误陈述、隐瞒事实等重大过失未履行保险合同中规定的如实告知义务，足以影响保险人决定是否同意承保或者提高保险费率时，自保险人知道有解除事由之日起，超过三十日不行使而消灭；自合同成立之日起超过二年的，保险人不得解除合同，如果发生保险事故，保险人应当承担赔偿或者给付保险金的责任。

8. 受益人条款

受益人条款是人身保险合同常用的主要条款之一，受益人条款设计的初衷是在被保险人死亡时，让保单所有者制定由受益人获得保险所得。[①] 我国《保险法》第三十九条规定："人身保险的受益人由被保险人或者投保人指定。投保人指定受益人时须经被保险人同意。投保人为与其有劳动关系的劳动者投保人身保险，不得指定被保险人及其近亲属以外的人为受益人。被保险人为无民事行为能力人或者限制民事行为能力人的，可以由其监护人指定受益人。"第四十条规定："被保险人或者投保人可以指定一人或者数人为受益人。受益人为数人的，被保险人或者投保人可以确定受益顺序和受益份额。未确定受益份额的，受益人按照相等份额享有受益权。"《保险法》第四十一条规定："被保险人或者投保人可以变更受益人并书面通知保险人。保险人收到变更受益人的书面通知后，应当在保险单或者其他保险凭证上批注或者附贴批单。投保人变更受益人时须经被保险人同意。"

（二）个人健康保险的特殊条款

个人健康保险是保险公司与投保人个体之间订立的一种健康保险合同，是保险公司对某一个人或某几个人提供健康保障的保险。一般而言，个人健康保险的被保险人不能选择保障范围，但可以就给付水平、可续保条款等与保险人进行协商。个人健康

---

① 荆涛：《人寿与健康保险》，北京大学出版社2011年版，第207页。

保险除包含健康保险合同的一般性条款外，还包含一些独特的条款。

1. 既存状况条款

既存状况条款规定，在保单生效的约定期间内，保险人对被保险人的既往病症不给付保险金。既往病症是指在保单签发之前被保险人就已患有，但却未在投保单中如实告知的疾病或伤残。根据最大诚信原则，投保人必须在签订保单合同之前如实告知被保险人特定时期内（通常为2年或更多年）所发生过的伤残或首次出现或证实的疾病。根据既存状况条款，对被保险人因既往病症而发生的属于健康保险合同责任范围内的风险事故时，通常保险人只在保单生效2年以后才给付保险金。既存状况条款的设计有助于抑制被保险人逆向选择行为和维护保险人的利益，避免那些曾经患过某些疾病且有复发风险或者没有完全痊愈的人通过购买健康保险获得保险赔付。

2. 职业变更条款

职业变更条款规定，如果被保险人的职业或工种发生变更，被保险人应本着义务告知的态度及时通知保险公司。如果变更后的职业或者工种属于保险公司承保的职业或工种，则不影响原保险合同的效力；如果被保险人变更的职业或工种不在保险公司承保范围内，则合同失效，但保险公司必须按合同约定退还本合同的未满期净保险费；如果被保险人没有及时通知，发生保险事故时被保险人的职业或者工种属于拒保情形的，则保险公司不承担给付保险金责任。通过职业变更条款，客观上要求被保险人不仅在投保前职业符合保险合同的承保要求，还要注意投保后因职业或工种变更导致职业风险加大而产生的风险。进一步地，被保险人在变更职业或工种时，应及时向承保的保险公司如实告知，否则一旦出现保险合同承保的风险事故，保险公司可以根据该条款拒赔。一般而言，健康保险产品对投保职业都有限制，保险公司根据本单位的职业分类表，对不同职业和工种的风险都有等级划分，通过不同风险等级进行风险定价。如果被保险人的职业风险性提高且在保险合同承保范围内，则保险公司可以在不改变保险费率的前提下降低保险金额。

3. 可续保条款

可续保条款是指投保人在保险期满时不需要体检，即可续保一个期限和保额与原保单相同的保险，但投保人续保时的年龄与续保次数不能超出保险公司的规定。一般的健康保险都是一年期的，通过在保单条款中加入可续保条款，可以为客户提供续保的依据和条件。一般可以在保单中加入这样的内容：

（1）定期条款。定期条款规定了有效期限内（如1年期保单），保险人不能提出解除或终止保险合同，也不能要求变更保费或保险责任。这就避免了被保险人被迫每年重复检查身体办理投保手续等定式，同时在一定程度上延长了平均投保期限，客观上也为保险公司积累了客户。

（2）续保条款。续保条款一般有两种情形：一种是无条件续保，也称保证性续保，即只要被保险人继续缴费，保险合同就可以持续有效，直到一个既定的年龄（例如60岁），在此期间，保险人不能单方面变更合同中的任何条件；另一种是有条件续保，即被保险人在符合保险合同规定的条件的前提下，可以续保直至某一特定时间或年数，这给予了保险人增加保险费率的权利。

（3）不可撤销条款。这一条款保证可以续保直至被保险人达到保单约定的限定年龄，并且保险费率在保单中约定，保险人在任何情况下都无权增加不可撤销保单的保险费率。通常，失能收入保单通常是不可撤销的，医疗费用保单则很少是不可撤销的。

尽管健康保险的保险合同大多是短期的（一般是一年期），但可以根据保险合同条款中的可续保条款规定使所持保险单成为连续有效保单，从而满足投保人获得长期健康保障的要求，也保证健康保险人的业务总量和保费收入。

（三）团体健康保险的特殊条款

团体健康保险是以社会团体为投保人，以其所属员工为被保险人（包含团体中的退休员工），当被保险人因疾病或分娩住院时，由保险人负责对其住院期间的治疗费用、住院费用、看护费用，以及在被保险人由于疾病或分娩致残疾时，由保险人负责给付残疾保险金的一种团体保险。团体健康保险是保险公司与团体保单持有人之间订立的健康保险合同，它对被保险人提供保障。常见的团体健康保险的特殊条款有：

1. 既存状况条款

团体健康保险的既存状况条款与个人健康保险有所不同。在团体险中，该条款规定除非被保险人享受保险保障已达到约定的期限，保险人不承担对被保险人的既存状况给付保险金的责任；但如果被保险人对某一既存状况已连续3个月未因此而接受治疗或者参加团体健康保险的时间已超过12个月，则这种情形不属于既存状况，被保险人由此而发生的医疗费用支出或收入损失可以向保险人提出赔付申请。

2. 转换条款

转换条款的设计是为了解决脱离团体的个人重新购买健康保险的问题。转换条款允许团体被保险人在脱离团体后购买个人医疗保险，并且可以不提供可保证明，但是，被保险人不得以此进行重复保险。将团体健康保险转换为个人健康保险时，被保险人通常要缴纳较高的保费，有关保险金的给付也有一定的限制。

3. 协调给付条款

协调给付条款的设计是为了解决享有双重团体医疗保险的团体被保险人获得的双重保险金给付问题，将两份保单分别规定为优先给付计划和第二给付计划。优先给付计划根据协调给付条款确定：两份团体保单中不包含协调给付条款的作为优先给付计划，另一份则作为第二给付计划；如果两份保单都含有此条款，则以雇员身份而非受抚养者身份作为被保险人的那份团体保单是优先给付计划。

在保险给付方面，优先给付计划必须给付它所承诺的全额保险金；若其给付的保险金额不足被保险人所应花费的全部合理医疗费用，被保险人就可要求第二给付计划履行赔付差额部分保险金的责任，同时告知第二保险人优先给付计划的给付金额，第二给付计划根据协调给付条款支付保险金。协调给付条款在美国和加拿大的团体健康保险中较常见，因为这些国家有资格享受多种团体医疗保险的被保险人较普遍，如双职工家庭可能享有双重团体医疗费用保险。

第二节　健康保险的基本原则

一、保险利益原则

（一）保险利益的定义

保险利益是指投保人对保险标的所具有的法律上的利益，它体现了投保人与保险标的之间存在的金钱上的利益关系。[①] 这一定义说明了保险利益的主体是投保人，对此我国《保险法》第十二条规定："人身保险的投保人在保险合同订立时，对被保险人应当具有保险利益。"对于不具有保险利益的情形，《最高人民法院关于适用〈中华人民共和国保险法〉若干问题的解释（二）》第二条规定："人身保险中，因投保人对被保险人不具有保险利益导致保险合同无效，投保人主张保险人退还扣减相应手续费后的保险费的，人民法院应予以支持。"

保险利益产生于投保人或被保险人与保险标的之间的经济联系，体现了投保人或被保险人对保险标的所具有的法律上承认的利害关系，即投保人或被保险人因保险标的遭受风险事故而受损，因保险标的未发生风险事故而受益。

（二）保险利益的确立条件

保险利益是保险合同是否有效的必要条件。确认某一项利益是否构成保险利益必须具备三个条件。

1. 保险利益必须是法律上认可的利益

---

① 魏华林，林宝清：《保险学》，高等教育出版社 2011 年第三版，第 65 页。

保险利益必须是被法律认可并受到法律保护的利益，它必须符合法律规定，与社会公共利益相一致。它产生于国家制定的相关法律、法规以及法律所承认的有效合同。具体而言，投保人对保险标的的所有权、占有权、使用权、收益权、维护标的安全责任等必须是依法或依有法律效力的合同而合法取得、合法享有、合法承担的，凡是违法或损害社会公共利益而产生的利益都是非法利益，不能作为保险利益。

2. 保险利益必须是可以用货币计算和估价的利益

保险利益必须是经济上已经确定的利益或者能够确定的利益，即保险利益的经济价值必须能够以货币来计算、衡量和估价。如果投保人对保险标的不具有保险人的赔付责任就无法兑现。某些古董、名人字画虽为无价之宝，但可以通过约定的货币数额来确定其经济价值。人的生命或身体是无价的，难以用货币来衡量，但可按投保人的需要和可能负担保险费的能力约定一个金额来确定其保险利益的经济价值。在某些情况下，人身保险的保险利益也可以直接用货币来计算，如债权人对债务人生命的保险利益。

3. 保险利益必须是确定的利益

保险利益必须是已经确定或者可以确定的利益，包括现有利益和期待利益。已经确定的利益或者利害关系为现有利益，如投保人对已经拥有财产的所有权、占有权、使用权等而享有的利益即为现有利益。尚未确定但可以确定的利益或者利害关系为期待利益，这种利益必须建立在客观物质基础上，如预期的营业利润、预期的租金等属于合理的期待利益，可以作为保险利益。

（三）保险利益原则及其意义

保险利益原则是指在签订并履行保险合同的过程中，投保人对保险标的必须具有保险利益。投保人以不具有保险利益的标的投保，保险人可以解除合同；保险合同生效后，如果投保人失去了对保险标的存在的法律上认可的利益，保险合同随之失效（人身保险合同除外）；保险标的发生保险责任事故，只有对该标的具有保险利益的人才具有索赔资格，但是所得到的赔偿或给付的保险金不得超过其保险利益额度，否则会发生严重的道德风险。

保险利益原则对保险经营的意义在于：

1. 从根本上划清保险与赌博的界限

从形式上看，保险与赌博均是基于偶然事件[①]，但是，赌博是完全基于偶然因素，通过投机取巧牟取不当利益的行为，有人为了侥幸图谋暴利，会不惜一切代价去冒险，甚至以他人的损失为代价。因为赌博将确定的赌注变成了不确定的输赢，增加

---

① 孙祁祥：《保险学》，北京大学出版社2017年第六版，第23页。

了甚至创造了风险，导致社会的不安定，因而为许多国家的法律所禁止。如果保险关系不是建立在投保人对保险标的具有保险利益的基础上，而是投保人可以就任何标的进行投保，那就会助长人们为追求获得远远高于其保险费支出的赔付数额而利用保险进行投机的行为。这种行为无异于赌博，是不利于社会公共利益的。保险利益的确立，要求投保人对保险标的必须具有保险利益，而且只有在经济利益受损的条件下才能得到保险金赔付，这就从根本上划清了保险与赌博的界限，对维护社会公共利益，保证保险经营的科学性具有重要意义。

2. 防止道德风险的发生

这里所谓的道德风险是指被保险人或受益人为获取保险金赔付而违反道德规范，甚至故意促使保险事故发生或在保险事故发生时放任损失扩大。由于保费与保险赔偿或给付金额之间的悬殊，如果不以投保人对保险标的具有保险利益为保险合同有效条件，将诱发投保人或被保险人为牟取保险赔款而故意破坏保险标的的道德风险，引发犯罪动机与犯罪行为。保险利益原则的限定，杜绝了无保险利益保单的出现，从而能够有效控制道德风险，保护被保险人的生命与财产安全。

3. 界定保险人承担赔偿或给付责任的最高限额

保险合同保障的是被保险人的保险利益，补偿的是被保险人的经济利益损失。保险保障就是要保证被保险人因保险事故而遭受经济损失时得到及时的赔付，但不允许被保险人通过保险获得额外的利益。即保险人的赔偿金额不能超过保险利益，否则将诱发道德风险，助长赌博、犯罪等行为。以保险利益作为保险人承担赔偿或给付责任的最高限额，既能保证被保险人获得足够、充分的补偿，又不会使被保险人因保险而获得超过损失的额外利益。因此，保险利益原则可以为保险赔偿数额的界定提供合理的科学依据。

（四）保险利益原则在健康保险中的应用

1. 健康保险中保险利益的确立

健康保险的保险标的是人的身体。只有当投保人对被保险人的身体具有某种利害关系时，他才对被保险人具有保险利益。即当被保险人生存及身体健康时才能保证其投保人应有的经济利益；反之，如果被保险人死亡或伤残，将使其投保人遭受经济损失。[1] 具体包括：

（1）为自己投保。投保人自身的安全健康与其利益密切相关，投保人对于自己的身体都有无限的利益。当投保人为自己投保时，投保人对自己的身体具有保险利益。投保人为自己投保，这是最常见也是一般没有争议的情形，此时，投保人具有双重身份，即同时也是被保险人。

---

[1] 荆涛：《人寿与健康保险》，北京大学出版社2011年版，第232页。

（2）为他人投保。当投保人为他人投保时，即投保人以他人的生命或身体为保险标的进行投保时，保险利益的形成通常基于三种情况：①亲密的血缘关系。投保人对与其具有亲密血缘关系的人，法律规定具有保险利益。这里的亲密血缘关系主要是指父母与子女之间、亲兄弟姐妹之间、祖父母与孙子女之间等。但不能扩展为较疏远的家族关系，如叔侄之间、堂（表）兄弟姐妹之间等。在英、美等国，成年子女与父母之间、兄弟姐妹之间，是否存在保险利益是以是否存在金钱关系为基准的。②法律上的利害关系。投保人对与其具有法律利害关系的人具有保险利益。如婚姻关系中的配偶双方；不具有血缘关系，但具有法定扶养、抚养、赡养关系的权利义务方，如养父母与子女之间。③经济上的利益关系。投保人对与其具有经济利益关系的人具有保险利益。如债权人与债务人之间、保证人与被保证人之间、雇主与其重要的雇员之间等。如在债权债务关系中，债务人的死亡对债权人的切身利益有直接影响，因此，债权人对债务人具有保险利益，但以其具有的债权为限。

我国《保险法》第三十一条规定："投保人对下列人员具有保险利益：（一）本人；（二）配偶、子女、父母；（三）前项以外与投保人有抚养、赡养或者扶养关系的家庭其他成员、近亲属；（四）与投保人有劳动关系的劳动者，除前款规定外，被保险人同意投保人为其订立合同的，视为投保人对被保险人具有保险利益。"为了保证被保险人的人身安全，我国《保险法》还严格限定了人身保险利益。《保险法》第三十四条第一款规定："以死亡为给付保险金条件的合同，未经被保险人同意并认可保险金额的，合同无效。"

2. 健康保险的保险利益时效

与财产保险不同，健康保险的保险利益必须在保险合同订立时存在，而保险事故发生时是否具有保险利益并不重要。也就是说，在发生索赔时，即使投保人对被保险人失去保险利益，也不影响保险合同的效力。之所以必须在保险合同订立时存在保险利益，是为了防止诱发道德风险，进而危及被保险人的生命或身体的安全。

3. 健康保险的保险利益变动

健康保险是以被保险人在保险期间内因疾病或分娩不能从事正常工作，或因疾病、分娩造成残疾或死亡时由保险人给付保险金的一种保险。如果健康保险合同为特定的人身关系而订立，如血缘关系、抚养关系等，这时被保险人的保险利益非专属投保人。保险利益一般不得转移。

案例 2.1

保险利益原则案例分析

从小"青梅竹马"的小张和小李一起离开家乡去广东打工。2005 年两人在工作期间产生感情，两年后，两人未经登记便以夫妻名义开始同居生活。2008年初，为使两人今后的生活获得保障，"丈夫"小张私下里以"妻子"小李为被保险人向某健康保险公司买了一份综合意外健康保险，保险金额为30万元。投保人小张在保险合同中指定受益人为他自己和小李两人。投保后不久，灾难降临到这对小"夫妻"头上。小李在外出出差乘坐飞机时遭遇飞机失事身亡，事后小张以受益人身份向保险公司提出了给付保险金的申请。

然而，令他失望的是，保险公司竟然以他与被保险人的婚姻形式不合法为由拒绝给付。小张索赔不成，便向法院提起诉讼，希望通过法律手段来争取他应享有的合同权利。但是法院最后驳回了小张要求被告方（小张投保的该健康保险公司）给付30万元保险金的诉讼请求。

评析：保险利益是指投保人或被保险人对其所保标的具有法律所承认的权益或利害关系。《保险法》第三十一条规定："投保人对下列人员具有保险利益：（一）本人；（二）配偶、子女、父母；（三）前项以外与投保人有抚养、赡养或者扶养关系的家庭其他成员、近亲属；（四）与投保人有劳动关系的劳动者。除前款规定外，被保险人同意投保人为其订立合同的，视为投保人对被保险人具有保险利益。"

投保人小张和被保险人小李未经登记而以夫妻名义同居，他们的婚姻是违法婚姻，不受法律保护。因此，小张为小李投保的行为不可以用《婚姻法》来调整保险法律关系。进一步地，小张私下为小李投保综合意外健康保险，没有征得作为被保险人的小李的同意，因而不具备保险利益。

二、近因原则

（一）什么是近因

所谓近因，并非指时间上或空间上与发生损失最接近的原因，而是指造成损失的最直接、最有效、起主导性作用的原因。例如，船舶在海上行驶，因遭受导弹的袭击而进水，使船舶沉没。若以时间上最接近沉船事故为理由而判定海水的进入为近因是不合理的。因此，在损失的原因有两个以上，且各个原因之间的因果关系尚未中断的情况下，其最先发生并造成一连串损失的原因即为近因。

（二）近因原则的含义

近因原则是确定保险责任的一项基本原则，它的基本内涵包括：一是规定近因的认定方法。二是在风险与保险标的损失的关系中，如果近因属于被保风险，保险人就应承担赔偿责任；反之，如果近因属于除外风险或未保风险，则保险人不负赔偿责任。

（三）近因的认定方法

第一，从最初事件出发，按逻辑推理，判断下一个事件可能是什么；再从可能发生的第二个事件，按照逻辑推理判断最终事件即损失是什么。如果推理判断与实际发生的事实相符，那么，最初事件就是损失的近因。

第二，从损失开始，按顺序自后向前追溯，在每一个阶段，按照"为什么这一事件会发生"的思考逻辑来找出前一个事件。如果追溯到最初的事件且没有中断，那么，最初事件即为近因。

> **案例 2.2**
>
> 近因的确定
>
> 暴风吹倒了电线杆，电线短路引起火花，火花引燃房屋，导致意外人身身亡。
>
> 评析：对此，我们无论运用上述哪一种方法，都会发现此案例中的暴风、电线杆被刮倒、电线短路、火花、起火之间具有必然的因果关系，因而，意外人身身亡的近因——暴风，也就随之确定了。

（四）近因的认定与保险责任的确定

从近因的认定与保险责任的确定来看，主要包括下列几种情况：

1. 单一原因

即损失由单一原因造成。如果事故发生所致损失的原因只有一个，那么，该原因即为损失的近因。如果这个近因属于保险风险，保险人应对损失负赔付责任；如果这个近因是除外风险，保险人则不予赔付。例如，某人投保人身意外伤害保险，后来不幸死于癌症。由于其死亡的近因是癌症，为人身意外伤害保险的除外责任，故保险人对其死亡不承担保险责任。

2. 多种原因同时并存发生

即损失由多种原因造成，且这些原因几乎同时发生，无法区分时间上的先后顺序。如果损失的发生有同时存在的多种原因，且对损失都起决定性作用，则它们都是近因。而保险人是否承担赔付责任，应区分两种情况：

第一，如果这些原因都属于保险风险，则保险人承担赔付责任；相反，如果这些原因都属于除外风险,保险人则不承担赔付责任。

第二,如果这些原因中既有保险风险,也有除外风险,保险人是否承担赔付责任,则要看损失结果是否容易分解,即区分损失的原因。对于损失结果可以分别计算的,保险人只负责保险风险所致损失的赔付;对于损失结果难以划分的,保险人一般不予赔付。

案例2.3

多种原因同时并存发生

某企业运输两批货物,第一批投保了水渍险,第二批投保了水渍险并加保了淡水雨淋险,两批货物在运输中均遭海水浸泡和雨淋而受损。

评析:两批货物损失的近因都是海水浸泡和雨淋,但对第一批货物而言,由于损失结果难以分别计算,而其只投保了水渍险,因而得不到保险人的赔偿;而对第二批货物而言,虽然损失的结果也难以划分,但由于损失的原因都属于保险风险,所以保险人应予以赔偿。

---

3. 多种原因连续发生

即损失是由若干个连续发生的原因造成,且各原因之间的因果关系没有中断。如果损失的发生是由具有因果关系的连续事故所致,保险人是否承担赔付责任,也要区分两种情况:第一,如果这些原因中没有除外风险,则这些原因即为损失的近因,保险人应负赔付责任。第二,如果这些原因中既有保险风险,也有除外风险,则要看损失的前因是保险风险还是除外风险。如果前因是保险风险,后因是除外风险,且后因是前因的必然结果,则保险人应承担赔付责任;相反,如果前因是除外风险,后因是保险风险,且后因是前因的必然结果,则保险人不承担赔付责任。

案例2.4

多种原因连续发生

被保险人投保了人身意外伤害保险(疾病是除外风险),在一次打猎时不慎摔成重伤,因伤重无法行走,只能倒卧在湿地上等待救护,结果由于着凉而感冒高烧,后又并发了肺炎,最终因肺炎致死。

评析:在此案中,被保险人的意外伤害与死亡所存在的因果关系并未因肺炎疾病的发生而中断,虽然与死亡最接近的原因是除外风险——肺炎,但它发生在保险风险——意外伤害之后,且是意外伤害的必然结果,所以,被保险人死亡的近因是意外伤害而非肺炎,保险人应承担赔付责任。

4. 多种原因间断发生

即损失是由间断发生的多种原因造成的。如果风险事故的发生与损失之间的因果关系由于另外独立的新原因介入而中断,则该新原因即为损失的近因。如果该新原因属于保险风险,则保险人应承担赔付责任;相反,如果该新原因属于除外风险,则保险人不承担赔付责任。

案例 2.5

多种原因间断发生

被保险人投保了人身意外伤害保险以后,在一次交通事故中因严重的脑震荡而诱发癫狂与抑郁交替症。在治疗过程中,医生叮嘱其在服用药物巴斯德林时切忌进食干酪。但是,被保险人却未遵医嘱,服该药时又进食了干酪,终因中风而亡,据查中风确系巴斯德林与干酪所致。

评析:在此案中,食用相忌的食品与药物所引发的中风死亡,已打断了车祸与死亡之间的因果关系,食用干酪为中风的近因,故保险人对被保险人中风死亡不承担赔偿责任。

三、最大诚信原则

(一) 最大诚信原则的含义

任何一项民事活动,各方当事人都应遵循诚信原则。诚信原则是世界各国立法对民事、商事活动的基本要求。[①] 保险活动作为民商事活动的一种,在保险法中明确规定最大诚信原则,有利于维护保险合同当事人各方的合法权益。我国《保险法》第五条规定:"保险活动当事人行使权利、履行义务应当遵循诚实信用原则。"

最大诚信原则要求保险合同当事人在订立保险合同当时以及合同有效期内,必须向对方充分而准确地告知足以影响对方做出订约与履约决定的全部实质性重要事实,不允许存在任何虚假、欺骗或隐瞒行为。在整个保险合同有效期间和履行合同过程中,都要求当事人坚持最大诚信原则,信守合同订立的约定与承诺。否则,受到损害的一方,按民事立法规定可以此为由宣布合同无效,或解除合同,或不履行合同约定的义务或责任,甚至对因此而受到的损害还可要求对方予以赔偿。[②]

[①] 魏华林,林宝清:《保险学》,高等教育出版社 2011 年第三版,第 69 页。
[②] 荆涛:《人寿与健康保险》,北京大学出版社 2011 年版,第 223 页。

（二）最大诚信原则的内容

最大诚信原则对投保人、被保险人和保险人提出了告知和保证的义务；对保险人提出了弃权和禁止反言的义务。

1. 义务告知

（1）告知的含义。告知是指在保险合同订立前、订立时及在合同有效期内，要求当事人实事求是、竭尽所知、毫无隐瞒地向对方所作的与保险合同密切相关事实的口头或书面陈述。具体而言，对投保人而言，应当对已知或应知的、与保险标的及其风险程度有关的实质性重要事项向保险人作口头或书面陈述；对保险人而言，也应对投保人利害相关的保险合同重要条款内容据实告知投保人。投保人与保险人在保险合同有效期内遵循义务告知，不仅是投保人与保险人应当履行的义务，也是维护双方权益的正当手段。

所谓实质性重要事项是指那些足以影响保险合同的当事人做出是否签约、是否履约等在保险期间保险活动的每一项重要事实。具体而言，对保险人而言，是指那些影响其是否承保以及确定承保条件或影响保险人确定收取保险费数额的事实；对投保人而言，则是指那些会影响投保人做出是否投保决定的事实，如有关保险合同条款、保险费率以及其他条件等。

（2）告知的内容。在保险合同中，对应于保险双方各自的权利和义务，保险合同双方当事人履行告知义务的内容有所差异，侧重点有所不同。

第一，投保人应告知的内容。根据我国《保险法》第十六条："投保人故意或者因重大过失未履行前款规定的如实告知义务，足以影响保险人决定是否同意承保或者提高保险费率的，保险人有权解除合同。"投保人如实告知应当是重要事实，足以影响保险人决定是否同意承保或者提高保险费率的情况。投保人应告知的具体内容包括：①在保险合同订立前，对于保险人的询问，投保人应当就已知或应知的与保险标的及其风险有关的重要事实作如实回答；②保险合同订立后，一旦出现保险标的风险增加的情形和影响因素，投保人应及时通知保险人；③保险合同期间内，发生保险标的转移时或保险合同有关事项有变动时，投保人或被保险人应通知保险人，经保险人确认后，方可变更合同并保证合同的效力；④保险事故发生后，投保人、被保险人或受益人应及时通知保险人。

第二，保险人应告知的内容。保险人的告知，侧重于保险合同的说明和解释。保险人应在订立保险合同之前，先将保险合同条款的内容尤其是其中的免责条款向投保人履行说明告知义务。在保险当事人双方进行合同磋商和订立时，保险人应积极主动向投保人说明保险合同条款的内容，尤其针对投保人的疑问和咨询，保险人应当向投保人明确说明和解释免责条款的含义和具体规定，不得提供虚假或让人误解的信息的行为，如果其行为将对投保人造成重大认识和理解失误，即是销售误导。造成销售误导的，将侵犯保险消费者合法权益，保险销售人员将承担法律责任。

（3）告知的形式。在保险合同中，投保人与保险人各自履行告知义务的形式也不同。

第一，投保人的告知形式。对投保人而言，告知形式有无限告知和询问告知两种。①无限告知，是指法律或保险人对告知的内容没有明确性的规定，只要涉及保险标的的风险状况及有关重要事实，投保人都有义务如实告知保险人；②询问告知，是指投保人只对保险人询问的问题负有义务告知的责任，而对询问以外的问题投保人可无须告知。我国《保险法》第十六条规定："订立保险合同，保险人就保险标的或者被保险人的有关情况提出询问的，投保人应当如实告知。"我国保险立法要求投保人采取询问回答的形式履行其告知义务。

第二，保险人的告知形式。保险人的告知说明有明确列明和明确说明两种形式。明确列明即以文字形式列示即可，保险人只需将保险合约的主要内容明确列明在标准化的保险合同中，即视为已告知投保人；明确说明是指保险人不仅应将保险的主要内容明确列明在标准的保险合同之中，还必须就保险合同中的格式条款对投保人进行正确的解释。

2. 保证

（1）保证的含义。与一般意义上的保证不同，保险中的保证是指保险人和投保人在保险合同中约定，投保人或被保险人在保险期限内向保险人担保或承诺对某种特定事项的作为或不作为，对某种事态的存在或不存在做出的承诺或确认。根据保证的含义可知，保证是保险人接受承保或承担保险责任所需投保人或被保险人履行某种义务的条件，投保人或被保险人是保险合同保证义务的履行主体。保证是保险合同的基础，如果投保人或被保险人违反保证，保险人有权解除保险合同。[①]

（2）保证的内容。根据保证的内容划分，保证又可分为确认保证和承诺保证。确认保证事项涉及过去与现在，它是投保人或被保险人对过去或现在某一特定事实存在或不存在的保证。例如，某人保证他"过去一年没有做过心脏手术"，意指他在此事项认定前一年与认定时他没有做过心脏手术，但并不涉及今后他是否做心脏手术。承诺保证又称为约定保证，是指投保人对未来某一特定事项的作为或不作为，其保证事项涉及现在与将来，但不包括过去。例如，某人承诺今后不再饮用白酒，意为他保证从现在开始不再饮用白酒，但在此之前他是否饮用白酒则不予追究。

（3）保证的形式。根据保证的形式划分，保证可分为明示保证和默示保证。明示保证是以文字或书面形式在保险合同或保单中载明的保证条款。明示保证是保证的

[①] 荆涛：《人寿与健康保险》，北京大学出版社2011年版，第229页。

主要表现形式,通常用文字形式来作为依据,比较正规。与明示保证不同,默示保证在保险合同或保单中未明文规定,不通过文字来说明,而是根据有关法律、惯例及行业习惯来决定。虽然没有文字规定,但是被保险人应按照习惯保证作为或不作为。默示保证与明示保证具有同等的法律效力,对被保险人具有同等的约束力。例如,在人身保险中的默示保证:投保人必须对被保险人具有可保利益。

3. 弃权与禁止反言

为了维护被保险人的正当权益,限制保险人利用违反告知或保证而拒绝承担保险责任,各国保险法一般都有弃权和禁止反言的规定,以约束保险人的行为。

(1) 弃权。弃权是有意识地放弃某项已知的权利,在保险活动中是指保险合同一方当事人放弃他在保险合同中可以主张的某种权利,包括放弃合同解除权与抗辩权。在实践中,弃权规定主要是用来约束保险人。构成保险人的弃权必须具备两个要件:首先,保险人必须知道投保人或被保险人有违反告知义务或保证条款的情形而享有合同解除权或抗辩权;其次,保险人须有弃权的意思表示,这种意思表示可以是明示的,也可是默示的。

(2) 禁止反言。禁止反言也被称为禁止抗辩,是指保险合同一方既然已放弃他在合同中的某种权利,将来不得再向他方主张这种权利。禁止反言的规定源于英美法系,我国新修改的《保险法》也有所体现,我国《保险法》第十六条规定:"保险人在合同订立时已经知道投保人未如实告知的情况的,保险人不得解除合同;发生保险事故的,保险人应当承担赔偿或者给付保险金的责任。"事实上,无论是保险人还是投保人,如果弃权,将来均不得重新主张。但在实际中,它主要用于约束保险人。

弃权与禁止反言的规定,不仅可以约束保险人的行为,要求保险人为其行为及其保险代理人的行为负责,也有利于维护被投保人和保险人的合法权益,有利于平衡保险人与投保人或被保险人之间的权利和义务关系,使最大诚信原则在保险合同的履行中得到更好落实。

(三) 违反最大诚信原则的法律后果

保险当事人履行最大诚信原则主要有告知和保证,对告知和保证的违反,即构成违反最大诚信原则。

1. 违反告知的法律后果

由于保险合同双方当事人各自履行告知义务的内容和形式不同,因而双方违反最大诚信原则而导致的法律后果也不同。

(1) 投保人(包括被保险人和受益人,以下相同)违反告知的法律后果。我国《保险法》第十六条规定:"投保人故意不履行如实告知义务的,保险人对于合同解除前发生的保险事故,不承担赔偿或者给付保险金的责任,并不退还保险费。投保人因重大过失未履行如实告知义务，对保险事故的发生有严重影响的，保险人对于合同解除前发生的保险事故，不承担赔偿或者给付保险金的责任，但应当退还保险费。"

根据以上规定，投保人违反告知的法律后果主要包括以下几种情况[①]：①故意违反如实告知义务的法律后果。如果投保人故意不履行告知义务，隐瞒重要事实，保险人有权解除保险合同；如果在保险人解约之前发生保险事故造成保险标的损失，保险人可不承担赔偿或给付责任，同时也不退还保险费。②因重大过失未履行如实告知义务的法律后果。如果投保人因重大过失或疏忽而导致违反告知义务，并且这种行为足以影响保险人决定是否同意承保或者提高保险费率，保险人有权解除合同。对在合同解除之前发生保险事故所致的损失，保险人不承担赔偿或给付责任，但可以退还保险费。③未就保险标的风险程度增加的情况通知保险人。被保险人未按保险合同约定，将保险标的风险增加的情况及时通知保险人，对因保险标的风险程度增加而发生的保险事故，保险人不承担赔偿责任。

案例 2.6

违反如实告知的情形

2000 年 1 月，某公司 40 岁的机关干部李某因胃痛入院治疗，医院确诊他患了胃癌，但家属因害怕他知情后情绪波动，没有将实情告诉他，假称是胃病。李某手术后出院，回单位正常上班。8 月 24 日，李某在吴某的推荐下向某保险公司投保了一份保险费为 2 万元的重大疾病和住院医疗保险。李某在填写投保单时没有告知曾经因病住院的事实。

2001 年 2 月，李某旧病复发，医治无效死亡。后来，李某的妻子以指定受益人的身份，到保险公司请求给付保险金。保险公司在审查提交的有关证明时，发现李某在投保前就已患胃癌并动过手术，于是拒绝给付保险金。李妻以丈夫投保时不知自己患癌症因此没有违反告知义务为由，要求保险公司支付保险金。

评析：法院受理此案，判定保险公司拒赔。此案的处理体现了对保险最大诚信原则的正确把握和合理运用。告知义务是最大诚信原则的重要体现之一，它涉及保险合同的效力、保险利益等一系列理论和实践问题。虽然在处理保险合同纠纷中偏向于保护被保险人的利益，但是保险公司正当合理的利益也要受到合理保护。

（2）保险人违反告知说明义务的法律后果。我国《保险法》第十七条规定："订立保险合同，采用保险人提供的格式条款的，保险人向投保人提供的投保单应当附格

[①] 荆涛：《人寿与健康保险》，北京大学出版社 2011 年版，第 227 页。

式条款，保险人应当向投保人说明合同的内容。对保险合同中免除保险人责任的条款，保险人在订立合同时应当在投保单、保险单或者其他保险凭证上作出足以引起投保人注意的提示，并对该条款的内容以书面或者口头形式向投保人作出明确说明；未作提示或者明确说明的，该条款不产生效力。"

根据以上规定，保险人违反告知说明义务的法律后果包括以下几种情况：①未尽责任免除条款明确说明义务的法律后果。如果保险人在订立合同时未履行责任免除条款的明确说明义务，则该责任免除条款无效。②隐瞒与保险合同有关的重要情况的法律后果。对于欺骗或隐瞒与保险合同有关重要情况的惩罚措施，我国《保险法》第一百一十六条规定："保险公司及其工作人员在保险业务活动中不得有下列行为：（一）欺骗投保人、被保险人或者受益人；（二）对投保人隐瞒与保险合同有关的重要情况；（三）阻碍投保人履行本法规定的如实告知义务，或者诱导其不履行本法规定的如实告知义务；（四）给予或者承诺给予投保人、被保险人、受益人保险合同约定以外的保险费回扣或者其他利益。"《保险法》第一百六十一条规定："保险公司有本法第一百一十六条规定行为之一的，由保险监督管理机构责令改正，处五万元以上三十万元以下的罚款；情节严重的，限制其业务范围、责令停止接受新业务或者吊销业务许可证。"

2. 投保人违反保证的法律后果

对于保险合同中的保证条件，投保人或被保险人必须严格遵守。任何不遵守保证条款或保证约定、不信守合同约定的承诺或担保的行为，均属于违反保证。如果投保人或被保险人违反保证，其后果一般有两种情况：一是对违反保证之后的保险事故，保险人不承担赔偿或给付保险金的责任；二是保险人可以自投保人或被保险人违反保证之日起解除保险合同。

与义务告知不同，保证不是对整个保险合同的保证，一般是投保人或被保险人对保险合同中某个特定事项的作为与不作为的保证。因此，在某些特定情形下，被保险人违反保证只是部分地损害了保险人的利益，保险人只应就违反保证部分解除保险责任，拒绝承担履行赔偿义务，而不一定完全解除保险合同。但是，如果被保险人破坏保证而使合同无效时，保险人无须退还保费。另外，在下述情形下，投保人或被保险人可以不遵守原先的保证，但是应该及时通知保险人：第一，由于环境和情况发生变化，使得原先约定的保证事项已经不再适用于保险合同；第二，新颁布的法律使得遵守保证不合法；第三，法律允许的其他情况。

本章小结

1. 健康保险合同是指保险人于被保险人疾病、分娩以及由此所致的支出、残废或死亡时，负给付保险金义务的人身保险合同。健康保险合同的承保风险具有综合性；保险标的是被保险人的身体健康；对被保险人的资格提出一定限制。

2. 健康保险合同的主体包括当事人（投保人与保险人）和关系人（被保险人与受益人）。健康保险的客体是保险利益，保险标的是保险利益的载体，是投保人申请投保的个人的生命和身体或者有关利益，这是确定健康保险合同关系和保险责任的依据。

3. 在健康保险合同中，除适用一般人寿保险的宽限期条款、复效条款、不可抗辩条款等条款之外，由于健康保险的危险具有变动性和不易预测性、赔付风险大，保险人对所承担的保险金给付责任还规定了一些特殊的条款，即健康保险所独有的条款。

4. 保险利益是产生于被保险人与保险标的物之间的经济联系，并为法律所承认、可以投保的一种法定权利。保险利益作为保险合同生效的重要条件，一是对保险标的有保险利益的人才具有保险人的资格。

5. 近因原则是指保险人只有在造成损失的最直接、最有效原因为承保范围内的保险事故时才承担保险责任，对承保范围外的原因引起的损失，不负赔偿责任。按照该原则，一个原因未经其他原因介入而产生一种特定结果时，该种原因即为近因。

6. 最大诚信原则是指保险合同当事人订立合同及在合同有效期内，应依法向对方提供足以影响对方做出订约与履约决定的全部实质性重要事实，同时绝对信守合同订立的约定与承诺。

思考题

1. 健康保险合同的含义和内涵是什么？
2. 健康保险合同包括哪些内容？
3. 保险合同的主体和客体有哪些特征？
4. 健康保险合同有哪些常用合同条款？

5. 什么是可保利益原则？健康保险中如何应用该原则？
6. 什么是近因原则？在健康保险中如何应用？
7. 什么是最大诚信原则？包括哪些具体内容？违反最大诚信原则的法律后果是什么？
8. 你认为在我国《保险法》中，针对健康保险部分有哪些需修改之处？请提出自己的看法与建议。

第三章

健康保险客户服务概述

消费者自我意识和维权意识的觉醒对健康保险服务提出了新的要求，快节奏的生活方式和新技术的发展使得现代人更加需要便捷高效的服务模式，对健康保险服务的要求尤其如此。目前，保险服务中烦琐的表格和程序、晦涩的合同语言、内部复杂的部门结构，落后的信息技术系统成为健康保险公司服务的主要障碍，与消费者的要求还有较大距离。

第一节 保险客户服务的概念与意义

一、保险客户服务的概念和内涵

健康保险的客户服务是一项全面的服务，可以理解为保险公司以先进的技术支持为硬件，以健康保险产品开发和机构网点发展为支撑，以融合管理创新的营销服务推广和提高从业人员素质和扩展服务功能为软件，将增强公司业务竞争力和扩大市场占有率从而提升公司品牌价值和建立良好的社会形象作为终极目标的系统工程。

不少保险公司越来越把服务作为核心竞争力，保险公司主动把服务前置，从保险服务助力前端销售到全程服务管理一体化运营实践，保险公司要想产品有价格竞争优势、市场口碑良好、品牌信誉优越，其最终经营目标和做好客户服务是一致的。健康保险客户服务不仅体现在保险公司售出保险产品后提供的售后服务中，还体现在保险经营的各环节，是保险人围绕客户需要提供售前、售中和售后的各项服务。健康保险客户服务有着丰富的内涵，主要包含以下几个方面：

（一）基础性服务

基础性服务体现的是保险合同的价值，是保险人为了保护投保人和被保险人的相关利益，维护健康保险保单价值所做出的一系列的保单保全项目及保单相关的服务。例如，营销部门提供保险计划建议书、保险合同项目的变更、长期健康保险的收费服务以及理赔上的种种便利措施等。基础性服务以开发满足消费个性化、多样化需求的健康保险产品为龙头，以完善高效的技术服务系统为保障，以设置合理的组织机构和网店布局为支撑，在立足市场、提高服务水平的前提下实现更高层次的服务。其目标是扩大保险产品的保障与服务功能，吸引客户群体，激发其保险需求欲望，通过提高购买保险产品的便利性和客户服务质量，增强公司业务竞争力。

（二）管理性服务

管理型服务是建立适应市场的营销系统与高效的营销管理体制，培养高素质的展业队伍，拥有方便客户，体现客户与公司双方利益，完善健全的业务管理（核保、承保、理赔等）制度体系，以及实现上述服务功能的高效的员工队伍等。其目的是促成业务规模（保费收入和资产管理规模）增长，提高契约继续率，降低公司经营风险，稳定并扩大市场占有率，提高资产经营效益。

（三）延伸服务和附加值服务

延伸服务是指保险公司利用自己的资源优势、技术优势为保户提供保险责任以外的服务。它是普通保险服务的延伸，而且作为附加价值服务，它不仅是保险公司不断扩大服务外延、不断改进服务方式与手段的结果，也是各个公司之间不断扩大交流合作以及运用高科技手段提供服务的结果。在国外，保险延伸服务已经有了较大的发展，如欧美的一些著名保险公司都拥有自己的医院或康复中心，为保户提供免费或价格优惠的护理、康复服务，为客户建立健康档案，实施长期健康管理服务，建立咨询与申诉制度等。日本的保险公司为保户提供保险磁卡，保户可以随时从银行提取现金，也可以用于查询保单，还提供多种形式的优惠优质的预防保健和健康咨询等方面的服务。

我国的一些保险公司结合国内市场发展实际，也推出了一些具有自己特色的健康保险延伸服务。例如，现阶段我国医疗和养老制度正在进行重大改革，获得医疗和养老方面的广泛、优质服务已经成为广大消费者的迫切要求，保险公司在做好医疗、养老保险常规服务的同时，可以大力开展这方面的延伸服务，如免费体检、附加康复护理及健康咨询等，还可以为保户提供与教育、再就业、家庭理财等方面相关的边缘服务，不断延伸和拓展客户群体。

二、健康保险客户服务的意义

（一）树立公司良好声誉，提高公司竞争力水平

良好的客户服务将赢得客户对公司的信任。在市场经济环境中，客户的信任是公司树立良好声誉、提高公司竞争力的关键。在市场竞争中，保险公司经常需要花费大量的人力、物力和财力向潜在客户推销公司的保险产品，但是如果客户对保险公司提供的服务质量不满，并且中断了与该公司的业务，那么，保险公司前期在客户身上的所有投资就可能全部浪费了，成为沉没成本。相反，如果保险公司通过优质的保险服务提高了客户的满意度和认可度，不仅可以维系已有的老客户，培养老客户对公司的信赖度，提高其对公司的忠诚度，而且可以通过已有老客户的口头传播，扩大公司的品牌影响力，为公司开发新的潜在客户提供良好的外部条件，促进公司不断开拓创新，加强内部治理水平，提升公司竞争水平。

（二）提高客户满意度，建立良好的客户关系

良好的客户服务是实施客户忠诚战略的基础。目前，越来越多的公司逐渐认识到，忠诚的客户是公司最可贵的财富。《哈佛商业评论》的一篇调查报告指出，一般企业80%的营业额来自20%经常光顾商家的客户。也有调查表明，多次惠顾的客户比初次登门的客户为公司贡献40%—75%的利润。因此，通过良好的服务提高客户满意度，建立与维持保险公司与客户之间的良好关系，能使保险公司在巩固老客户的同时更多地吸引新客户，有利于扩大市场份额，降低新产品市场开发费用，增加公司利润。

（三）形成公司品牌优势和提升公司品牌影响力

经营健康保险业务除了要有设计专业、满足客户需要的健康保险产品外，还必须有高质量的客户服务，才能实现健康保险服务的落地生根。由于客户发生医疗事故的频率较高，与保险人之间发生关系的频率也高，因此，相比寿险业务，健康保险业务更能体现出公司客户服务的特色。健康保险在增加产品附加值方面具有明显的优势，使公司可以在客户服务上面做更多的文章，从而形成健康保险产品的品牌优势，增强健康保险的产品竞争力。只有将健康保险产品和客户服务有机结合起来，借助先进的管理系统的支持，才能最大限度地发挥健康保险的特色，形成鲜明的品牌优势。

（四）客户服务创新是保险公司形成核心竞争力的重要手段

所谓核心竞争力是指可以持续支撑公司开发独特的产品、发展特有技术和创造独特营销手段的能力，是保险公司在特定经营环境下的竞争能力和竞争优势的合力，是保险公司多方面技能和运行机制，如技术系统、管理系统的有机整合。

对健康保险公司而言，核心竞争力不再只是表现为险种的创新、保险资金运用的好坏等，还表现为向客户提供最佳保险服务的能力。事实上，在保险市场竞争日益激烈的今天，真正能形成保险竞争优势和核心竞争力的不再是那些有形的资本、产品等物质资源，因为这些资源很容易从市场中得到。管理、人才、技术、市场、品牌形象等无形资源起着关键的作用，这些资源不易流动，不易被复制，交易频率低，可以产生独特的优势。

第二节　健康保险客户服务管理思想

一、客户关系管理理论

（一）客户关系管理的含义

CRM 是 Customer Relationship Management 的简写，即客户关系管理。CRM 的主要含义就是通过对客户详细资料的深入分析，提高客户满意程度，从而提高企业竞争力的一种手段。客户关系是指围绕客户生命周期发生、发展的信息归集。客户关系管理的核心是客户价值管理，通过"一对一"的营销原则，满足不同价值客户的个性化需求，提高客户忠诚度和保有率，实现客户价值持续贡献，从而全面提升企业的盈利能力。

CRM 既是一种管理思想，又是一种解决方案，是一种旨在改善企业与客户之间关系的新型管理机制。客户关系管理是指企业通过营建客户数据库和其他信息技术来获取客户数据支撑，分析客户需求特征和行为偏好，进行分类管理，有针对性地为客户提供个性化的产品或服务，发展和维护与客户之间的关系进而提升客户满意度和忠诚度，以实现企业和客户双赢的目的。CRM 的核心管理思想包括以下几个方面：（1）客户是企业发展的最重要资源之一，必须提高客户满意度和忠诚度；（2）必须对企业和客户发生的各种关系进行全面管理；（3）通过客户数据管理进一步延伸企业的客户价值。

(二) 客户关系管理的内容

客户关系管理的概念最早出现于美国，后来慢慢传入国内，并流行于企业电子商务中。1999年美国Gartner Group集团提出：客户关系管理就是为企业提供全方位的管理视角，赋予企业更完善的客户交流能力，最大化客户的收益率，CRM的焦点是自动化并改善与销售、市场营销、客户服务和支持等领域的客户关系有关的商业流程。客户作为企业的重要资产，企业在尽力争取客源的同时，也必须努力保留原有的客户资源，客户关系管理可以极大提高企业的效益。总的来说，客户关系管理的目标有以下几个方面：

1. 提高效率

这是其最基本的功能，即用现有的信息技术，来提高企业员工的工作效率，这一部分通常CRM系统能够非常高效地完成，保险公司CRM系统就是通过合理地设计各个管理模块，并让它们能够互通协同地工作，使得员工的工作流程化，由此节省更多时间。

2. 拓展市场

保险公司CRM系统具有"潜在客户""销售机会"等模块，让员工在把握潜在机会的同时，也能及时把握新的市场机会，帮助企业实现更大的市场份额。

3. 保留客户

以"客户为中心"为原则开发的保险公司CRM系统能够完整、灵活地记录客户信息，让员工可以对客户进行一对一跟进，提供个性化服务，从而留住优质客户资源。

保险公司想要提高自身的竞争力，应该在提高产品和服务品质的同时，时刻与客户保持良好的关系。因此，保险公司更应该尝试客户关系管理这种新型的管理机制，以适应"以客户为中心"的市场趋势，保持长久的生命力。

(三) 保险公司应用客户管理系统的必要性与重要意义

1. 保险业的经营特性决定了实施客户关系管理是保险公司的必然选择

(1) 保险产品具有多样性和同质性。人们对转嫁风险的不同需求，决定了保险产品需求的多样性，因此，如何为客户提供多样化的产品，满足客户需求，就成为保险经营的重点。但由于保险产品不像其他有形产品那样具有明显的技术门槛和质量、特性的差别，新产品出来后，很容易被"克隆"和模仿，因此，保险产品同质化的现象比较严重。在这种情况下，只有通过信息化的客户关系管理，保险公司才能及时准确地把握客户需求，抢先一步开发和推广新产品，获得竞争的主动权。

（2）保险行为的诚信性。保险合同是射幸合同，由于风险的不确定性和信息的不对称性，客户诚信与否，对保险公司的经营成果会有很大的影响。因此，一般来说，保险合同所要求的诚信度比一般的经济合同更为严格。应用客户关系管理技术，区分有价值的客户和高风险客户，进行"欺诈检测"，对保险公司的稳健经营有着重要的作用。

（3）保险行业的服务性。保险公司向客户提供的是一种对未来保障与补偿的服务的承诺组合，保险商品的价值不仅体现在客户获得的保险保障上，还体现在保险公司提供的服务上，并且，保险商品的价值是在服务中实现的。保险公司提供的服务效用越大、质量越高，客户所获得的保险服务的成本越低，则保险商品的价值就越大，保险公司的竞争力就越强。

（4）保险商品具有非渴求性和需求潜在性。非渴求性是指保险商品往往是客户不了解、不知道，或虽然知道却没有兴趣购买的商品。在中国国民整体保险意识不强的情况下，保险商品的非渴求性和需求的潜在性表现得尤为突出。如何把这种潜在的、非渴求的需求变为现实的、有效的需求，加强对客户信息的收集和客户关系的管理，对弥补保险商品的这种特性是最佳的方法。

2. 保险公司应用 CRM 的重大意义

（1）CRM 可以帮助保险公司降低交易费用，缩减运营成本。交易费用是经济系统运行的成本。从契约过程来看，交易费用包括了解信息成本、讨价还价和决策成本以及执行和控制等成本。若企业与顾客有良好、持久的关系，顾客对企业的产品熟悉、信任、满意甚至忠诚，顾客就会成为企业的老顾客、忠诚顾客，顾客因此节约了了解信息的时间成本、精力成本和现实支出成本，由此不仅省去了购物风险的心理成本，而且对企业产品满意，有愉悦的心理体验，从而增加了效用。与客户有良好、持久关系的企业，其数据库中收录了客户的信息，员工了解他们的需求，甚至还能预见他们的需求，公司更容易为他们提供服务，从而能够提高保险公司的管理效率，节约管理成本。

（2）统一沟通渠道，提升服务能力。保险公司通过实施 CRM 建立客户资源库，有利于统一客户沟通渠道和提升客户服务能力。保险公司专注于建立长期的客户关系，并通过在企业内实施"以客户为中心"的战略来强化这一关系。CRM 强调对客户多渠道、多领域的接触与沟通，维系与客户的良好关系，为客户提供全方位个性化的产品服务和客户关怀，通过它可以提高客户满意度和忠诚度。

（四）保险公司应用客户关系管理的建议

1. 优化保险公司管理组织

（1）重组保险公司客户关系管理组织。保险公司在实施 CRM 的过程中，首先应该进行组织重组，重新定义各个或各级职能部门的工作任务，使得组织决策的协同性更高，以系统性地寻求根本性的改变，达到经营管理的突破和跨越。实现公司由单一决策中心向多决策中心发展，把被分割得支离破碎的业务流程合理地"组装"起来，建立一个扁平化的、富有弹性的新型组织。

（2）建立以客户为中心的企业组织结构。保险公司所要做的最大调整，就是要改变过去以功能进行条块分割的组织结构，代之以客户发展为中心的团队运作组织机构。在新的组织结构中，客户发展中心处于一个非常重要的位置，它向上直接为高层决策者负责，并为其提供决策支持，向下垂直领导客户部和运作部，是客户部和运作部的团队决策和协调中心，其职责是制定企业客户关系发展战略，协调团队运作，保障企业目标实现。

客户部根据企业客户发展战略，通过各种渠道发展与客户之间的互动学习关系，系统化客户需求，为客户寻找产品。运作部是组织企业资源为客户找到需要的产品。以客户发展中心为核心，以客户部和运作部为支撑，重新组织企业，形成灵活、高效的企业组织管理和生产经营是变革的方向。

2. 优化保险公司业务流程

采用客户关系管理理论，建立符合现代营销服务的全新功能模块，优化保险公司展业、销售和配套服务的流程，以实现保险公司业务流程的再造。在 CRM 环境下，保险公司的业务流程再造必须实现以下几个方面的功能：（1）针对公司客户定位制订市场营销战略和目标；（2）管理实施活动的各种渠道与方式，或对活动的进程进行调整；（3）设计针对性强、效率高的市场推广活动；（4）进行营销的市场分析、提出决策参考意见。

3. 挖掘最有价值客户进行客户关系管理

因为有价值的客户对企业的发展具有重要影响，所以保险企业应实施基于这些有价值的客户关系管理，采取项目组或者团队的形式为其提供增值、个性化的服务，如差异化复合、专业化服务等，提高其满意度和忠诚度，培育良好的客户关系，从而提升企业的营销效率和效益。根据经济学中三级价格歧视原理，进一步细分市场，为具有不同价值的客户提供相应等级的服务，可以更有效地分配服务资源，争取和留住价值较大的客户，创造更多的利润。同时，为了准确把握客户的需求，企业需要对客户有深入的了解，并提供优质的服务。同一行业的企业对某项需求的背景有相似性，行业进行细分市场并进行专业化服务可以有效地降低服务成本。

4. 加强公司内部信息系统与客户关系管理的兼容

保险公司实施客户关系管理，必须把有关客户的资源整合在一个数据库中，建立一套完整的数据库系统，并将客户资料、销售线索、销售过程和售后服务全部记录在系统之中，与客户的联络信息在系统中随时更新。数据库资料一般由基层工作人员录入、分级管理、任意组合查阅，兼有提示功能，使数据库管理成为日常工作的组成部分。客户数据库的建设要分门别类，主次分明，可以按客户大小、业务种类、客户和公司关系的紧密程度等来建设。在数据库的管理上要实行动态管理，随时更新，随时查阅，使之变成公司的一项重要资源。客户数据是经由交往互动的，不只是计算机中保存的投保人投保时所填写的保单资料，保险公司应根据不断变化的情况给顾客提供相应的服务。

5. 提高客户的忠诚度

首先，保险公司应加强与客户的结构性联系。客户购买一家企业的产品越多，对这家企业的依赖就越大，客户流失可能性就越小，就越可能保持忠诚。因此，保险公司在为客户提供物质利益的同时，还可以通过向客户提供更多、更宽、更深的服务来建立与客户结构性的联系或纽带。

其次，提高客户服务的独特性与不可替代性。将保险公司的独特服务持续做下去，在适当的时机适当增加资金投入，开发更新、更为实用的新型服务吸引客户，给客户留下深刻的印象，从而增进客户忠诚度。

再次，增加转移成本。一般来讲，如果客户在更换品牌或企业时感到转移成本太高，或客户原来所获得的利益会因为更换品牌或企业而损失，或者将面临新的风险和负担，就会增加客户更换公司的难度，这从另一方面来看可以在一定程度上增强客户对原公司的忠诚度，但前提仍然是公司能够提供好的产品和服务。

最后，努力实现客户满意。因为在完全满意的情况下，客户忠诚的可能性最大，由完全满意形成的信赖忠诚度也最有价值。所以，保险公司应努力实现客户的完全满意。

二、保险客户服务满意度管理

（一）客户满意度的含义

客户满意是指对一个产品可感知的效果（或结果）与期望值相比较后，客户形成的愉悦或失望的感觉状态。最早提出客户满意度的理论文献可以追溯到1965年Cardozo发表的"An Experimental Study of Customer Effort, Expectation, and Satisfaction"。早期在满意度方面的研究主要集中在产品方面，Cardozo（1965）认为，提高客户的满意度，会让客户产生再次购物的意愿，且不会购买其他产品。

保险市场的竞争主要表现在对客户的全面争夺上，而是否拥有客户取决于公司与客户的关系，取决于客户对公司产品和服务的满意程度。客户满意程度越高，公司竞争力越强，市场占有率就越大，公司效益就越好，这是不言而喻的。"顾客是上帝"

"组织依存于顾客"已成为企业界的共识,让"客户满意"也成为公司的营销战略。客户满意度是评价企业质量管理体系业绩的重要手段。为此,要科学确定客户满意度的指标并对客户满意度进行调查和分析,才能进一步提升客户满意度。

(二) 客户服务满意度指标

客户满意,是客户对需求是否满足的一种界定尺度。当客户需求被满足时,客户便体验到一种积极的情绪,这称为满意;否则,即体验到一种消极的情绪,这称为不满意。客户满意,反映了客户对某一事项已满足其需求和期望的程度的意见,也是客户在消费后感受到满足的一种心理体验。

客户满意指标,是指用以测量客户满意程度的一组项目因素。要评价客户满意的程度,必须建立一组与产品或服务有关的、能反映客户对产品或服务满意程度的产品满意项目。客户对产品或服务需求结构的强度要求不同,而产品或服务又由许多部分组成,每个组成部分又有许多属性,如果产品或服务的某个部分或属性不符合客户要求,他们就会产生不满意感,由此做出否定的评价。因此,公司应根据客户需求结构及产品或服务特点,选择那些既能全面反映客户满意状况又有代表性的项目,作为客户满意度的评价指标。全面是指评价项目的设定应既包括产品的核心项目,又包括无形的和外延的产品项目,否则,就不能全面了解客户的满意程度,也不利于提升客户满意水平。另外,由于影响客户满意或不满意的因素很多,公司不能都用作测量指标,因此,应该选择那些具有代表性的主要因素作为评价项目。

就保险服务而言,保险公司向客户提供的产品和服务品种较多,满意度可以针对某一款产品或某一项服务展开,因此,在进行满意度管理时,先要确定满意度的内容。保险客户服务满意度指标通常涉及以下几个方面:

第一,与保险产品和服务有关的指标。保险产品和价格带给客户的满意度是第一位的,因此,保险产品是否满足客户的保险需求,保费价格是否合理,这两项是评价客户满意度的主要内容。

第二,与工作实务操作相关的指标。如核保核赔的及时性、咨询投诉处理的及时性和有效性、预约和回访的匹配程度等。

第三,与公司员工服务相关的指标。如服务岗位员工的态度、礼貌用语,与客户沟通情况,客户意见的反馈渠道及程序的合理性。

第四,与行业标准相关的指标。公司是否满足行业的相关规范要求,公司与其他竞争对手之间的横向比较。

(三) 客户满意信息的收集与分析

收集客户满意信息的方式多种多样,包括口头的和书面的。保险公司应根据信息收集的目的、信息的性质和资金等来确定收集信息的最佳方法。收集客户满意信息的渠道通常有以下7个方面：(1) 客户投诉；(2) 与客户的直接沟通；(3) 问卷和调查；(4) 密切关注的团体；(5) 消费者组织的报告；(6) 各种媒体的报告；(7) 行业研究的结果。

保险公司应对客户满意信息的收集进行策划，确定责任部门，对收集方式、频次、分析、对策及跟踪验证等做出规定。收集客户满意信息的目的是针对顾客不满意的因素寻找改进措施，进一步提高产品和服务质量。对收集到的客户满意度信息进行分析整理，找出不满意的主要因素，确定纠正措施并付诸实施，以达到预期的改进目标。在收集和分析客户满意信息时，必须注意以下两点：

第一，客户有时是根据自己在保险服务之后所产生的主观感觉来评定满意或不满意，有时可能会出于某种偏见/情绪障碍和关系障碍，得出不大客观、真实的结论。因此，在判定的时候不能仅凭顾客主观感觉的报告，同时也应考虑是否符合客观标准的评价。

第二，在有些情况下，即使客户对保险产品和服务不满意，也会因为各种原因没有提出投诉或意见，因此，公司应针对这一部分客户的心理状态，利用更切合的方法，以获得这部分客户的真实想法和意见。

(四) 将客户满意度考评结果纳入员工绩效考评体系

客户满意度考核指标是能够反映员工业绩目标完成质量、工作态度、能力等级的非常有价值的数据，是保险公司绩效考核体系的基本单位。在一定情况下，客户常常是唯一能够在工作现场观察员工绩效的人，此时，他们就成了最好的绩效信息来源。

大多数保险公司不是因为缺乏客户而失败，而是由于未能提供令客户满意的保单和服务而造成客户流失和业绩减少。因此，确立基于客户满意度测试和考评办法对保险公司的发展意义重大。保险公司员工可以从以下几个方面掌握提高客户满意度的方法：

1. 树立为客户服务的观念

保险经营的就是服务，做好服务是保险公司的"王道"。保险公司员工不能仅仅只有微笑服务，而是要切实为客户解决实际问题，要以专业的服务和对客户负责的态度使客户对公司产生充分的信赖感。

2. 增强客户体验感

在现代经济活动中，客户体验对市场营销的意义非常重要。客户很在乎公司提供的服务体验，他们在购买产品或服务时是在接受一种体验，他们之所以购买某一家公司而不是另外一家公司的产品和服务，是因为该公司创造了比竞争对手更让他们喜欢的体验。保险公司能否提供有助于提升客户线上线下体验的保险产品，对于提升客户满意度也很重要。

3. 提供个性化的产品和服务

个性定制已经成为未来市场营销发展的新趋势，较高层次的客户已经不再满足于传统大规模定制的产品和服务。开发适应客户个性化需求的产品和服务已经成为保险公司满足高层次客户需求的重要途径。

4. 承诺兑现

保险服务很重要的一点是履行承诺，理赔服务到位是提升客户满意度的一大法宝。客户服务最重要的原则是重时守诺，一旦承诺了，就必须认真履行，不可轻易变动，否则将失去客户的信任。

三、保险客户忠诚度管理

（一）客户忠诚度的含义

客户忠诚度也称为"客户黏度"，是指由于受产品品牌、质量、价格、服务等诸多因素的影响，客户偏爱并持续购买某公司产品或服务的心理状态或态度，体现了客户对该公司品牌在长期情感上的一种忠诚。根据客户对公司产品或服务的心理状态，可以划分为四个层次的类型（见图3.1）。

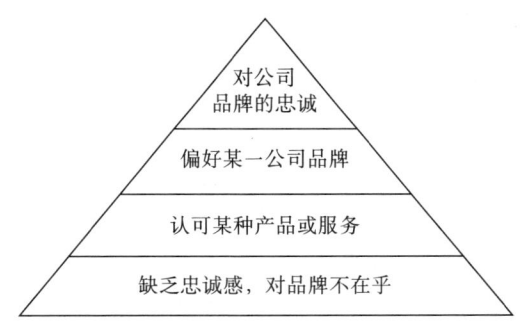

图3.1 客户忠诚度的层次

第一层次是客户对公司没有任何忠诚感。客户仅凭产品性能、价格、便捷性等因素从任何商家购买商品和服务，对产品或服务的品牌不在乎。

第二层次是客户受产品消费体验和消费习惯的影响，认可某些公司的产品或服务。一方面，客户可能因为缺乏时间和精力获取其他产品的信息，来比较和筛选适合自己的产品或服务；另一方面，改变原来的产品和服务品牌需要转换成本。

第三层次是客户对某一公司产品或服务品牌产生了一定的消费偏好，这种消费者偏好是基于消费者对不同产品或服务的价格、质量、性价比等因素综合权衡比较而得出的,这种偏好使客户与公司之间产生了感情联系。

第四层次是客户对公司品牌的忠诚,即客户形成了"依附性"偏好,客户对公司的产品或服务持有强烈的偏好与情感寄托,进而重复购买的一种趋向。客户对公司品牌的忠诚与信赖,可以为公司带来长期且具有累积效应的收益,公司加强对客户忠诚度管理是提升公司利润的重要途径。

(二) 客户忠诚与客户满意的关系

客户满意度是指是客户期望值与客户体验的匹配程度,其本质上是一种感觉状态,是客户对消费产品或服务的满意程度。而客户忠诚度则是客户连续地重复选择某一品牌进行消费,是一种持续重复的状态。客户满意是客户忠诚的必要条件,但不是充分条件,客户满意了,并不代表客户一定会忠诚。另外,客户忠诚和客户满意的关系还受行业竞争状况的影响(见图 3.2),方框线左上方表示低度竞争区,方框线右下方表示高度竞争区,曲线 1 和曲线 2 分别表示高度竞争的行业和低度竞争的行业中,客户满意程度与客户忠诚可能性的关系。

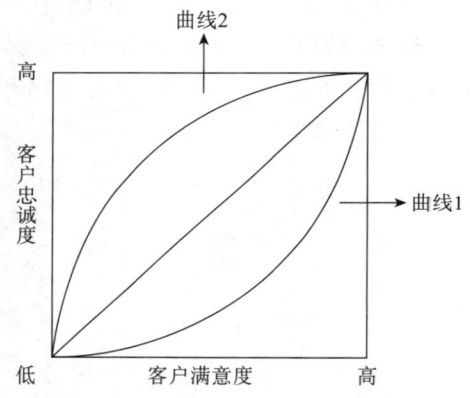

图 3.2 客户忠诚与客户满意的关系

如曲线 1 所示,在那些完全竞争的行业中,满意度越高客户,其忠诚度越高。在曲线 1 的右端,只要客户满意程度稍稍下降一点,客户忠诚的可能性就会急剧下降。这表明,要培育忠诚客户,公司必须尽力使得客户完全满意。

而对于竞争程度较低的行业,如曲线 2 所示,客户满意程度对客户忠诚度的影响较小。但随着竞争程度的不断加剧,曲线 2 就会逐渐变得和曲线 1 一样。因为在竞争程度较低的情况下,客户的选择空间有限,即使不满意,他们往往也会出于无奈继续使用该公司的产品和服务,表现为一种虚假忠诚。但是,随着信息的公开、规模效应的缩小、分销渠道的分享、常客奖励的普及等等,客户对公司产品的不忠诚就会通过客户大量流失表现出来。因此,处于低度竞争情况下的公司应该将提高客户满意程度作为重要的发展战略，否则随着新的企业加入该行业，市场竞争加剧，原来的客户就会流失。

以上分析表明，客户满意和客户的行为忠诚之间并不总是强正相关关系，在不同竞争程度的市场，二者关系存在差别。但是，无论在高度竞争的行业还是低度竞争的行业，客户的高度满意都是形成客户忠诚感的必要条件，而客户忠诚对其的行为无疑会起到巨大的影响作用。

（三）客户忠诚的分类

营销专家理查德·奥利弗教授对于忠诚的描述为："忠诚是人们内心深处拥有的一种情感投入，不管环境因素如何变化，也不管市场上存在什么样的吸引客户做出行为改变的促销措施，客户在这种情感投入的驱使下在未来不断地重复购买相同品牌或者相同品牌旗下的商品。"依据客户忠诚程度的深浅，将其分为认知型忠诚、情感型忠诚、冲动型忠诚和行为型忠诚（见表3.1）。

表 3.1　　　　　　　　　　　客户忠诚的分类

类型	特点
认知型忠诚	是基于理性选择的忠诚。在了解商品厂家、原料、规格、包装、配送等充分信息的条件下，对商品的功能、性能、优点、缺陷、价格、性价比、客户评价等因素进行仔细研究和比较，在综合评价的基础上做出的选择
情感型忠诚	是基于消费者偏好的忠诚。消费者对某种品牌的偏好可能是基于个体情感纽带的因素而去购买，这种情感因素与个人性格、爱好、文化和消费习惯等因素有关。这类客户决策主要取决于客户对于公司品牌及其产品的态度。一个对电子产品渴望偏好"苹果"品牌的年轻人，可能会一直保持着对"苹果"品牌非常强烈的消费意愿，于是用的笔记本电脑、手机、耳机、手表等可能都是"苹果"品牌的
冲动型忠诚	是基于个人心理因素而产生消费意愿的忠诚。这类客户比较容易受短期消费环境因素的影响，特别是新产品上市、价格打折、商品促销等营销活动。对于这类客户而言，他们更多地凭直观感觉与情绪购买商品，因此，更容易受商家营销活动、其他消费者消费行为等影响
行为型忠诚	是基于消费习惯的忠诚，是忠诚度最高、最为持久的消费行为。这类客户愿意为了购买自己认定的产品或服务付出努力，即使遇到困难也能想办法争取。比如愿意为了自己忠诚的品牌，愿意排队等待很长时间购买新产品

（四）客户忠诚度战略

随着市场竞争的日益加剧，客户忠诚已成为影响公司长期可持续发展的决定性因素。以客户忠诚为标志的市场份额，比按客户多少来衡量的市场份额更有意义。保险公司应以满足客户的需求和期望为目标,不断提高客户满意度和忠诚度,在公司与客户之间建立起一种彼此信任的"利益价值链"。

1. 客户忠诚是公司在市场营销立于不败之地的重要保障

实践证明,客户忠诚在公司的经营活动中得到充分体现,是公司利润稳定持续增长的重要原因。

(1) 客户忠诚有利于形成稳定的消费市场。对于忠诚度较高的客户,公司只需经常关心这部分群体合理的利益需求与产品和服务需求,在产品或服务销售、客户服务等环节上保持一如既往的服务水平和质量,就可以比较容易地留住忠诚客户。客户忠诚将增加消费者对该公司产品或服务的持续消费频次,进而增加公司的收入,并且忠诚类客户数量越多,稳定消费量就越大,从而为公司提供一个稳定的消费市场。

(2) 客户忠诚有利于降低公司营销成本。从营销成本投入来看,由于忠诚类客户在消费者群体中形成的"口碑效应",客观上既为公司节省了营销成本,也为公司增加了新的客户群体,从而有利于公司经营收入水平的提升。相比开发新的客户,维护忠诚度较高的客户既无须投入巨大的初始成本,又可节约大量的交易成本和沟通成本,而且忠诚客户的口碑效应能带来高效和低成本的营销效果。

(3) 客户忠诚有利于公司巩固现有市场。客户忠诚较高的公司对竞争对手来说意味着较高的进入壁垒,竞争对手要吸引公司忠诚度较高的客户,就必须进行大量的成本投入,而这种挖掘忠诚度较高的客户的投入,不是短期可以见效的。这往往会使竞争对手望而却步,从而有效地保护了现有市场。

2. 客户忠诚有利于维护公司在市场竞争中的利益

客户忠诚度管理理论认为,公司市场营销必须以提升客户对公司产品或服务的忠诚和信赖为中心,公司的营销活动必须围绕这个中心来展开。因此,关注客户对公司产品或服务的评价,不断提升客户的满意度和忠诚度,是增强公司市场竞争力的一大法宝。

随着对公司产品忠诚程度的提升,即使该产品在价格上或在产品特性上有变动,忠诚度较高的消费者受到竞争行为的影响程度也随之降低,具体体现为:

(1) 忠诚度较高的客户不会很快转向别的低价格产品或服务。正如忠诚度较高的客户基于对原来购买产品或服务的信赖,他们不大可能仅仅因为低价格的诱惑而转向新的公司品牌。但是,当价格相差很大时,这部分客户可能会做出新的消费选择,但是这仍然需要一个时期的过渡。

(2) 忠诚度较高的客户不会立即选择新的产品或服务。客户忠诚度是客户因为接受了公司的产品或服务,满足了自己的需求而对品牌或供应/服务商家形成的心理上的依赖。客户之所以忠诚一个公司的品牌,不仅因为该公司能提供客户所需要的产品,更重要的是公司能通过优质服务为客户提供更多的附加价值。因此,在新的产品或服务没有达到这部分客户的消费期望时,他们不会轻易改变原来的消费习惯。

(五) 提高客户忠诚度的策略

1. 运用大数据管理思想建立客户数据库

公司可以通过收集每次与客户之间交流、每次销售活动、每次公司推出新产品和更新服务和客户支持等问题的详细信息,并充分利用这些信息改善公司服务,提升产品质量,最终使客户成为忠诚度较高的终身客户。公司运用动态的、整合的客户数据库,可以使每一个服务人员在为客户提供产品和服务的时候,了解客户的偏好和习惯购买行为,识别出忠诚客户,发现客户流失状况,从而制定出更具有针对性的营销服务策略。

2. 挖掘数据库并识别出忠诚度较高的客户

建立和管理客户数据库为深入挖掘和处理收集到的客户资料提供了基础,客户的特点可以在挖掘数据中被有效地确定,从而为公司有针对性地为客户服务提供帮助。数据挖掘的目的是将客户资料转变为有效的营销决策支持信息和客户知识,进而转化为竞争优势。数据挖掘可以通过对客户的响应度、满意度、客户流入和流失总结等多方面的分析,识别核心客户。通过对客户行为进行分析和总结可以得到公司一段时期的核心客户名单,这些核心客户将是公司实行客户忠诚营销的重点管理对象。

3. 不断提高超越客户期望的产品和服务以提高客户满意度

客户的期望是指客户希望企业提供的产品和服务能满足其需要的水平。若达到了这一期望,客户会感到满意,反之客户就会不满意。超越客户期望,是指公司不仅能够达到客户的期望,而且还能提供更完美、更关心顾客的产品和服务,超过客户预期的要求,使之得到意想不到的、甚至感到惊喜的服务和好处,这就要求公司践行"120法则"①,超越客户期望,使得客户获得更高层次上的满足,从而对公司产生一种情感上的满意,由此成为稳定的忠诚客户群。

4. 正确对待客户投诉并满足客户正常合理维权要求

"客户就是上帝",在当前激烈的市场竞争中,随着市场经济环境日益民主法治化,客户的维权意识也逐渐增强。公司要与客户建立长期的相互信任的伙伴关系,就要善于处理顾客抱怨。有些公司的工作人员面对客户投诉时常常表现出不耐烦、不欢迎的态度,甚至流露出一种反感,这是一种很不恰当的做法,往往会使公司丧失宝贵的客户资源。正确对待客户合理的投诉要求,并且积极为客户维护正当合法的权益,从长远看,将为公司争取潜在的忠诚客户打下基础。

---

① "120法则"内涵就是如果将客户对服务的期望值设定为100分,公司应该做到120分的水平。只有提供超出客户期望的服务,让客户从内心感动,才能形成新的交易和源源不断的回头交易,为公司赢得好的市场反馈和营销业绩。

5. 提高客户转换成本以减少客户退出公司消费者群体

"转换成本"（Switching Cost）最早是由迈克·波特在 1980 年提出来的，指的是当消费者从一个产品或服务的提供者转向另一个提供者时所产生的一次性成本。这种成本不仅仅包括经济上的，也包括时间、精力和情感上的，它是构成企业竞争壁垒的重要因素。一般来说，客户转换品牌或转换卖主会面临一系列有形或无形的转换成本。那么即使他们对原来公司的产品或服务不是非常满意，也会慎重考虑，权衡利弊。对单个客户而言，转换购买对象需要花费时间和精力重新寻找、了解和接触新产品，放弃原产品的性能和品质，改变消费习惯，甚至还可能面临一些物质或精神上的风险；对团体客户而言，转换使用另一种产品或服务很可能意味着成本的提高。公司提高转换成本就是要采取措施增加客户转换的难度，以减少客户退出，保证客户对本公司产品或服务的重复购买。

6. 重视公司员工忠诚的培养以提升客户忠诚度

哈佛商学院教授研究表明，客户保持率与员工保持率是相互促进的，因为公司为客户提供的产品和服务都是由内部员工完成的。公司员工的行为及行为结果是客户评价公司客户服务质量的直接依据。一个对员工内部服务和关怀到位的公司，肯定会增强员工的信任感和忠诚度，而忠诚的员工则会处处为公司利益着想，主动热心为客户提供专业服务，并为公司做贡献而自豪。因此，公司在培养客户忠诚的过程中，除了做好外部市场营销工作以外，也要重视公司内部员工的培养和发展，不断提高员工的满意度和忠诚度，进而提升客户的忠诚度。

7. 加强客户退出管理以减少客户流失

客户退出是指客户不再购买公司的产品或服务，终止与公司在产品或服务上的业务关系。对于这种现象，公司应该理性对待，及时做好客户的退出管理工作。进一步地，公司必须科学测定客户流失率及其对公司收入和利润的损失与影响，认真分析客户退出的原因，利用这些信息不断改进公司产品和服务。对于公司营销部门而言，分析客户退出的原因，是一项非常重要和复杂的工作。客户退出可能是由于竞争者价格、新产品推出等因素引起的，也可能是多种因素共同作用的结果。不管是什么原因，公司营销部门必须反思和采取有效措施加强客户退出管理，在高度竞争的市场中建立和加强客户忠诚度，为公司的健康发展提供保障。

第三节　健康保险客户服务的内容与模式

健康保险客户服务的准则主要包括诚信、公平、高效、优质、灵活。具体而言，诚信是指公司和客户之间要保持一种诚实守信、坦诚交流的良好关系，诚信是客户服务的基础；公平是指对大小、新老客户一视同仁，提供标准化服务，绝不厚此薄彼，它是客户服务的根本保证；高效，是保证客户能在第一时间得到所需服务，它是客户服务效率的体现；优质，是指以客户为中心，最大限度地满足客户的需求，为客户提供良好的服务，它是客户服务质量的标准；灵活是指客户不同，需求不同，保险公司应该努力满足客户多样化的个性需求。

一、健康保险客户服务内容

（一）售前服务

在营销服务观念已经逐渐深入人心的今天，售前服务也日益突显其重要性。售前服务是指保险公司和销售人员向准客户销售保单之前提供的保险服务，包括保险公司和销售人员为潜在客户提供的保险咨询服务以及帮助客户做好健康风险规划与提供管理顾问服务。

1. 提供保险咨询服务

（1）展业时利用广告、公关活动以及宣传手册等方式提供保险信息，如保险公司的历史现状和未来、经营宗旨特色、人员素质等内容的公司信息。

（2）销售人员提供信息服务。如公司健康保险产品的信息，包括保险对象、保险期限、保险责任、除外责任、保险金额、保险费、申请保障金等有关事项，这是满足客户对保险信息需求的一个重要手段。应当指出的是，无论是保险公司还是销售人员，在提供健康保险信息时，一定要如实宣传，不能任意夸大保险责任，以免诱发健康保险的道德风险或造成客户对保险条款的误解，日后发生理赔纠纷。

2. 健康风险规划与管理顾问服务

（1）为团体客户提供员工管理顾问服务。在团体健康保险的销售过程中，保险公司和销售人员要在做好市场调查了解当地医疗资源的基础上，充分了解团体客户的资料，如企业规模、行业特点、员工结构、收入水平、健康福利需求、参加社保情况等内容，并在此基础上设计好员工综合福利计划书。在这一过程中，销售人员的工作不单纯是销售公司产品，更要立足于从客户的角度为客户解决问题，如为客户做员工管理顾问，提供与客户相关的人力资源管理的数据以及人力资源管理的经验等，在客户制定员工管理政策上提出合理化建议，从而使销售人员与客户的关系从相对对立向相互依赖转变，使保险公司与客户之间达到双赢。

（2）为个人客户做好健康风险规划。在人的一生中随时随地都可能面临各种风险，尤其是疾病、意外伤害、年老多病等健康风险。健康风险的发生不仅会危及我们的身体健康，而且伴随着诊治疾病支付医疗费用还会造成财产收入损失，使其生活不便并且造成家庭经济困难，致使客户的生活质量下降。基于此，保险公司和销售人员需要从顾客的切身利益出发，在介绍健康保险的服务内容和特色的同时，提供适合其自身实际和需求的保险产品套餐形式的保障计划，帮助顾客做好健康风险规划，让顾客今日做明天的准备，年轻时候做年老时候的准备，让他们清楚健康保险是保险公司为其身体健康提供的一个风险保障，是其在生病时能保证生活质量的一个重要保障手段。

通过以上两个方面可以看出，售前服务既是销售保险产品的过程，也是为客户提供服务的过程，它体现了现代营销思想的精髓。

（二）售中服务

售中服务是保险公司和销售人员在保单承保过程中为客户提供的服务，具体包括根据客户的合理要求不断改进承保流程，提高承保效率，在预防风险的情况下提高核保技术并且降低承保标准。

1. 改进承保流程，提高承保效率

保险公司将"为客户解决需求"的理念运用到承保流程管理中，依靠先进的技术手段不断改进承保流程，整合客户信息资源，使得信息资源在企业范围内共享，提高业务处理流程的自动化程度。同时，根据客户需求，依靠重新设计企业内部组织结构、运作方式、实现组织形式的扁平化和网络化，建立以客户为中心、满足客户需要的运行机制，有效提高保险公司的承保效率和管理水平。

2. 努力提高核保水平及公司承保能力

在保险市场竞争日益激烈的今天，保险公司核保水平的差异也会逐步体现出来。一个公司核保水平的高低不仅反映公司的技术力量和经营实力，也将影响到客户对公司的信赖程度，影响到公司在客户心目中的形象。在充分考虑风险因素、保证业务质量的前提下，核保人员应本着为客户提供良好服务的思想，不断引进先进的核保技术和手段，及时总结公司核保的经验教训，努力提高公司的核保水平，在不降低承保标准的前提下有条件地承保，提高公司的承保能力，使公司争取到更多的客户，稳定公司经营。

（三）售后服务

在健康保险中，将保险合同送交给投保人意味着保险公司对客户的服务刚刚开始。能够为客户提供良好的健康保险售后服务是保险公司赖以生存和发展的基础。事实上，保险合同中就包含了公司为客户提供特定保单服务的承诺，如大部分健康保险合同中都规定了投保人有更改某些保单内容的权利，保险公司必须为兑现这些相关的服务内容做好准备。

售后服务是指公司在承保健康保险后，为了满足客户不断变化的需求而进行的健康保险保单保全和理赔等服务，具体包括：借助先进的管理系统和技术手段提供各种保单保全服务；提高核赔工作效率，简便快捷地完成理赔工作；提供多种形式的附加值服务等。

二、健康保险客户服务的模式

从国际经验来看，保险公司在客户服务的发展过程中大致经历了三个阶段：第一个阶段是以保单为中心的服务阶段；第二个阶段是以客户为中心的阶段；第三个阶段是以客户关系管理为核心的阶段。

（一）以保单为中心的服务阶段

在这一阶段，保险公司的服务以保单的维护为核心，公司的设计系统也以保单为单位，客户服务的内容基本上以保险合同变更和续期收费为主。客户服务强调的是物不是人，是保险合同而不是合同的主体，是续期利益而不是客户关系。

（二）以客户为中心的阶段

这个阶段强调客户的满意度，设计系统以客户为中心，内部流程重组以适应客户对简洁流畅作业的需要，公司开发出很多附加值服务的项目以增加客户对公司的满意度和忠诚度，保险公司经营有了更多人性化的理念。

（三）以客户关系管理为核心的阶段

客户关系管理是20世纪90年代出现的新概念，它是一种旨在改善企业和客户之间关系的新型管理机制，实施于公司的营销、服务和技术支持等与客户有关的领域。其目标是：一方面通过提供更加快速和周到的优质服务吸引和保持更多的客户；另一方面通过对公司流程的再造以降低运营成本。客户关系管理不仅仅是一种管理理念，更是运用先进的管理技术，收集、追踪和分析客户的信息，从大数据中挖掘出客户的类型、客户的需求及特征，进而从事有针对性的产品和服务的开发，精准满足不同客户的需求，使得公司和客户的关系实现最优化的目标。

客户关系管理的出现和发展与新技术的发展息息相关。互联网技术的发展及现代信息技术的广泛运用是新的服务理念和服务技术出现的基础。利用新技术，保险公司可以不受限制地与客户接触，识别不同客户的需求，针对不同客户的需求特征提出精准化的方案，最大限度地满足客户的需求。借助于具备客户智能的客户关系管理软件，保险公司可以建立起与客户之间的学习关系，即在与客户的接触中了解客户的个人信息、消费偏好、需求特征等信息，并在此基础上进行一对一的精准服务。

三、保险客户服务质量管理

如何管理客户服务工作，使得客户服务质量适应和达到客户的期望和要求是健康保险服务质量管理的核心任务和所要达到的目标。健康保险客户服务是整体商品的一个有机组成部分，是伴随核心产品传递给客户的延伸性的附加产品。由于客户服务是一种无形的商品，其质量必然难以衡量和控制，这给保险公司客户服务质量管理工作带来了一定的挑战。在实施健康保险客户服务质量管理时，需要注意做好以下几个方面的工作：

（一）大力倡导"客户至上、服务优先"的经营思想

在经营健康保险业务的过程中，要将"客户至上、服务优先"的经营思想贯穿于业务经营的各个环节，这是保险公司实施健康保险服务质量管理的根本和源泉。在售前、售中和售后各个环节都要牢固树立客户服务的观念，将过去以公司产品为中心、以内部业务管理要求为中心的经营理念逐步转变为以客户为中心的服务观念上来。

（二）提高理赔工作效率，简便快捷地完成理赔工作

商业健康保险理赔要求是在被保险人突然发生意外伤残或疾病急需大量医疗费用进行诊治时提出的，因此，客户往往对理赔处理的时限有着更高的要求和期望；这时保险公司提供理赔的速度和服务质量无疑将直接影响到公司的信誉和声望，这就要求保险公司在保证理赔质量的前提下，借助于先进的管理系统和技术手段，尽量简化理赔手续，提高理赔工作效率，为客户提供高效快捷的理赔服务。

（三）提供多种形式的附加价值服务

附加价值服务是保险公司对客户提供的与保险保障无直接关系的附加服务，是公司提供保险核心产品时的延伸服务。它不仅是保险公司不断扩大客户服务外延和内涵、不断改进服务方式与手段的结果，也是各个保险公司之间不断扩大交流合作以及运用高科技手段提供客户服务的结果。

1. 保险公司和销售人员采取丰富的服务方式增进与客户之间的感情交流

他们之间建立客户服务系统管理档案，举办互动性娱乐活动等，一方面可以使得公司与客户之间得以经常性地直接交流，普及保险知识，随时了解客户需求，接受客

户监督，增加服务透明度；另一方面可以拉近公司与客户的距离，增进公司和客户之间的理解和沟通，增加感情交流。

2. 保险公司加强与医疗服务提供者的合作，做好客户的健康服务和管理服务

在开展健康保险客户服务工作中，应该利用一切可以利用的资源和科学技术手段努力发展健康保险的增值服务，更好地体现公司健康保险的客户服务特色。

3. 海外急难救助服务

针对在国外遇到意外事故的风险，一些保险公司开辟了为客户提供医疗救援服务的海外紧急救助卡业务。

4. 建立咨询与申诉制度

许多保险公司开设了免费服务咨询中心，客户只需拨打免费服务电话，对投保问题、保单状况以及变更、理赔情况等进行咨询时就能得到保险公司的免费服务。当客户通过电话就公司员工的态度与行为及公司服务情况提出申诉时，客户服务人员应该提出适当的建议，力求使客户得到满意的答复。

（四）建立标准化、规范化的业务管理体系

在经营健康保险业务过程中，保险公司应当建立标准化、规范化的业务管理体系，对服务内容的方方面面、服务过程的每个环节都提出明确的管理要求和标准，这是完善客户服务质量管理的基础。只有标准明确了，才能使保险公司在经营服务的过程中有据可查，才能通过对照标准不断找出实际服务工作存在的差距，提高服务质量。

1. 建立一套业务管理制度体系

如建立市场调研与信息统计制度、产品开发制度、产品营销管理办法、核保和理赔制度、客户服务制度、健康管理办法、管理式医疗计划与管理办法、绩效考核办法等。

2. 实施一系列标准化的业务标准

如疾病、手术伤残标准分类和代码、医疗服务提供者的分类与代码、诊疗项目代码、药品与化学试剂的应用代码等业务标准。

3. 形成一个行之有效的运行机制

如业务实务流程、规范化的业务管理体系，可以克服因为员工个性差异给服务质量控制和管理带来的困难，保证服务质量管理得以顺利实施。

（五）重视员工培训工作，提高职工的综合素质

员工综合素质是公司客户服务质量的根本保证，实施健康保险服务质量管理就要重视公司员工的教育培训工作。虽然公司直接与客户接触的工作人员一般是销售人员

和客户服务人员，公司内勤管理人员未与客户直接接触，但是他们的工作质量也会体现出公司整体客户服务水平。因此，对于客户服务工作而言，它不仅是销售人员和客户服务人员的工作，也是公司全员职工的工作，公司员工的工作态度和业务能力等综合素质直接影响到客户的满意度。保险公司要对全员职工进行教育培训，使其树立"公司要想在市场竞争中取胜依靠的就是胜人一筹的服务"的经营思想，并且通过持续有效的训练，逐步提高员工的客户服务能力。

（六）运用先进的科学技术探索新的服务方式

我国保险业的快速发展使得老百姓的保险意识日益增强，对保险产品和服务的要求也随之提高，客户会逐步提出多样化和个性化的需求。随着互联网技术的迅速发展，满足客户多样化需求和实现个性化客户服务已经成为可能，并且运用先进科学技术提供的服务质量相对稳定，可以把因为个人差异带来的客户服务质量的差异降到最低程度，从而使得客户服务更加标准化和规范化。

需要指出的是，在我国保险公司的业务经营中，客户服务工作才刚刚起步，客户服务的观念还未贯穿于保险业务的各个环节，客户服务的方式和手段无论是在理论上还是在实践中都还不成熟。为此，向消费者提供全方位、高品质的产品和服务，应当成为保险公司的核心任务和目标。

本章小结

1. 健康保险的客户服务是指保险公司以先进的技术支持为硬件，以健康保险产品开发和机构网点发展为支撑，以融合了管理创新的营销服务推广和提高从业人员素质和扩展服务功能为软件，将增强公司业务竞争力和扩大市场占有率从而提升公司品牌价值和建立良好的社会形象作为终极目标的系统工程。保险公司的服务包括基础性服务、管理性服务和延伸服务以及附加值服务。

2. 保险客户服务的意义在于：树立公司良好声誉，提高公司竞争力水平；提高客户满意度，建立良好的客户关系；形成公司品牌优势和提升公司品牌影响力；客户服务创新是保险公司形成核心竞争力的重要手段。

3. 客户关系是指围绕客户生命周期发生、发展的信息归集。客户关系管理是通过对客户详细资料的深入分析来提高客户满意程度，从而提高企业竞争力的一种手段。客户关系管理的核心是客户价值管理，通过"一对一"的营销原则，满足不同价值客户的个性化需求，提高客户忠诚度和保有率，实现客户价值持续贡献，从而全面提升企业盈利能力。

4. 客户满意度是指对一个产品或服务可感知的效果（或结果）与期望值相比较后，客户形成的需求被满足的感觉状态，这种状态将影响客户是否继续购买或消费先前消费的产品或服务。

5. 客户忠诚度是指由于质量、价格、服务等诸多因素的影响，使客户对某一企业的产品或服务产生感情，形成偏爱并长期重复购买该企业产品或服务的程度。

思考题

1. 保险客户服务含义和内涵是什么？
2. 保险客户服务的对保险公司发展有何意义？
3. 保险公司客户关系管理有哪些需要注意的方面？
4. 如何提升健康保险的客户服务满意度？
5. 提升客户忠诚度对保险公司发展有何意义？

第四章

健康保险展业服务

展业是保险业服务的重要环节，展业工作的好坏直接关系到保险公司的业务绩效和服务质量，也影响到保险公司业务经营的稳定性和可持续性。展业实质上就是保险产品的营销，没有展业，保险公司的一切业务活动都无从谈起。

第一节 健康保险展业概述

一、健康保险展业的概念

健康保险展业是指保险公司以客户为中心，以销售健康保险产品为最终目的的市场营销的活动和过程，即向目标客户提供健康保险产品和服务的活动与过程。保险展业是保险市场营销服务的起点，是保险展业人员发掘潜在客户进行投保和参保的营销活动过程。[①]

二、保险展业的意义

虽然保险展业只是健康保险营销活动中的一个初始环节，但从保险展业对社会公

[①] 鲍勇，周尚成：《健康保险学》，科学出版社2015年版，第115页。

众和保险公司的发展而言，保险展业具有非常重要的意义。

（一）对于社会公众的意义

1. 有利于提升社会大众的风险管理和保险认知水平

健康保险作为健康风险管理的主要经济手段之一，保险展业可以宣传和普及社会大众对于健康风险的认知和防范知识，更为全面迅速地了解健康风险管理的专业方法，提高社会公众的保险认知水平。

2. 有利于提升社会公众的健康意识

健康保险公司作为风险管理的专业机构，具备先进的健康知识和技术，保险展业人员在展业过程中可以采用宣传体检、健康生活知识等方式来提高大众的健康意识。

3. 有利于客户转移风险，获得风险保障

保险展业能够使得保险客户更为方便快捷地享受现代化的保险服务，更为经济高效地转移自身面临的各种风险，减少风险发生后带来的不必要的损失，并且最大限度地将损失降到最低。就健康保险而言，一旦被保险人发生了疾病或意外事故，就能及时获得保险经济赔偿或给付，从而能够维持生活的可持续。

（二）对保险公司的意义

1. 有利于树立和维护保险公司的良好形象

保险公司的展业活动主要是通过大规模的推广工作，扩大保险公司的形象，宣传保险公司的产品，这些工作可以让保险走进社会大众生活，让人们感受保险和认知保险，对促进公众对保险公司及保险产品的认同具有重要意义。

2. 有利于保险公司进行客户资料的收集，积累客户资源

保险公司通过展业可以收集很多客户资源，很多牢固的客户都是通过保险展业初步建立起来的，保险展业是潜在客户获取保险信息和保险服务的主要途径。

3. 有利于保险公司业务的稳定经营

保险公司经营的效果直接受到保险展业工作好坏的影响。因为保险展业做得越好，被保险人群越大，则越符合大数法则的要求，风险发生时的损失概率就越稳定，并且无限趋近于保险公司测算出来的损失概率，保险公司经营的稳定性也就会得以保障。

三、健康保险的展业模式

从营销渠道的不同来看，保险展业模式一般分为直接展业模式和间接展业模式，两种不同的展业模式有着各自运营方式和特点。

（一）直接展业模式

直接展业又称保险直销，是指保险公司利用自身的业务人员向消费者推销保险产品和服务的影响模式。直接展业适合分支机构广泛的大型保险公司，它也是保险营销领域最主要的展业形式。

我国《保险法》第十三条规定："投保人提出保险要求，经保险人同意承保，保险合同成立。"其中，投保人提出保险要求即为要约，保险人同意承保就是承诺；前者可以称为投保，后者也可以称为承保。保险要约是由投保人向保险人发出投保申请，即有保险需求的客户直接到保险公司的营销网点，与保险展业人员直接联系，通过咨询和办理相关手续来购买保险产品。

我国保险市场发展还不够成熟，人们的保险意识还不够高，对健康保险认知水平还有待提升。从我国保险业发展的现状来看，客户主动提出要约和购买保险的比例还比较低。保险营销更多的是依靠保险公司主动开展展业，向消费者宣传和销售保险产品与服务。这种积极展业的做法能够促使潜在客户提出要约申请，由此变成保险公司的现实客户。

保险公司直接展业主要有以下优点：第一，直接保险展业人员可以充分利用保险公司的良好声誉代表公司进行保险营销，在与客户的接触过程中更容易获得客户的信任，减少客户的顾虑，有利于促成保险的销售；第二，如果保险公司本身管理规范，对公司员工经常进行培训，保险公司开展直接展业的正式员工素质较高，可以减少保险欺诈和销售误导的问题；同时，良好的绩效考核制度也可以给客户带来优良的服务；第三，相对于个人代理人较低的留存率而言，保险公司的正式员工流动性较小，可以减少"孤儿"保单现象的发生[①]，有利于保障保险客户的消费者权益。

尽管直接保险展业具有以上优点，但是存在一定的不足：第一，保险公司安排专门的员工从事直接展业工作，展业的员工薪酬、配套材料开支和管理费用等，对保险公司而言都是一笔不小的成本开支，这对公司的综合经营能力是一个考验；第二，对于一些规模较小的保险公司而言，正式员工有限，很多区域的客户群是公司没有力量去开发的，业务拓展范围受到限制；第三，基于保险营销的季节性特点，淡季大量的员工开支对保险公司来说将是较大的负担。

（二）间接展业模式

间接展业模式是指保险公司通过保险代理人或保险经纪人等中介机构推销保险产品和服务的营销模式。在现代保险市场中，许多保险公司在依赖公司自身员工发展直

---

① "孤儿"保单是指因为原营销人员离职而需要安排人员跟进服务的保单。

接营销的同时，限于营销成本和公司规模等因素制约，也会采用间接营销模式进行展业，间接展业模式主要包括保险代理人展业和保险经纪人展业。

1. 保险代理人展业

保险代理人展业是指保险代理人受保险人委托，投保人不直接与保险人进行联系，而是向保险代理人购买保单，代理人代表保险人接受保险业务、出立保单、代收保险费的一种保险展业方式。保险代理人可以分为个人代理人、兼业代理人和专业代理人三种形式。

（1）个人代理人。个人代理人是指根据保险人委托向保险人收取代理手续费，并在保险人授权的范围内代为办理保险业务的个人。个人代理人必须具有《保险代理人资格证书》，业务范围包括代理销售保险单和代理收取保险费，并且只能为一家保险公司代理推销保险产品和服务。

（2）兼业代理人。兼业代理人是指受保险人委托，在从事自身业务的同时，指定专人为保险人代办保险业务的单位。根据中国保监会2000年颁布的《保险兼业代理暂行管理办法》，保险兼业代理人是指受保险人委托，在从事自身业务的同时，为保险人代办保险业务的单位。目前，中国保险兼业代理人的形式主要有金融机构兼业代理、行业兼业代理、企业兼业代理和社会团体兼业代理四种形式，兼业代理人可以发挥各自的专业优势降低保险公司的展业成本。

（3）专业代理人。专业代理人是指根据保险公司的委托，向保险公司收取佣金，在保险公司授权的范围内专门代为办理保险业务的机构，包括保险专业代理公司及其分支机构。代理的业务范围包括代理销售保险单、代理收取保险费、代理保险和风险管理咨询服务，以及代理保险公司进行核查和理赔。根据中国保监会制定的《保险专业代理机构监管规定（2015年修订）》，专业代理人一般可以同时代理多家保险公司的业务，但是专业代理机构从事保险代理业务不得超出被代理保险公司的业务范围和经营区域。

2. 保险经纪人展业

保险经纪人展业是指保险经纪人基于投保人的利益，代表投保人与保险人订立保险合同，为投保人提供服务，并依法收取佣金的单位。保险经纪人代投保人签订保险合同，必须事前取得投保人的特别授权。我国《保险法》第一百二十八条规定："保险经纪人因过错给投保人、被保险人造成损失的，依法承担赔偿责任。"该条从法律上确立了保险人经纪人必须站在投保人的利益角度进行经营的原则。因此，一般而言，保险经纪人代表的是投保人的利益，更能够赢得投保人的信任。保险经纪人展业的优点主要是：由于保险经纪人跟代理人代表的立场不同，代理人站在保险人的利益立场，而保险经纪人则作为被保险人的代表，因此，通常来说，保险经纪人能够为投保人提供更为优质的服务。另外，由于保险经纪人所得佣金都是由保险人支付的，保险经纪人展业不会给投保人或被保险人增加额外的经济负担。保险经纪人展业的缺点则表现为：保险经纪人可能以中介为名进行欺诈活动，使投保人蒙受损失，影响保险市场的正常秩序。

第二节 健康保险的展业流程与服务内容

一、健康保险展业流程

保险展业流程是包括保险业务员从客户定位、接触客户一直到完成保险合同签订等所经历的一系列工作环节。熟练掌握保险展业流程，有利于保险业务员掌握销售节奏、提升工作效率、节约成本。

保险业务员如果想要知道自己的目标客户是谁、如何接触目标客户、如何进行有效沟通……直至成功签订保险合同，就必须了解保险展业流程，理解和掌握流程中的工作要点，并以此指导其日常销售工作，这项工作一般可以在保险机构新人培训课程中得到强化。

虽然不同的公司可能会有自己的特点，但一般来说，保险展业流程均包括"市场细分——客户精准定位——接触客户——销售面谈——异议处理——保单促成——保单送递"等主要环节，它们构成一个逻辑链条（见图4.1）。

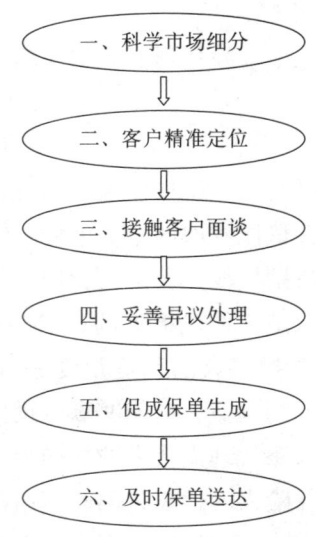

图4.1 保险展业的一般流程图

（一）科学市场细分

市场细分的概念是美国市场学家温德尔·史密斯（Wendell R. Smith）于20世纪50年代中期最早提出来的，它是企业根据消费者需求的不同，把整个市场划分为不同消费者群的策略。进行市场细分的主要依据是异质市场需求一致的顾客群，本质是异质市场中求同质，即在需求不同的市场中把需求相同的消费者聚合到一起。

保险市场细分就是保险企业根据保险消费者的需求特点、投保行为的差异性，把保险总体市场划分为若干个子市场，每一细分市场都由具有大致相同需求倾向的保险消费者构成。由于不同客户群体对保险的需求类型是存在差异的，展业人员应当综合考虑各种因素，包括客户的知识结构、工作和生活经历、个人偏好、保险产品的特点、所在地区消费者的行为特征等，对保险市场结构进行细分，为展业客户对象的精准定位和后续采取有效的营销措施打下基础。

（二）客户精准定位

客户定位是为了找到目标客户群的需求，并予以最大程度的满足，从而实现高效销售的目的。随着精准化营销时代的来临，客户定位的方法将变得多样化。面对不同形式和内容的营销活动，客户会有什么样的反应，需要通过反复研究尝试才能得出。只有针对不同客户类型进行精准定位，搞清其保险需求偏好和分布范围，才能实现合理的保险产品结构，为实现有效营销提供目标，从而做到有的放矢，事半功倍（见图4.2）。

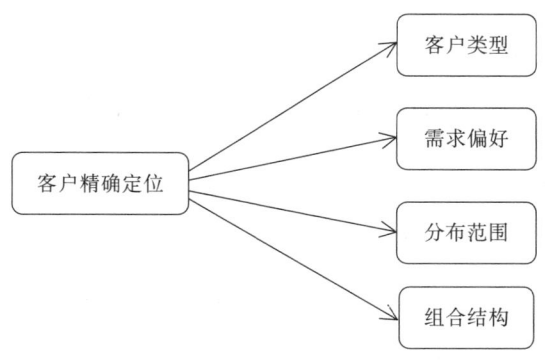

图4.2　客户精准定位

（三）接触客户面谈

对客户定位之后，就要着手准备接近客户。如果客户是个人，则要清楚客户所处行业的工资及福利水平，熟悉当地的社会保障、客户所处的群体消费观念及习惯等。可以利用市场调查、陌生拜访或者缘故法等方式接近客户。如果客户是公司，则要收集该公司的相关资料，了解该公司的生产经营状况，对该公司所面临的风险进行分析，并收集该公司相关负责人的个人信息，推测其可能具备的行为特征，做好各种面谈假设应对方案。

与客户进行接触后，选择时机进行保险产品销售面谈，面谈之前要准备好相关的材料和工具，比如业务手册、投保单、市场调查表、公司介绍材料、产品宣传资料、成功案例等展业材料和笔、计算器、电脑设备等工具，以及工作人员的身份证和工作证（展业证）复印件等。面谈开始时要举止得体而又富有亲和力地自我介绍和产品推介，让准客户产生好感，由此建立起客户对展业人员的信任。在销售面谈的过程中，要尽可能掌握客户的详细信息，并据此初步拟定保险计划书。对于获取的客户信息要严格遵守职业道德规范，为客户保密。

（四）妥善异议处理

在销售面谈的过程中，有些客户可能有疑问，还可能有其他一些因素阻碍客户认可保险业务员及其所制定的保险计划书。在这种情况下，要懂得换位思考。保险业务员应当揣摩客户每一句话背后所隐含的意图，真诚而详尽地回答客户的每一个问题，打消客户的疑问或者犹豫。世界上没有绝对的观点，只是看问题的角度不同而已。此外，保险业务员对于客户所提供的信息也要认真辨别和筛选，一方面便于制定的保险产品能真正满足客户的需求，另一方面也要防止因客户信息提供有误甚至虚假信息而导致日后保险纠纷的产生。

（五）促成保单生成

保险消费虽然对生产和生活的影响很大，但又不像对购买其他商品一样有明显的急迫性和主动性。如果不及时促成，客户原本并不十分坚定的购买行为可能会中止，使保险业务员前功尽弃。因此，保险业务员应当善于通过观察客户的态度和行为，体会客户的真实心理想法。好的客户在销售面谈时就基本可以确定有投保意愿，而对于一些犹豫不决的准客户，业务员要善于运用沟通技巧，抓住与客户接触的任何时机。在客户理解了将要购买的保险计划、并且没有进一步的疑问、基本确定投保意愿时，业务员应及时拿出准备好的各种投保单、建议书等各种资料，协助客户填写投保单证，促成保单的签订。

（六）及时保单送递

保险单制作完毕之后，保险业务员应及时将保单亲自送达客户手中，这不仅仅是为了获得保单送达回执，更重要的是向客户表明一种优质的服务态度，让客户获得满意，培养和提升客户的忠诚度。此外，在保单送递的过程中，还可以进一步向客户讲解条款内容、客户的权利和义务,包括责任免除条款、犹豫期等等,让客户明明白白消费,降低保单失效率。通过保单送递也可以增加与客户的接触机会,增进与客户的联系,这样还有可能获得客户的转介绍,为未来进行二次展业创造可能。

二、保险展业服务内容

保险业本身就是属于服务行业,客户对保险产品购买意愿和行为可能在很大程度上取决于保险展业服务的水平。保险展业工作极具创造性,是包含市场营销学、心理学、保险学等知识的综合学问,必须讲究方式方法,在保险展业过程中,应当做好以下服务工作。

(一) 保险展业准备

开展保险业务前,应事先对保险市场环境、潜在顾客状况、保险公司自身优势和劣势以及保险商品的特点进行全面的分析,制定出展业规划和策略,做到知己知彼,才能取得预期的展业效果。具体的准备工作有:

1. 对社会经济和保险行业领域有较全面深入的把握

(1) 了解社会经济发展情况。保险的基本职能是损失分摊,这种职能是通过建立保险基金的方式实现的,而保险是否能够运行良好,很重要的一个前提是社会经济发展的状况。因此,在开展保险业务的最初阶段要熟悉当前国家社会经济发展情况,比如国家当年度的 GDP 增长率、人均 GDP 增长率、人均收入、保险密度和保险深度等,这为进一步的保险展业工作提供重要的准备基础。

(2) 对保险市场的状况进行分析。保险展业人员应对市场上的各种需求进行调查收集,全面掌握市场上的各种需求信息。信息是保险公司进行预测和决策的基础,因此,保险展业人员对信息的收集一定要快、准、灵。在掌握市场信息的过程中,应该注意以下几个方面的分析工作:第一,潜在市场分析,包括潜在客户的规模、保险需求以及潜在的购买原因的定性和定量的科学分析;第二,市场占有率分析,掌握本公司与竞争对手市场占有率的状况,通过对市场占有率进行总体分析和结构性分析,寻求公司自身的市场取向与定位;第三,销售趋势分析,通过研究保险客户的购买行为及原因,掌握保险市场的需求变化以及竞争对手推销策略的动态,调整保险公司自身的经营方向,以便寻求新的发展机会。

2. 熟悉业务和有关政策

保险展业是一项思想性、政策性和技术性都较强的工作,完成好这一工作,要求展业人员具备良好的素质。

(1) 政策观念和法制观念强。保险关系的确立是双方当事人在协商、自愿的基础上，通过订立保险合同的方式实现的，所以在保险展业中必须明确和牢记双方平等的法律地位，要坚持自愿投保的原则，不能采取不正当手段强迫展业对象投保。保险展业人员必须熟悉《保险法》《健康保险管理办法》等与健康保险相关法律和法规中的各种保险条款、条款解释和规章制度。

（2）熟悉业务，博学多识。展业人员营销一种保险产品，必须首先了解这种保险产品和实务操作要领，同时还需要掌握与健康保险相关的医疗以及有关展业方面的专业知识，这是完成展业任务的一个基本条件。否则，面对顾客的疑问和异议，就会出现无言以对或解答失误的情况，这不仅会影响展业工作效果，而且将严重损害保险公司的形象。保险展业与社会各界进行着广泛的接触，涉及许多学科的知识和技能。保险展业人员不仅要熟悉业务，还需要不断更新知识，提高技能。

3. 做好展业前的背景调查，制定周密的展业规划

（1）调查背景情况。调查背景情况是制定展业规划和实施展业的依据，它包括对保险公司自身经营状况的考察和对外部经营环境的调查。前者包括对本公司经营状况、信誉、市场占有率、所销售保险商品的特点等进行全面细致的研究和分析，以便在制定和实施展业规划过程中扬长避短；后者包括对保险市场供求环境的调查、市场购买力的调查，对其他保险公司经营情况和相应保险商品的调查，以及展业区域特点、风俗习惯、风险状况等各种与展业相关因素的调查和研究。

（2）制定保险展业计划。展业计划是指导展业工作的行动纲领，在调查的基础上，制定出周密的展业规划。展业规划应有明确的展业目标，并通过目标责任制落实到部门和个人，展业计划应包括展业行动的总体方案和实施行动方案的方法和技巧。在开展保险业务之前，还应该根据需要制定出符合实际和切实可行的业务计划，包括保费收入计划指标、到期续保和开展新业务计划、扩大服务领域、开发新的健康保险产品、建立代办网点、发展代办业务机会等，从而减少工作的盲目性，保证各项业务工作有计划地顺利完成。

（二）保险展业宣传

基于前面的展业准备工作，根据展业计划、潜在顾客情况和所销售保险商品的特点来确定展业宣传对象，就可以更加明确保险展业目标，使展业宣传更具针对性，由此取得更好的展业效果。

1. 保险知识普及

2014年8月10日，国务院《关于加快发展现代保险服务业的若干意见》（国发〔2014〕29号）第二十七条指出："提升全社会保险意识，在全社会形成学保险、懂保险、用保险的氛围。加强中小学、职业院校学生保险意识教育。"通过普及保险知识，提高全民风险和保险意识。保险知识的普及是展业宣传中最为基础的一个环节，

虽然这种宣传方式不可能在短期内带来业务的扩张,但从长远来看,它对于保险市场的合理开发和保险业的良性发展有着不可估量的作用。

2. 借助媒体宣传

发挥新闻媒体的正面宣传和引导作用,鼓励广播电视、平面媒体及互联网等开办专门的保险频道或节目栏目,媒体宣传的作用之大,甚至可以创造需求。传统媒体包括报纸、杂志、广播、电视等;以互联网和通信网络为平台的新媒体包括视频播客、视频分享、视频搜索、宽频门户、网络电视、移动视频、手机视频等;此外还包括户外平面广告和车体广告等多种形式。例如,"人保健康、健康天使""人民保险、服务人民"等这些脍炙人口的广告创意通过不同形式的媒体给人们留下了深刻的印象。

3. 针对客户宣传

针对那些有保险需求又符合保险条件的潜在客户就应该做具有针对性的宣传。在对其进行保险观念更新和保险知识普及的基础上,就客户的实际情况提供风险分析、保险方案推荐的宣传服务。保险展业有重点、有针对性地进行宣传是至关重要的,不仅要有口头宣传,还要提供丰富的书面材料,增加客户对健康保险的了解,提升客户对保险的认知水平。

(三) 接触展业对象

一般而言,保险公司接触展业对象的方式有两种:介绍接触和直接接触。

介绍接触是指展业人员通过第三者介绍而接触展业对象。介绍接触的优点是,第三者的中介作用可以使展业气氛轻松和谐,便于展业宣传深入进行,且赋予其更强的说服力,有利于达成展业成果。介绍接触的途径很多,如亲友介绍、同学介绍等私人关系介绍,以及合作单位、展业对象的主管机关以及老顾客的介绍和团体组织介绍等。介绍接触必须找合适的中介人,而中介人应当对展业对象有积极的影响;否则,介绍接触不仅不能促使展业成功,反而会起到相反的效果,所以应慎重选择介绍人。

直接接触是指展业人员利用工作关系直接接近展业对象。直接接触时,一般需持有展业证件或其他证件,以及备有联系方式的自荐名片。直接接触时,应先对展业对象及其负责人进行了解,以便于寻找共同语言,增加交谈的说服力。同时,掌握好见面的时间和地点,尽量安排在对方时间较宽裕的时候去拜访,以便于深入交谈。直接接触展业对象的优点是简捷,但往往容易遇到"坐冷板凳"的情况,这就要求展业人员以耐心、诚心和责任心来做认真细致的工作,采取适宜的方式去接近展业对象,完成展业任务。

(四) 销售面谈环节

1. 动员准客户投保

大数法则要求保险公司只有最大限度地吸引面临同质风险的客户加入，才能更好地实现"人人为我，我为人人"的互助性原则。因此，动员准客户投保是整个保险客户服务至关重要的一个环节。保险展业人员既要抓住时机，又不能操之过急，以免人们对保险产生逆反和排斥心理。

在保险方案的选择上，保险展业人员应该根据保险客户的具体情况设计最佳投保方案，帮助其选择适当的险种，以较少的保费保障较多的需求，并且保足保全。一旦保险事故发生，客户能够获得足额的赔付。

2. 注意展业交谈语言艺术

展业交谈语言艺术的基本要求是：第一，必须以满足展业对象的需求为前提；第二，必须能准确传递保险商品信息，语言简明，通俗易懂，力求使对方完全理解所接受的信息，尽量避免使用对方难懂的专业术语或容易造成误解的含糊词汇；第三，必须能引起展业对象的愉悦反应，以诚心赢得顾客的理解与合作。

面谈是展业工作的关键环节，除了提供优质保险商品和服务以外，展业人员的交谈方式和技巧，也是促成展业成果的重要因素。为了争取面谈成功，展业人员应当注意以下几点：（1）落落大方，开朗乐观；（2）突出保险"以少量保费，获得切实保障"的特点；（3）用比较的方法进行宣传；（4）针对不同类型的展业对象，采取不同的面谈方法；（5）正确回答人们提出的异议；（6）坚持实事求是的原则。

3. 掌握保单促成的技巧

保险展业的最终目的是促成签单。在这一环节，展业人员应注意以下细节和技巧：第一，事先准备好保单和收据，避免错过促成的最佳时机；第二，准备好一些互动话题，让客户有参与感，尽可能辅导客户填写投保单；第三，签单前后态度始终如一，不卑不亢。

促成的时机把握很重要，而且这种时机随时都有可能出现。保险展业人员应该在展业过程中仔细观察潜在客户的表情变化。一旦潜在客户表现出购买欲望，就可以运用一些简单有效的方法促成其购买意愿。例如，在客户犹豫不决的时候，运用激将法促使其下定决心；若可以准确判断客户已经认同购买，就不需要再反复询问客户的意见，而是主动拿出投保单辅导其填写资料；如果对方没有异议，就说明其默认投保；通过强调保障利益和优惠措施，帮助客户做出决策；运用保险故事、生活中的实例或重大的风险事故，让客户意识到不投保的危险和损失，增加客户购买保险的紧迫感。

本章小结

1. 展业是健康保险客户服务的首要环节，健康保险展业是指保险公司以客户为中心，以销售健康保险产品为最终目的的市场营销的活动和过程。

2. 展业有直接模式和间接模式。直接展业又称保险直销，它是指保险公司依靠自己的业务人员争取业务；间接模式包括保险代理人展业和保险经纪人展业。

3. 保险展业流程一般包括"客户定位——客户拜访——销售面谈——异议处理——促成——保单送递——客户服务"等环节。

4. 保险展业工作极具创造性，是包括市场营销学、心理学、保险学等知识的综合学问，展业方法包括展业前的准备工作、展业宣传和展业技巧。

思考题

1. 健康保险展业对社会经济、保险公司和客户有何意义？
2. 直接展业模式和间接展业模式各有什么特点？
3. 展业须知对展业人员提出了哪些要求？
4. 健康保险展业包括哪些工作流程？具体有哪些工作要领？
5. 结合实际，谈谈对展业工作人员应该具备素质的认识。

第五章

客户档案管理与保险规划

通过对客户进行调研，建立保险客户档案，以了解客户的风险态度和风险承受能力，为准确把握客户保险需求和合理保险定价，以及为客户科学合理地进行保险规划打下基础。

第一节 建立客户档案

一、建立客户档案的必要性

对于健康保险来讲，个人健康档案内容涵盖投保人的健康状况、既往病史、家族病史及出险情况等，可以把这些信息与银行系统个人信用系统连接，进行信息共享，让商业健康保险公司方便查询被保险人的相关信息，这样不仅便于保险公司做出客观公正的投保评价，降低投保客户发生道德风险的可能性；同时，还可以方便投保客户对自己的健康状况有一个全面细致的了解，做好日常保健，降低出险可能性，减少保险费用的支出。

基于商业机密及相互竞争的考虑，保险公司一般不会将自己客户的资料进行共享。从实践来看，对数量众多的投保人仅仅使用传统方法进行参保前的审核与理赔审核，所起的风险防控作用甚微；加之社会诚信体系建设的滞后，商业健康保险领域的道德风险防不胜防。因此，解决这一问题的关键措施之一就是建立和完善投保客户个人的健康信息档案。

二、编制客户调查问卷

(一) 调查问卷的概念

调查问卷是以问题的形式系统记载调查对象对调查问题回答结果的一种文件，是一种常见的调查工具，经常被应用于经济学、社会学、市场营销等领域的研究和工作实践。编制客户调查问卷是建立客户档案的一种重要方式和手段。设计针对保险消费者的调查问卷，目的是了解消费者的信息特征和消费者在购买健康保险时主要会考虑哪些方面的内容，一般会购买什么样的保险产品，主要是为谁来买保险，以及在选择保险公司时会考虑的因素等。

(二) 调查问卷的设计方法

调查问卷设计一般按照把握目的和内容、收集资料、确定调查方法、确定调查内容、决定结构等步骤进行。

1. 把握目的和内容

确定设计调查问卷所需的信息，需要认真讨论调研的目的、主题和理论假设，并且细读研究方案，将问题具体化、条理化和操作化，变成一系列可以测量的变量或指标。

2. 收集资料

收集资料的目的主要有：帮助研究者加深对所调查研究问题的认识，为问题设计提供丰富的素材，形成对目标总体的清楚概念。在收集资料时对个别调查对象进行访问，可以帮助了解受访者的经历、习惯、文化水平以及对调查问卷问题知识的丰富程度等。

3. 确定调查方法

在面访调查中，可以询问较长的、复杂的和各种类型的问题。而在电话访问中，只能询问一些比较简单的问题。邮寄问卷应简单些并提供详细的指导建议。

4. 确定内容

调查问卷中的每一个问答题都应对所需的信息有所贡献，或服务于某些特定的目的。如果从一个问答题得不到满意的可以使用的数据，那么这个问答题就没有意义。

5. 决定结构

开放性问题是指被调查者用他们自己的语言自由回答，不具体提供选择答案的问题。开放性问题在探索性调研中很有帮助，封闭性问题则规定一组可供选择的答案和固定的回答格式。

6. 其他事项

其他事项包括：决定问题的措辞、安排问题的顺序、确定格式和排版、拟定调查问卷的初稿、进行预调查、制成正式的调查问卷等。

（三）健康保险调查问卷案例

就健康保险而言，通过编制调查问卷（见表5.1）对消费者进行调研，可以了解消费的基本情况，包括性别、年龄、受教育水平、家庭收入水平、户籍性质、健康状况等个人信息。进一步地，通过就消费者对健康保险的认知情况和消费行为的调查，可以获得消费者对健康保险感知程度和购买意愿，为保险公司深入发掘潜在客户提供有效参考。

表 5.1　　　　　　　　健康保险消费者调查问卷样本

第一部分：基本情况调查

1. 您的性别是：□ 男　□ 女
2. 您的年龄是：□ <18岁　□ 18—30岁　□ 31—45岁　□ 46—60岁　□ <60岁
3. 请问您的文化程度是：
□ 初中以下　□ 初中　□ 高中　□ 专科　□ 本科　□ 硕士　□ 博士
4. 请问您的家庭年收入是：
□ 1万元以下　□ 1万—3万元　□ 3万—5万元　□ 5万—10万元　□ 10万—20万元　□ 20万元以上
5. 请问您现在的婚姻状况是：
□ 未婚　□ 已婚　□ 同居　□ 离婚　□ 丧偶
6. 您目前从事的职业是：
□ 各级政府部门、企事业单位、党政机关和公众团体的领导者
□ 专业技术人员（教师、医生、工程技术人员、作家等专业人员）
□ 职员（从事一般性事务工作的人员）
□ 商务人员　□ 第三产业服务人员　□ 产业工人　□ 从事农林牧渔业的劳动者
□ 家庭主妇　□ 学生　□ 私营企业主　□ 失业　□ 离退休人员　□ 其他
7. 请问您现在享受的医疗保险类型是：
□ 公费医疗　□ 城镇职工医疗保险　□ 城市居民医疗保险　□ 新农合　□ 无

第二部分：健康保险认知和消费情况

8. 最近一年您去过医疗机构看病就医吗？
□ 有　□ 没有
9. 近年来，您对看病的感受或看法是：
□ 看病贵　□ 看病难　□ 看病贵且难　□ 看病不贵　□ 看病容易
10. 请问您是否了解过健康保险？
□ 是　□ 否
11. 请问您购买过以下哪种商业健康保险（可以多选）？

续表

□ 疾病保险（主要是指重大疾病保险，针对那些会威胁到生命或花费比较大的重大疾病）
□ 医疗保险（主要是指提供可保范围内医疗费用保障的保险）
□ 失能收入保险（主要是指当被保险人因遭受伤害或意外伤害而暂时或永久丧失劳动能力，保险公司在合同规定范围内提供定期收入的保险）
□ 长期护理保险（是指被保险人非常衰弱以至于在没有他人帮助情况下不能生活自理，保险公司在合同规定范围内给付保险金的一种保险）

12. 请问您一年内是否有购买商业健康保险的打算？
□ 有   □ 无

13. 请问影响您购买商业健康保险的因素有哪些（可以多选）？
□ 认为有社保就足够了   □ 家庭收入水平影响   □ 税收优惠等政策影响   □ 保险产品单一，不符合自身需求   □ 投保容易理赔难，对保险知识了解不多

14. 您最愿意通过以下哪种方式购买商业健康保险产品？
□ 亲朋好友推荐   □ 广告媒体等推广宣传   □ 销售人员上门推销   □ 有需要主动联系保险公司或代理机构   □ 亲身（或亲朋好友）经历过健康损失，刺激购买

15. 您在购买商业健康保险时，是否受到税收等优惠？
□ 有   □ 没有   □ 不知道

16. 若您购买一份商业健康保险，您希望的交费方式是：
□ 年缴   □ 月缴   □ 趸缴

第三部分：保险公司服务调查

17. 您认为当前商业健康保险的定价：
□ 太高   □ 偏高   □ 适中   □ 偏低   □ 很低

18. 您对保险公司和相关工作人员的服务评价：
□ 很好   □ 较好   □ 还行   □ 较差   □ 很差

19. 您认为保险公司存在的主要问题有（可多选）：
□ 投保容易理赔难，售后服务差   □ 相关销售人员素质较低   □ 保险产品单一，不符合自身需求   □ 产品宣传不到位，缺乏对保险产品的推广   □ 相关部门监管责任不到位，损害消费者权益的事情经常发生

20. 您对保险公司的健康保险营销有什么建议？（可从产品、价格、展业渠道、促销方式、服务态度及专业水平等方面提出）

三、客户档案的管理

清晰的客户记录是档案管理的重要前提与基础，保险公司需要探索客户档案的内在规律，为开展保险营销服务提供参考和指导。客户记录会节省时间，保证准确性，为工作人员进行下次联系提供重要信息。

（一）对已成交客户档案的管理

档案清单应包括：投保人姓名、电话，被保人姓名、电话，投保时间、保单号、险种、年限、保险费、地址、备注等项目。对于相关的工作人员来说，应当能够定期跟自己负责的客户确定姓名、电话、保单号码、承保时间、缴费对应日、缴费年限等相关信息，这是有效加强客户管理的基础条件。

对于已成交客户，保险公司必须加强对这类客户的细分管理（见表5.2），深入掌握其经济状况、职业变化、保险意愿等信息，并且采取不同的营销策略，由此培养和巩固这类客户的忠诚度。公司服务的忠诚客户越多，形成多次销售的可能性就越大，公司的市场份额也就会越大。

表 5.2　　　　　　　　　　　对已成交客户的管理

老客户分类	经济条件	保险意识	影响力	营销策略
A级	好	强	广	加强售后服务、加保、增员、转介来源
B级	好	一般	广	加强售后服务、新产品加保、增员、转介来源
C级	一般	强	一般	增员、转介来源

（二）对未成交客户档案的管理

保险公司不仅要关注已经成交的客户，对未成交的客户也要加强管理。在未成交客户档案中要清晰分出易转化客户、较易转化客户、较难转化客户、很难转化客户等类别，分类设计营销策略。通过建立未成交客户档案清单，为客户由未成交客户发展到成交客户建立档案卡，不断充实未成交客户档案卡的内容（见表5.3）。

表 5.3　　　　　　　　　　　对未成交客户的管理

潜在客户分类	经济条件	保险意识	影响力	营销策略
易转化客户	好	强	广	积极拜访、促成客户；转介来源
较易转化客户	好	一般	广	注重培养、准客户，相关信息告知
较难转化客户	一般	强	一般	注重培养、准客户，增员、转介来源
很难转化客户	一般	一般	一般	慢慢培养、增员动作

潜在顾客是指那些在主观或客观上需要保险且具有购买力的、但尚未购买保险商品的企业、团体或个人。对潜在顾客的管理主要包括潜在顾客的行业、经济实力、风险状况、保险意识等与展业直接或间接相关的因素。在充分了解的基础上，对潜在顾客进行分类，归纳出各类顾客的共同需求及不同顾客的特殊保险需求，以便根据具体情况扩大营销成果。在此基础上，以适当的方式接近客户并了解其反应，用浅显易懂

的语言与客户交谈，并且专心聆听客户的言谈，辨认客户所需及兴趣，以了解客户需求，并选择符合需求的险种，了解每一项险种能符合何种需求、能解决何种问题，为客户提供有效的保险方案和服务。

第二节　健康保险规划

一、客户风险态度和承受能力分析

消费者面临的健康风险具有不确定性，这种不确定性依赖于个人的偏好、性格、受教育水平、个人经验和能力等，而这些方面又与个人的风险态度和风险承受能力有关。因此，做好个人风险管理和保险规划，必须明确个人风险态度和承受能力。

（一）客户的风险态度

根据人们对风险的偏好或厌恶程度，可以将所有人对风险的态度划分为三种基本类型：风险厌恶、风险中性和风险偏好①。

1. 风险厌恶

对于风险厌恶者而言，其效用函数的特征为：效用函数的一阶导数大于零，且二阶导数小于零，即随着个人财富的增加，因为财富增加所获得的边际效用逐渐下降（见图5.1）。

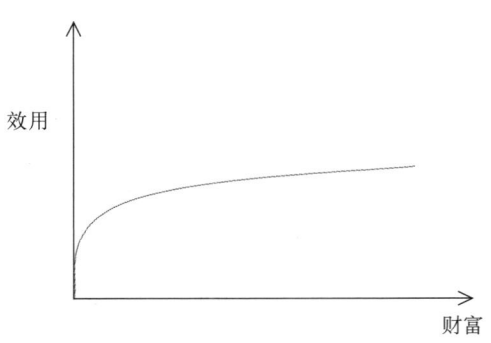

图 5.1　风险厌恶型效用函数

---

①　孙祁祥：《保险学》第六版，北京大学出版社 2017 年，第 9—10 页。

2. 风险中性

对于风险厌恶者而言，其效用函数的特征为：效用函数的一阶导数大于零，且二阶导数等于零，即随着个人财富的增加，因为财富增加而获得的边际效用保持不变（见图5.2）。

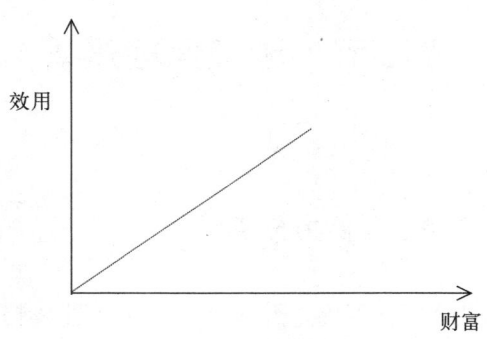

图5.2　风险中性型效用函数

3. 风险偏好

对于风险偏好者而言，其效用函数的特征为：效用函数的一阶导数大于零，且二阶导数大于零，即随着个人财富的增加，因为财富增加所获得的边际效用逐渐上升（见图5.3）。

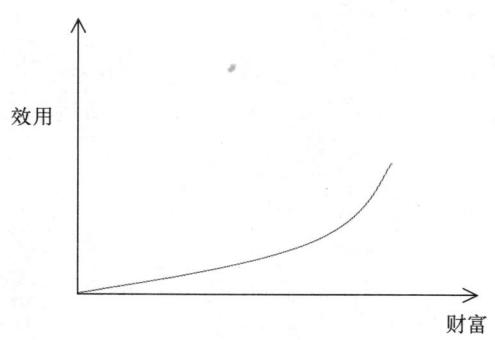

图5.3　风险偏好型效用函数

在现实生活中，风险是客观存在的。大多数人厌恶风险但又不得不面临风险。正因为如此，作为转嫁风险最有效手段之一的保险，特别是应对身体疾病风险或健康风险的健康保险，对我们每一个人都具有特殊的重要意义。

（二）评估客户风险承受能力的方法与考量因素

在现实生活中，一般人通常不清楚自己的风险承受能力或风险厌恶程度，或者说只有一个模糊的概念，因此，他们需要专业客户服务工作人员的解释和引导。对风险承受能力进行评估，不是专业客户服务工作人员将自己的意见强加给客户，而是帮助客户认识自我。接受的风险水平应该由客户自己来确定。

准确评估客户的风险承受能力是一项复杂的工作，使用不同的评估方法可能会得出不同的甚至相对立的评估结果。因此，要对客户风险承受能力进行准确、可靠的评估，需要采取综合的方法进行系统的评估。

1. 定性方法与定量方法相结合

定性评估一般基于直觉或印象。在此，专业客户服务工作人员的经验和技巧起着至关重要的作用；而定量评估方法则将观察结果转化为某种形式的数值进行量化处理，更为强调评估需要符合一定的标准。比如，在设计调查问卷时，每一个问题都不应该对被调查者产生不当的误导倾向；同时，还必须保证各个问题之间的一致性，确保评估结果的逻辑性、合理性和准确性。在此基础上，还要求定量评估方法具有诸如均值之类的参照标准，以便专业客户服务工作人员将被评估的个人与一个合理的基准进行比较。

2. 客户投资目标

专业客户服务工作人员首先需要帮助客户明确他们自己的投资目标。了解客户的投资目标可以通过询问客户对风险保障的期望、自身收入水平、对未来的看法以及避税等问题来进行，客户所做的回答在某种程度上反映其风险承受能力。如果专业客户服务工作人员通过调查发现客户的风险态度与其风险承受能力不相称，就应该根据职业道德和行为操守，引导客户适当调整个人的投资目标，使之更符合实际的风险承受能力，而不能只是简单地按客户要求给出投资建议。

3. 对保险产品的偏好

衡量客户风险承受能力最直接的方法是让客户回答自己所偏好的投资产品，但调查结果的准确性取决于客户对不同保险产品的风险和预期收益的熟悉程度。由于很多客户可能缺少这方面的知识，专业客户服务工作人员最好向客户阐明不同保险产品的保障范围和保费缴纳水平的差异，而不能假设客户已经掌握足够的保险知识。

4. 影响客户风险承受能力的个人因素

风险承受能力分析评估是一项复杂而艰巨的任务，它涉及保险学、行为经济学、心理学、家庭金融学等多个学科领域，并且每个领域都有不同的特色，应该从不同的角度分析个人风险承受能力。一般而言，影响消费者风险承受能力的个人因素主要包括以下方面：

（1）性别。性别对风险承受能力的影响不是很明确。虽然有数据表明，已婚妇女比丈夫承担财务风险的偏好更弱一些，但年轻男性和女性之间对财务风险偏好的差异却很小或几乎没有。

（2）年龄。风险承受能力通常与年龄成负相关关系。年轻人的风险承受能力一一般要高于年长者，这可能与年轻人处于能力成长的阶段有关。

（3）受教育程度。一般地，风险承受能力随着受教育程度的增加而增加，高学历的人比低学历的人承受风险的能力更强。

（4）婚姻状况。未婚者的风险承受能力可能高于已婚者，也可能低于已婚者，关键在于是否考虑已婚者双方的就业情况以及经济上的依赖程度。

（5）财富。一般来说，财富越多，抵御风险的能力越强，心理承受能力也越强。绝对风险承受能力随财富的增加而增加，而相对风险承受能力未必随着财富的增加而增加。

（6）就业状况。风险承受能力的一个重要方面体现在对工作的安全性需要上，失业可能性越大，职业风险越大。通常，风险承受能力随着知识和熟练程度的增加而增加。风险厌恶者通常更愿意留在安全保障高、即使工资报酬低的岗位上。

二、帮助客户制订风险管理方案

（一）健康保险管理的必要性

健康是人类永恒的追求。一场意外的疾病可能会给个体或家庭造成巨额医疗费用的支出和家庭负担。如何科学运用保险管理方法有效规避因为疾病风险带来的损失，是值得每个人思考的问题。根据风险管理理论与方法，我们需要明白健康风险的特点、造成健康风险的因素、健康风险的损失频率和损失幅度，以及可能造成的经济负担。在此基础上，研究应对健康风险的有效途径，尤其是购买健康保险需要注意的事项。

1. 健康风险的特点

健康风险是人们日常生活中面临的可能使疾病或死亡发生的可能性。健康风险具有客观性、确定性、损害性等一般风险发生的共性[1]。除此之外，健康风险还有以下特点：

（1）引致风险原因的复杂性。健康与疾病是人类生活始终存在的矛盾，21世纪人体的十大风险包括疾病、食物、自然灾害、环境污染、中毒、暴力冲突、交通事故、吸烟、药物、毒品，所有这些风险都能引致人们的健康风险。总结影响人们的健康的风险因素，主要有三大类：第一，来自人自身的生活习惯、日常行为以及生命成长规律带来的生老病死等；第二，来自自然界的风险，包括洪水、地震、干旱、海啸、飓风、雷电等因素对人们身心健康的影响；第三，来自社会方面的风险，包括饥

---

[1] 赵立航：《保险理财规划理论与实践》，中国财政经济出版社2010年版，第167页。

饿、贫穷、战争、冲突等因素对人们身心的影响。

(2) 风险发生频率的多发性。人从出生到离世，生病和就医已经成为一生中不可或缺的组成部分。对不同的人群而言，疾病的严重性和发病频率又有所不同。表现在：第一，对于类似感冒、中暑、消化道疾病等一般的常规疾病，这些风险发生频次集中于疾病容易发生时期，健康风险发生的频率与环境和时间因素的影响较大。第二，对于随着人的生命发展而产生的疾病，其发生频率呈现一定的阶段性。比如，青年时期随着免疫系统活动不断增加，反应特别强烈，易患过敏症；中年时期生活压力大，易患脂肪肝、高血脂等疾病；而老年时期较容易患高血压、冠心病等。第三，现代科技的发展和生活方式的改变既为人们的健康带来了改善，也带来了新的健康风险。根据世界卫生组织资料显示，癌症已经成为导致人死亡的第三大元凶。而癌症发生的频次与现代生活方式、环境污染等影响密切相关。

(3) 风险扩散的社会蔓延性。有些疾病具有传染性，不仅会危害个人，而且可能大规模爆发，如果人们不采取及时有效的措施，可能会导致疾病风险向社会不断蔓延，危害极大。如2014年2月爆发于西非几内亚的大规模病毒疫情，几个月内就蔓延至几内亚、利比里亚、塞拉利昂、马里、尼日利亚、塞内加尔等国家，感染人数超过万名，夺去数千人的生命，并有向世界其他地区蔓延之势。世界卫生组织采取有效措施，与中国、美国等国家积极合作，对疫情暴发地区采取有效隔离、开发有效疫苗等措施，成功地应对了这场大规模的国际疫情。

2. 健康风险的因素

影响健康的因素广泛存在于人们的日常生活之中，包括广义的健康风险因素与狭义的健康风险因素，具体如下：

(1) 狭义的健康风险因素。狭义健康风险因素是指存在于人的身体内外环境中可能诱发疾病发生、发展的相关因素。根据病因学研究，很多疾病与致病因素存在清晰的相关关系和因果关系。如肺癌与吸烟有正相关性关系，而饮酒（饮酒种类、饮酒量、饮酒时间），肝炎史，血吸虫病是预测肝硬化风险因素的参考指标。

(2) 广义的健康风险因素。广义的健康危险因素有很多，主要包括个人生活和行为方式、自然和社会环境因素、生物遗传和成长等因素。

第一，个人生活和行为方式。是指由于个人自身生活方式和行为习惯等引致的健康风险因素。不良的行为生活方式包括吸烟、酗酒、滥用药物、缺乏体育锻炼、不合理的饮食习惯等，这些都大大增加了健康风险。

第二，个体生物遗传和成长等因素。这些主要涉及直接与遗传和成长有关的疾病以及遗传与其他危险因素共同作用的疾病。一般而言，随着年龄的增长，一些疾病的发病率会上升，一些中老年人的疾病如高血压、冠心病等具有这方面的特征。

第三，自然和社会环境因素。自然因素如水、空气等环境污染，社会环境包括生存压力、职业性危害、噪声及不安全的交通设施等，这些环境因素都可能对健康造成威胁。

3. 健康风险损失频率和幅度

（1）疾病情况。2015年我国城市居民主要的十种疾病死亡率见表5.4。

表5.4　　　　　　　　2015年中国城市居民主要疾病死亡率及死因构成

位次	疾病名称	死亡率（1/10万）	构成（%）
1	恶性肿瘤	164.35	26.44
2	心脏病	136.61	21.98
3	脑血管病	128.23	20.63
4	呼吸系统疾病	73.36	11.80
5	损伤和中毒外部原因	37.63	6.05
6	内分泌，营养和代谢疾病	19.25	3.10
7	消化系统疾病	14.27	2.30
8	神经系统疾病	6.90	1.11
9	传染病（含呼吸道结核）	6.78	1.09
10	泌尿生殖系统疾病	6.52	1.05

资料来源：智研咨询集团：《2017－2022年中国城市居民市场运营态势及投资前景分析报告》，2016年11月。

随着我国经济发展和人民生活水平的不断提升，人口老龄化和一些不良的生活方式、环境污染等因素也导致疾病谱发生了变化，具有很高发病率和致残率的慢性非传染性疾病已经成为当前社会的主导疾病。

（2）疾病高发频次的情况。2015年底，瑞慈医疗旗下诊所连锁事业部以上海市为例①，基于瑞慈医疗集团体检板块的年终大数据，对上海市城市居民健康状况进行了调查分析，发现男性高发的前三位疾病依次是慢性咽炎、脂肪肝、高血压（见图5.4），女性则是乳腺小叶增生、慢性咽炎、甲状腺结节（见图5.5），其中35—65岁的人群是上述疾病高发年龄段的人群。

（3）健康风险损失程度。健康问题给个人带来的损失主要有以下几个方面：

第一，直接损失。直接损失主要是指医疗费用支付。大额医疗费用往往造成很严重的财务负担，特别是一些灾难性的医疗支出，一般的家庭要通过对外举债才能渡过危机，若无法借债则往往面临倾家荡产甚至家破人亡的灭顶之灾。

第二，间接损失。在健康不良的情况下，会发生其他一些费用，如雇人照顾的费用、接受治疗的费用、照顾病人离开工作岗位的收入损失，以及由于健康问题造成病

---

① 瑞慈医疗：《中国城市健康状况大调查（上海地区）》，2015年。

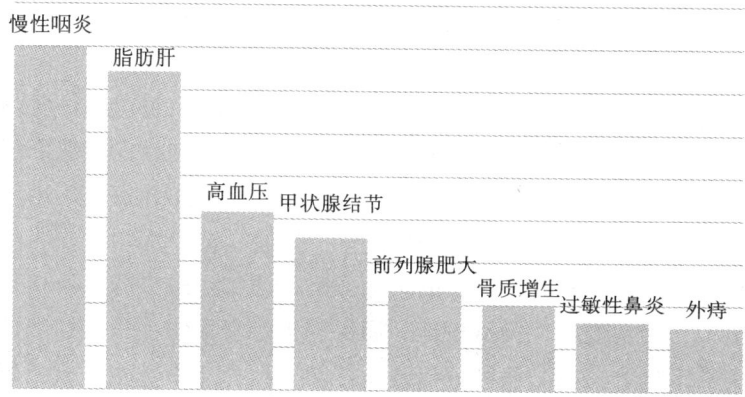

图 5.4　2015 年上海市男性高发疾病排名

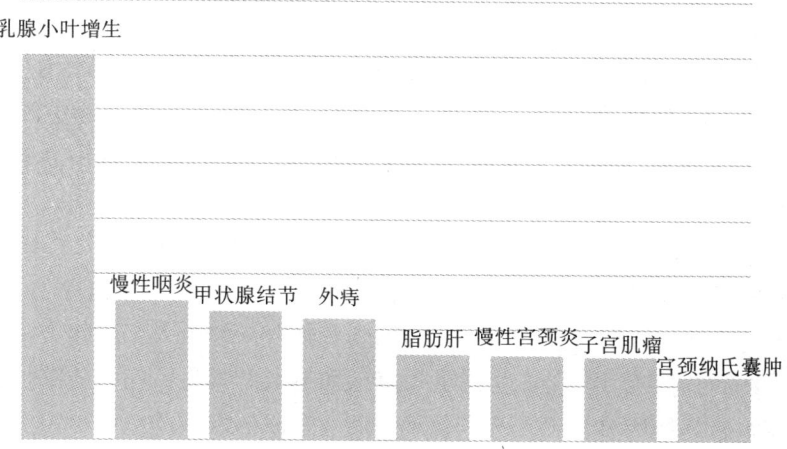

图 5.5　2015 年上海市女性高发疾病排名

假、提前退休甚至失业致使个人和家庭收入锐减等,这些间接费用都是一笔不小的开支。

第三,后续损失。一个人因为健康问题失去劳动能力的时候,他对家庭、对社会都是一个很大的损失。如果他是公司的一个关键人物,公司的利润就有可能大幅下降,公司的持续经营会受到影响;即使是雇员发生短期疾病或意外事故,对公司的影响也不容忽视。

(4) 疾病经济负担。与健康危险损失幅度紧密相关的一个概念,就是疾病经济负担[①]。疾病经济负担是指由于发病、残疾(失能)以及过早死亡给患者本人和社会

---

① 1993 年世界银行在世界发展报告中首先提出全球疾病负担(global disease burden,简称 GDB)的概念。

带来的经济损失，它可以分为直接经济负担和间接经济负担[①]。

第一，直接经济负担，其最直观的衡量指标就是医疗费用。

医疗费用的发生具有很大的不确定性：一方面个人对自身健康的关注、对高质量医疗服务的无限需求，使得医疗费用的支出往往处于高度弹性的状况；另一方面，医疗费用差异性很大。在同一地区，一个人患同一种疾病在不同医院、由不同的医生治疗，发生费用的结果可能都不一样。即使是同一医院、同一医生、同一患者，仅仅单纯从用药上、临床上也经常有可选择的不同方案，比如用进口药，价格很昂贵；用新特药，价格适中；用常规药，价格较低。而保守治疗费用和手术治疗费用更是相差迥异。根据疾病临床疗效，同一病种分治愈、好转、死亡三个付费等级，每一个付费等级的费用差异通常在20%左右。

医疗费用趋势：由于现代科学技术的发展和应用，新的风险因素不断增加，伤病的可能性增大。与此同时，医疗技术的不断发展又导致了医疗费用的急剧增长。根据美国人口普查局的统计和预测，65岁以上老年人的比重从7%到14%所经历的时间，法国是115年，瑞典85年，美国68年，英国45年，日本26年，而中国大约只要27年[②]。中国用比一些发达国家短得多的时间进入老龄化阶段，今后几十年仍可能是医疗费用猛涨的时期。

第二，疾病的间接负担是指由于发病、伤残（失能）和过早死亡给患者家庭和社会所带来的经济损失。具体而言，疾病间接负担一般包括以下五个方面：因疾病、伤残和过早死亡所损失的工作时间；由于疾病和伤残导致个人工作能力降低而造成的损失；由于疾病和伤残导致个人生活能力降低而造成的损失；病人的陪护人员损失的工作时间；疾病和伤残对于患者本人及其家属所造成的沉重的精神负担等。

（二）管理健康风险的途径

管理健康风险的途径有：

1. 健康管理

健康管理是对个人及人群的各种健康危险因素进行全面检测、分析、评估、预测以及进行预防的全过程。健康管理的流程有：

第一步：了解健康——健康评价，也就是发现健康危险因素的过程，主要通过体检、收集生活方式等形式，进行健康与疾病评估。

第二步：管理健康——健康计划，个人化的健康管理计划是鉴别及有效控制个人健康风险因素的关键。健康计划即生活行为方式、健康和工作效率的整体服务，目的

[①] 魏颖，杜乐勋：《卫生经济与卫生经济管理》，人民卫生出版社1998年版。
[②] 冯氏惠：" 中国社会保障制度改革发展与中国梦"，《当代中国史研究》，2014年第5期。

是生理、心理和社会功能的整体健康,保险公司健康管理服务人员可以提供在体检、锻炼等生活方式方面的干预。

第三步:改善健康——健康行动,积极采取行动来实现个人健康管理计划的目标。

2. 健康筹资

从全球来看,健康筹资一般有以下7种模式:公费医疗、强制保险、自愿保险、公共救助、个人账户、商业保险、社区筹资。目前,我国社会统筹类的医疗保险和商业性的医疗保险是居民医疗保险的最主要来源,另有少量居民享有民政救济性质的医疗救助。

(1)基本医疗保险。我国政府从1998年开始推进城镇职工基本医疗保险制度改革。根据中国的经济发展阶段和状况,我国的城镇社会医疗保险改革遵循着"低水平、广覆盖"的原则进行。目前大多数地区职工自付住院医疗费的比例在20%左右,而门诊医疗费的自付比例则为20%—50%,甚至全部自费。在职者起付线以下费用由个人支付,以上至最高支付额以下部分由统筹基金支付85%,个人自付15%;退休者由统筹基金支付90%,个人自付10%[①]。

从实践来看,目前我国的基本医疗保险存在几大限制:

第一,支付能力限制。以低保障、广覆盖、以收定支为支付原则。支付比例是下有起付线、上有封顶额、分段报销、累计相加。从支付范围来看,各种项目中多有报销限额、自付比例、自付内容的规定。

第二,规定手续限制。定点医疗数量有限,门诊报销每年一次,周期长,手续繁杂。住院每年的起付线随当地人均收入的提升而上涨,住院每次有结算的有关规定以及结算期及押金的限制。

第三,保障责任限制。一方面,从保障范围来看,交通事故、责任事故、医疗事故、工伤、职业病、国外就医等都不能报销;另一方面,从保障项目来看,大型的先进检查治疗设备及多项生活服务设施、部分药品等需要部分或全部自费。

第四,收入补偿限制。一方面,门诊、住院的医疗费用均有不同程度的自付额;另一方面,社保医疗不负责补偿误工费及生活费用的支出。

(2)商业健康保险。商业健康保险是对社会医疗保险的补充,分为"小补充"和"大补充"。

"小补充"提供社会医疗保险"起付线"以下部分的保障。各大保险公司推出的住院补贴、津贴、住院费用保险、手术补偿保险等可以差额补偿的方式对人们"起付线"以下自付部分进行报销,以补充其社保的不足部分。

---

① 向日葵保险网,网址 http://www.xiangrikui.com/jiankang/baoxian/20160304/459858.html。

"大补充"提供社会医疗保险"封顶线"以上部分的保障,"封顶线"以上的医疗费用大多为大病医疗。由于大病医疗不仅有较高的自付额,而且有大量的自费部分,因此,许多保险公司推出了定期与终身的重大疾病保险,这类健康保险对"封顶线"以上的大病保障部分提供了补偿,由此满足了人们对较高层次的医疗费用的需求。

(三) 制定个性化的健康保险规划

大多数客户由于缺乏健康保险专业知识和时间,需要保险公司在健康保险规划方面提供指导,他们希望保险公司提供科学的建议,帮助完成自己的健康保险规划。[①]从实践来看,保险公司客户服务人员基于本身专业能力,可以从以下几个方面帮助客户制订个性化的健康保险规划。

1. 确立明确合理的风险规划目标

明确合理的目标是风险规划取得成功的前提。保险客户服务人员可以通过有效的引导和询问方式,了解客户的健康保险目标,它们通常涉及疾病、残疾、死亡、家庭收入等方面;然后帮助客户在收入水平许可的范围内,按照优先顺序确立合理和可行的保险目标以及整个家庭健康管理的预期规划。

2. 收集客户相关信息

保险客户服务人员应当从客户那里收集大量正确、完整、及时的相关信息,这些信息通常分为客观信息和主观信息两大类。前者包括客户持有的社会医疗保险、家庭收入和支出状况等,后者包括客户及其配偶的期望、偏好、风险态度和非财务信息等。

客户服务人员在收集信息之前,必须使客户消除防范心理,建立起相互信任的关系;或以书面合同形式规定保密责任,提高相互信任度,使客户主动提供一些必要的敏感性信息。客户服务人员可以通过向客户询问一系列问题或填写预先设计好的调查表格来收集信息。需要说明的是,收集信息并非简单地提问或填写表格,通常还要求对保单等文书进行介绍和宣传,与客户及其配偶进行面对面的交流,听取意见并加以归纳总结,帮助客户及其配偶识别并清楚地表达真正的目标以及风险承受能力。

3. 可行性分析

在对客户的相关信息收集、整理并对其正确性、一致性和完整性检查完毕之后,客户服务人员需要分析客户当前的财务状况,以发现实现客户目标的有利条件和不利因素。如果客户服务人员的分析表明,客户根本不可能实现持续缴费目标,客户服务人员就必须帮助客户降低目标,以便客户做出适当的调整,使之更易于实现。

---

① 马克·S. 道弗曼著,齐瑞宗译:《风险管理与保险原理》,清华大学出版社2009年版,第233页。

4. 制订个性化的健康保险计划

制订一个切实可行的方案，使得客户从目前的财务状况出发可以实现修正后的目标。个性化的健康保险计划必须针对特定客户的健康保险需求、收入能力、风险承受能力、个性和目标来设计。计划必须是合理的、客户可以接受的。通常来说，个性化的健康保险计划应该采取书面形式，必要时插入一些曲线图、图表及其他直观的辅助工具，尽量使客户易于理解和接受。

本章小结

1. 调查问卷是以问题的形式系统记载调查对象对调查问题回答结果的一种文件，是一种常见的调查工具。编制针对保险消费者的调查问卷，有利于了解消费者的信息特征和影响消费者购买健康保险的因素。

2. 档案管理是保险公司客户营销的重要基础，良好的客户信息和记录是档案管理的重要前提。保险公司需要探索客户档案的内在规律，为开展保险营销服务提供参考和指导。

3. 档案管理分为已成交客户和未成交客户两类档案的管理。对于已成交客户，要加强客户忠诚度管理；对于未成交客户，要不断挖掘客户价值，争取将未成交客户发展成为公司客户。

4. 根据人们对风险的偏好或厌恶程度，可以将所有人对风险的态度划分为三种基本类型：风险厌恶、风险中性和风险偏好。

5. 在把握健康风险特点的基础上，确立健康风险管理的方法，科学合理地为消费者设计健康保险规划方案。

思考题

1. 如何科学设计一份健康保险消费者调查问卷？
2. 建立客户档案的必要性何在？已成交客户和未成交客户的档案管理各有什么特点？
3. 客户的风险态度有哪几种？影响客户风险承受能力的因素有哪些？
4. 针对自己所在的工作部门，设计一套健康保险客户规划方案。

第六章

健康保险承保服务

健康保险承保是保险公司经营的重要环节,"承保"是保险公司对投保人提出的投保请求,在合理进行风险评估的基础上确定保险条件并决定承保和签发保单的活动。在承保完成后的一段时间内(通常为一个月内),承保岗负责对客户的所有投保资料进行整理存档,把完整的投保档案定期移交给分公司档案管理部门统一管理。

第一节 个人健康保险承保概述

一、健康保险承保概念

健康保险承保是指保险人对被保险人的选择,即保险人决定接受投保人投保的行为。保险人在投保人提出要保请求后,经审核认为符合承保条件并同意接受投保人申请,承担保单合同规定的保险责任的过程[①]。

健康保险契约承保必须以"服务客户"为基本理念,以追求"高效率、高质量和风险可控"为目的,遵守国家法律法规,为客户和销售队伍及时有效地提供承保服务。

---

① 林瑞全,刘标胜,许德翔:《保险学基础》,中国人民大学出版社2016年版,第176页。

二、健康保险承保的主要环节与职责

保险契约承保服务的主要环节包括：初审、扫描、录入、复核、核保、保险契调、合同缮制、合同管理等，具体职责内容见图6.1。

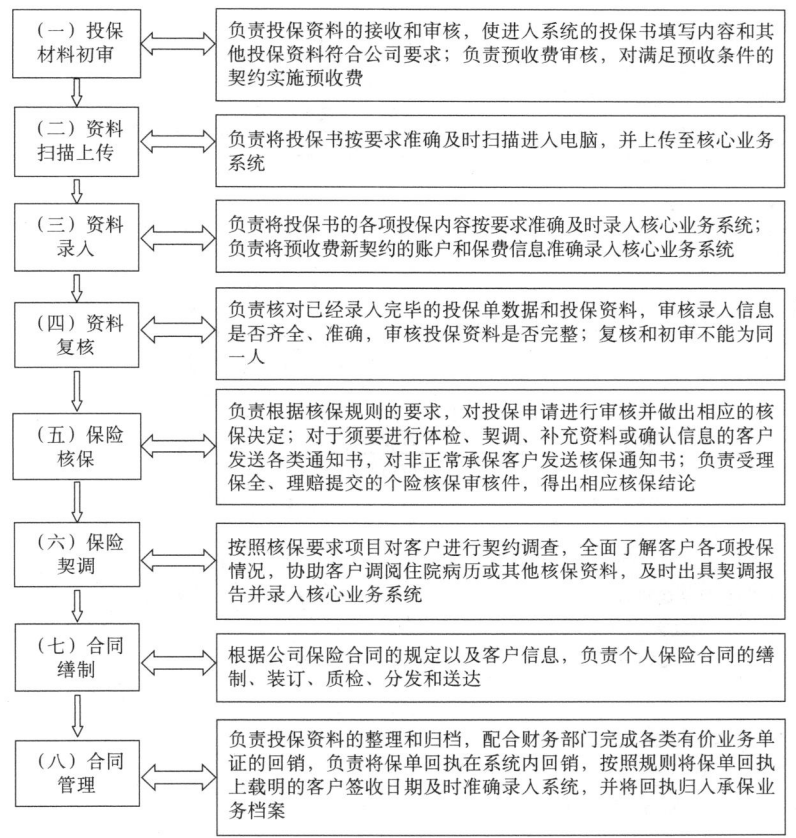

图 6.1　健康保险承保的主要环节与职责

第二节　个人健康保险承保流程与服务内容

一、健康保险承保流程

根据健康保险承保环节与职责以及保险公司的工作实践，健康保险承保流程一般包括填写投保单据、投保资料初审、新契约扫描、复核作业和缴纳相关保费等主要程序（见图6.2），健康保险承保服务内容也围绕此展开。

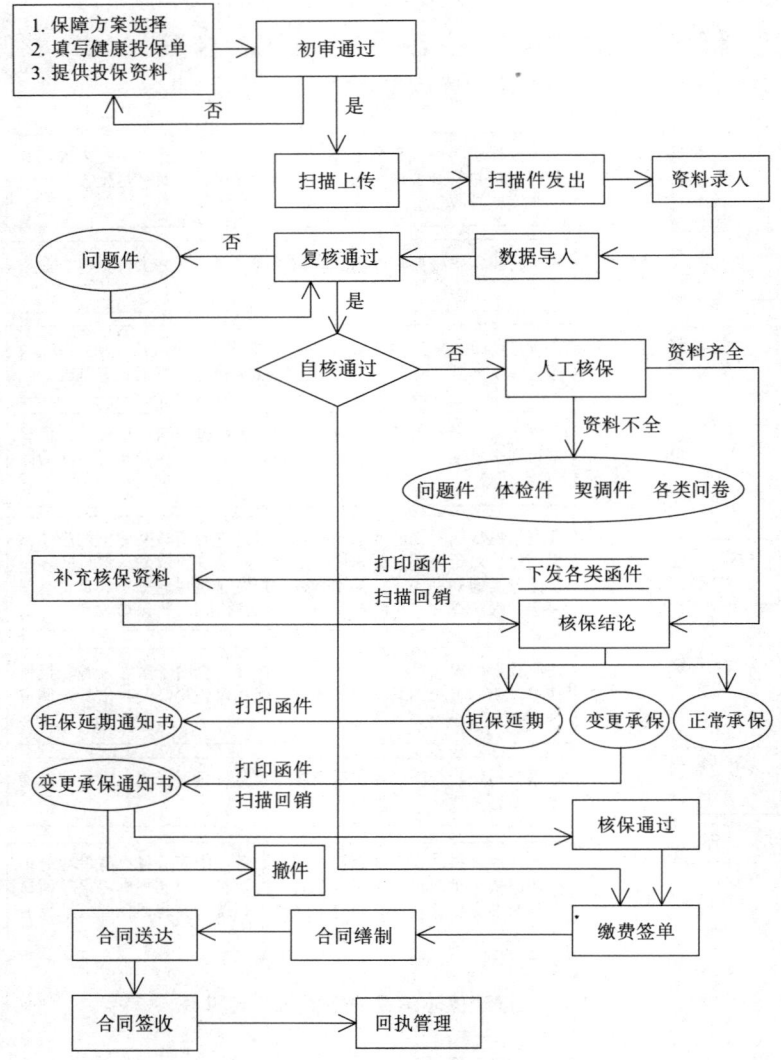

图6.2 健康保险承保服务流程图

二、健康保险承保服务内容

（一）填写投保单据

在填写保险单据的客户服务中，通常要遵循以下规则：

第六章
健康保险承保服务

1. 投保书填写的一般规则

在填写投保书过程中，应该遵守以下规则：

（1）填写投保书前应提醒客户仔细阅读投保须知。

（2）投保书须用蓝黑或黑色钢笔、签字笔填写，不得使用铅笔、圆珠笔或红色笔填写。

（3）投保书填写时请一律使用简体字，不得使用繁体字或连笔字。

（4）投保书填写时应字迹清晰、字体工整，不得漏填。

（5）投保书要保持整洁，不得折叠，或者玷污，不得使用修正液。

（6）投保书填写后原则上不得涂改，但确因特殊理由须要涂改的，必须由投保人在涂改处亲笔签名。涉及被保险人权益的，不允许涂改，如投保保额、险种档次、签名、健康告知等。

（7）客户填写完毕后，应仔细检查有无漏填项目，对填写的身份证号、银行账号应再次核对，最后在相应签名栏分别签名或由其法定监护人签名以示确认。

（8）若投保人或被保险人为文盲，投保人或被保险人必须在投保书上代为签名的签名处亲自按右手大拇指手印。

（9）业务员在指导客户填写完毕后，签名以示确认。

2. 对投保人的具体规则

（1）投保人限制。投保人必须是中国大陆合法居民或者在中国大陆居住半年以上、有稳定工作、有民事行为能力的成年人，或者是未满18周岁已满16周岁的、以自己劳动为主要生活来源的未成年人。

（2）客户姓名。字体清楚、容易辨认。名字必须和投保人签字的名字一致；名字必须和客户提供的身份证（或其他有效证件）姓名保持一致。

（3）性别、出生日期。性别必须和身份证（或其他有效证件）保持一致；出生日期必须与户口簿和本人身份证（或其他有效证件）保持一致，按照"YYYY－MM－DD"共8位的格式填写。须要注意有无"04月31日"或"2003年02月29日"此类错误。

（4）证件类型及证件号。符合保险公司要求的有效证件有：居民身份证、护照、户口簿或其他身份证明文件。证件号码为各证件上对应的唯一数字和字母标识。使用身份证的，须核对位数为15位或18位。身份证号与性别、出生日期必须匹配（15位旧号码，第7—8位代表出生年份，第9—10位代表出生月份，第11—12位代表出生日；第15位为性别判别码，奇数代表男性，偶数代表女性；18位新号码，第7—10位代表出生年份，第11—12位代表出生月份，第13—14位代表出生日；第17位为性别判别码，奇数代表男性，偶数代表女性）。

因证件遗失等无法提供证件时，必须提供当地派出所的相应证明。未成年人的证件类型可选择身份证或户口簿（证件号码须填写身份证号码）。客户提交的身份证件或者身份证明文件已过有效期的，不予受理。

（5）年龄。投保人、被保险人"年龄"的计算，要以投保申请日期和投保人、被保险人的出生日期为准。其具体计算方法为：

第一，若投保申请日期的月、日，在出生日期所对应的月、日之后，则直接用申请日期所在的年度减去出生年度，即为周岁年龄。

第二，若投保申请日期的月、日，在出生日期所对应的月、日之前，则须用申请日期所在的年度减去出生年度再减去一，即为周岁年龄。

第三，若投保申请日期的月、日，与出生日期所对应的月、日为同一日，则直接用申请日期所在的年度减去出生年度，即为周岁年龄。

业务员预先告知客户保费时，应该根据上述公式计算投保年龄，查询对应险种的费率表。

（6）婚姻状况。包括未婚、已婚和其他。"其他"包括离婚、丧偶等状态。

（7）工作单位、岗位职务、职业代码及类别、年收入等状况。工作单位须填写现工作单位全称。有兼职情况的，须在投保备注栏补充说明兼职的单位名称、从事的职业；岗位职务要根据具体从事的工作岗位填写；职业代码及类别一栏由业务员在查阅职业分类表后填写（如有兼职，则填写职业风险较高的职业代码）；关于年收入情况，投保人、被保险人须进行财务告知说明，客户应如实填写年收入。年收入指每年的稳定收入，以万元/年为单位，无收入应填写"0"万元。

（8）联系地址与联系电话。为保证客户及时享受公司服务，投保人应准确填写联系地址（可以选择单位地址或家庭住址等）。城市地址必须详细填写市、区、路（街）、号（小区）、栋、室；农村地址必须详细填写县、镇、村、组、户；邮编必须正确填写，应有6位数，反映所在区域，不能出现"210000"之类情况。为便于公司进行电话回访，及时地与客户联系，投保人应提供至少一个可供联系的电话（包括办公电话、住宅电话、移动电话等），尽量鼓励客户提供移动电话。此外，应尽量鼓励客户提供E-mail的地址，以便后续服务。

3. 对被保险人的具体要求

如果保险公司采用家庭保单形式投保，同一份投保书内的被保险人必须是一个家庭[1]。

（1）异地或境外投保限制。对于非本地户口被保险人，在当地有固定居所及固定职业满半年以上，有真实投保意愿者可受理；外籍和港、澳、台地区人士在中国大陆居住半年以上，有固定居所和稳定职业，可按要求投保。

---

[1] 中国人民健康保险股份有限公司将家庭定义为配偶与未婚子女所组成的两代家庭成员。

（2）被保险人产品限制。对于费用给付型的保险产品，每一被保险人只能投保一份，条款中另有约定的除外。

（3）被保险人职业限制。根据保险公司的职业分类表，凡从事拒保类职业者不得作为被保险人投保保险公司相应产品。

（4）被保险人身体状况限制。关于承保条件，不同保险公司对健康保险的被保险人身体状况有具体条款规定。

（5）可保利益和人员关系。被保险人与投保人之间必须具有可保利益。被保险人须如实填写与投保人的关系，关系分为本人、配偶、父母、子女等。如投保人亦为被保险人，则必须作为第一被保险人，同时可不必填写第一被保险人基本信息。第一被保险人与投保人、其他被保险人与第一被保险人的关系不能空缺。如果被保险人与投保人、其他被保险人的关系为"其他"，须在其后面填写具体关系，如"其他（雇佣）"。

（6）被保险人的基本信息资料填写要求同投保人。

（7）第一被保险人为投保人，则第一被保险人信息无须填写。

专栏 6.1

投保人填写资料注意事项

1. 身故受益人信息

（1）若投保保险产品包含身故责任，须由被保险人或其监护人指定身故受益人，身故受益人的指定必须符合《保险法》有关保险利益的规定。

（2）身故受益人的姓名、证件类型、证件号码填写要求同投保人资料填写要求。

（3）身故受益人与被保险人的关系必须填写，不得空缺。常见的关系有：配偶、子女、父母等。

（4）受益人信息过多（多于3条）时，应在投保备注栏详细说明，并逐一写明特别约定类型/险种序号/受益人姓名、性别、与被保险人关系、证件类型、证件号码、受益顺位、受益份额。未说明受益顺位及受益份额的则按照相关法律规定确定。

（注：同一个被保险人、同一顺位的受益人的受益份额总和不能大于1。）

2. 告知栏

划"√"来选择相应的被保险人，并如实回答各项内容，不得涂改和漏项。选择"是"的，须按照告知项目在说明栏进一步详细告知。必须认真阅读，仔细填写，不得遗漏。如客户保存有相关病史资料的必须提供复印件。

问题1：身高、体重按投保当时的身高、体重数值如实填写，身高以厘米为单位，体重以公斤为单位，注意不要把"斤"当作"公斤"进行填写。

问题2：被保险人应根据自己目前的医疗费用支付方式选择真实的信息。如选择"商业医疗保险"必须对问题5详细回答。

问题3：被保险人有吸烟习惯的，必须准确填写每日吸烟量和烟龄。

问题4：被保险人有饮酒习惯的，须填写主要饮酒种类、平均每天饮酒量以及饮酒持续年限。

问题5：如实告知是否有正在生效的商业人身险，告知该项如为"是"，请按保险公司、产品、保额档次、生效时间、保险年期等信息在明细栏目仔细填写。

问题6：凡投保过商业人身保险的，必须对有无发生拒保、延期、加费和免责以及是否有理赔记录等如实告知，如为"是"须作详细的说明。

问题7：危险运动包括潜水、跳伞、攀岩运动、探险活动、武术比赛、摔跤比赛、特技表演、赛马、赛车等运动。如有，须详细告知项目、参加频率、是否发生过意外等情况。

问题8：如"是"，须详细告知起始时间、最末诊治时间、已做检查和治疗、诊治结果、目前状况（如治疗中、好转、加重、痊愈等）。

问题9：身体检查包括例行或因医生建议而进行的身体检查。

问题10：药物是指因出于医学上治疗或预防目的而使用，但保健类药品不包括在内。

问题11：其他疾病包括长期存在、尚未治愈、对被保险人有不良影响的疾病，但被保险人可能因为各种原因没有前往医疗机构就诊，或没有得到明确诊断。器官缺失是指身体重要器官的缺如，如一侧肾切除、肝大叶切除、部分肠切除、胃大部切除等。器官功能不全是指尽管器官形态完整，但是不能行使器官的功能，例如肝、肾衰竭，弱视，高度耳聋等。

问题12：家族史应该告知患者与被保险人关系、诊断何种疾病、患病年龄、目前状况等信息。

问题13：3周岁及以下儿童须选择告知，是否有投保书描述的疾病项目。

问题14：16周岁及以上女性须选择告知，是否怀孕、妊娠周数、是否有并发症，妊娠12周以上须提供产检资料。

问题15：18周岁以下未成年人须告知是否已经拥有正在生效的以死亡为给付保险金条件的人身保险，并须告知已经生效的身故保险金总额，并在补充告知栏详细填写保险公司名称、险种名称、身故保险金额。

3. 投保备注栏

在投保时，客户在该栏填写投保书未尽事宜或补充说明，没有特别约定内容的应填写"无"。

4. 声明与授权

投保人与被保险人应仔细阅读声明与授权内容，亲笔签名，并署明投保申请日期。签名不允许涂改，如有代签或涂改则须重新更换投保书。未成年人必须由法定监护人签名，未满18周岁、已满16周岁的、以自己劳动为主要生活来源的未成年人可由自己签名。

"提示和说明"项目须填写业务员的姓名。

5. 业务员声明

在客户填写完毕投保书并签字认可后，业务员应对填写内容进行审核，确认所有事项均已说明，资料全部填写无误。

业务员须在业务员声明栏亲笔签名，正确填写销售渠道、销售机构、业务员代码、业务员联系电话（注：业务员的代码信息要准确无误、清晰，容易辨认）。

业务员应将完整填写的投保书及相关投保资料在一个工作日内送交公司。

6. 投保书封面

管理机构栏填写8位机构代码。

收单日期由接单人员填写，按照"YYYY－MM－DD"8位格式填写。

初审人员审核完毕后，应在投保书封面填写代码、亲笔签名并加盖收件日期章，预收费的新契约件须加盖预收保费章。

内部备注栏供填写特殊事项。

7. 投保人信息摘录及签名

在保障计划表空白处，投保人须填写以下文字，并亲笔签名：

投保传统险产品时，须填写："本人已收到以上所购买保险的全部条款，了解所购买产品的保险责任和人身保险投保提示书的内容。"

投保新型保险产品时，须填写："本人已阅读保险条款、产品说明书和投保提示书，了解本产品的特点和保单利益的不确定性。"

（二）投保资料初审

投保资料初审是将明显不合格的新契约剔除的环节，必须严格把关，尽可能减少因投保单填写不合格、投保资料不齐全，导致其他各项后续业务处理工作不能正常进行，而最终影响承保时效和质量。

1. 投保资料的齐全性审核

含长期险种的新契约，客户投保时须提交的投保资料包括：健康保险投保书、人身保险投保提示书、投保人和被保险人有效身份证明文件复印件、健康管理资料（如有健康管理险种）、其他特殊险种要求的资料、核保相关资料。

不含长期险种的新契约，客户投保时须提交的投保资料包括：健康保险投保书、投保人和被保险人有效身份证明文件复印件、健康管理资料（如有健康管理险种）、其他特殊险种要求的资料、核保相关资料。如被保险人为未成年人，还须提供《未成年人投保特别告知书》。

另外，对预防反洗钱行为也提出了专门的客户身份识别要求：（1）单个被保险人保险费金额人民币2万元以上或者外币等值2 000美元以上且以现金形式缴纳的投保件；（2）保险费金额人民币20万元以上或者外币等值2万美元以上且以转账形式缴纳的投保件，应提供投保人、被保险人有效身份证件或其他身份证明文件复印件；（3）受益人为法定继承人以外的，也应提供有效身份证件或者其他身份证明文件复印件。

2. 收费方式审核

根据收费方式不同，个险新契约承保的收费方式包括预收费和后收费两种。各机构需根据具体业务情况和业务类型选择收费方式。初审人员须正确判断新契约类型，配合财务实施收费操作。在符合当地监管部门契约收费相关规定的前提下，且满足以下全部5种条件，优先选择实施预收费：

（1）投保人满18周岁以上或未成年人的投保人及身故受益人为其法定监护人；

（2）未成年人无正在生效的以死亡为给付责任的保险；

（3）投保重疾、意外、护理产品未达到分保保额要求或高保额件标准；

（4）客户告知无异常，并且无既往理赔史、疾病史；

（5）缴费方式为现金的，保单保费金额在2万元以下的；或缴费方式为银行转账，保单保费金额在20万元以下的。

满足以上全部条件的新契约，如采取转账预收费，初审人员须在投保资料审核无误后，在投保单封面上加盖预收费标识章，在核心业务系统及时录入管理机构、投保书印刷号、转账银行、银行账号、账户名、保费金额、业务员信息等收费信息。采取其他方式预收费的新契约，初审人员须与财务人员及时交接缴费凭证、投保资料交接清单，确保保费尽快到账。

3. 初审结果的处理原则

（1）正常投保件的处理。对于基本符合要求的投保资料，制作《投保资料交接单》，登记展业机构、投保单号、单证份数，准备移交扫描岗。

（2）初审不合格的，按以下三种情况分别处理：

第一，如个别内容填写错误可以进行涂改的，初审人员将其移交业务员，由业务员指导投保人对错误内容按相关规定进行修正；

第二，如错误较多或重要项目填写有误，须重新填写的，初审人员按要求进行退单处理；

第三，如需要补充投保资料的，初审人员先进行退单处理，待要求的所有资料补齐后，再次进行收单初审。

（3）投保资料移交。初审人员审核合格的新单，制作《投保资料交接单》后，于一个工作日内移交给扫描岗人员。

（三）新契约扫描

新契约扫描是指将初审完毕、符合要求的投保资料转换为影像文件并上载至核心业务系统的过程。

1. 投保资料的整理

将需要扫描的投保资料：《健康保险投保书》《人身险投保提示书》《身份证件复印件》《健管资料》以及其他投保资料等依次归类，扫描人员接收初审人员移交的投保资料后，在批量扫描之前须对每份投保资料进行整理，整理的主要内容包括：

（1）将所有资料分机构分类型按扫描顺序叠放好，必须确保每一份投保单按照页码顺序排放好；

（2）确保每一份投保单下的投保资料无遗漏，未夹杂其他业务单证；

（3）将所有单据依左边和前边垛齐，以保证扫描影像的清晰、端正；

（4）对于大小不一的单证需要在 A4 大小的纸张上粘贴好。对于因扫描设备不能扫描的单证，如单证厚度不够、单证大于 A4 纸张等，可以采用复印成可扫描的 A4 纸张的方式，再进行扫描；

（5）对于复印或影像采集的材料，要保证清晰完整；

（6）为便于扫描，投保资料不要使用大头针、订书机等对单据有损坏的装订方式。

2. 投保资料的扫描和上载

（1）扫描人员将一批（份）投保资料放入扫描仪的进纸器，以自己的代码和操作口令进入投保资料扫描界面，启动新单扫描模块逐份对投保资料进行扫描。系统通过条形码自动识别投保单上的印刷号，并以此印刷号为标识，该投保单下的其他投保资料影像自动作为该投保单的影像附件。

（2）扫描过程中若发现由于走纸原因造成影像遗漏、模糊、倾斜等须重新扫描的情况，应将原始投保资料重新取出，将出错的投保资料重新整理，并将该出错的投保单影像连同附件的影像全部删除，对该投保资料重新扫描。

(3) 上载前要对扫描的影像进行质检，确保影像的质量符合系统要求，主要内容包括：①是否有漏扫的影像，对于漏扫的影像进行补扫；②是否有不清晰、倾斜的影像，对于不清晰、倾斜的影像重扫该影像所对应的纸张；③是否有带有黑边、折角的影像，对于折角或有较大黑边的影像重扫该影像所对应的纸张；④是否按照投保单的页码顺序扫描，对于投保单顺序错误的情况，进行重扫。

(4) 对通过质检的影像，扫描人员在影像系统中上载，待后续录入操作。

3. 投保资料的补充

如投保资料须要补充的，可采用扫描修改的方式进行补充扫描。

（四）复核作业

复核是检查系统中录入的数据是否正确的业务过程。复核人员以自己操作代码和操作口令进入保单复核界面，通过影像或书面投保资料的比对，对录入的新契约信息进行核对，同一新契约的录入人员和复核人员须为不同人员。所有已录入完毕的投保单，按照录入完成时间顺序进入复核界面，复核人员主动申请工单并进行复核作业。

1. 复核作业的内容

复核作业包括以下内容：（1）审查投保书必填项目是否准确、完备，投保资料是否齐全；（2）核对系统内录入数据与投保影印资料的信息是否一致；（3）审查相关初审操作是否规范；（4）审核录入作业是否准确；（5）对投保件做下发问题件或新单撤销处理；（6）复核通过投保件。

2. 复核作业的方式

复核作业采用比对方式，复核人员根据光标对应的局部影像内容逐项对投保单录入数据进行核对，当投保单录入数据与影像内容不一致时，复核人员根据投保单的填写内容在录入数据字段框内直接修改。复核人员还须进入外包错误信息中查询外包人员录入的问题件，核实并修改错误信息。复核人员要认真、细致，确保投保资料录入的内容准确、无误。对于一些重要数据的逻辑错误，复核通过时系统会提示差错，要仔细核对原始投保资料，分析差错原因，进行相应处理。

3. 复核作业的处理规则

（1）问题件处理规则。复核人员发现投保资料填写错误，需要与客户确认的，必须下发问题件，问题件中明确需要核实的对象、需要核实的保单项目等内容。问题件录入要准确清晰，符合《个险问题件标准化录入规范说明》（见表6.1）。问题件回复后，复核人员根据客户填写的内容在系统中的对应字段处录入正确的数据信息。

第六章 健康保险承保服务

表 6.1　　　　　　　　　　个险问题件标准化录入规范说明

错误描述	问题字段	原填写内容	问题件内容	备注
业务员代码与签名不符	业务员代码	8611000193	业务员代码与签名不符，请重新确认	须业务员填写
身份证号码规则错误（性别）	身份证号码	350109197806035522	性别填写与身份证号码规则不符，请重新确认	
身份证号码规则错误（生日）	身份证号码	350109197806035522	生日填写与身份证号码规则不符，请重新确认	
职业代码为空	职业代码	未填写	职业代码为必填项	
职业代码错误	职业代码	60906	职业代码错误，请重新填写	
岗位职务为空	岗位职务	未填写	请补充告知	
年收入为空	年收入	未填写	请补充告知	
联系地址为空	联系地址	未填写	请补充告知	
联系地址不清楚	联系地址	辨识不清	请重新确认	
联系电话为空	联系电话	未填写	请补充告知	
联系电话不清楚	联系电话	辨识不清	请重新确认	
缴费方式为空	缴费方式	未填写	缴费频次为必填项，请确认	
开户银行不清楚	开户银行	辨识不清	请重新确认	
开户银行不存在	开户银行	非可转账银行	非可转账银行，请重新指定	须撤单重投
银行账号不清楚	银行账号	辨识不清	请重新确认	
开户名非投保人	开户名	非投保人本人	非投保人本人，请更正	须撤单重投
险种保费错误	1201、121001 险种保费	286 元	保费有误，请重新确认保费，核对相关信息	与年龄、性别、档次有关
险种保费错误	24020、230201、330901 等险种保费	2 860 元	保费有误，请重新确认保费，核对相关信息	与年龄、性别、保额、保险期间、缴费年期、缴费频次有关
险种保费错误	5201、1206 险种保费	286 元	保费有误，请重新确认保费核算相关信息	与职业类别、保额、档次有关
总保费错误	期缴保费总额	5 320 元	期缴保费总额有误，请重新确认	
险种名称错误	序号 01 险种名称	住院定额	险种名称有误，请重新填写	
险种代码错误	序号 01 险种代码	1 207	险种代码有误，请重新填写	

续表

错误描述	问题字段	原填写内容	问题件内容	备注
受益人问题（姓名）	受益人姓名	XXX	受益人姓名识别有误，请重新填写	
受益人问题（关系）	受益人关系	未填写	受益人与被保险人关系为必填项，请确认	
受益人问题（比例）	受益比例	未填写	受益比例须明确，请确认	
受益人问题（证件）	受益人证件	未填写	受益人证件号码为必填项，请确认	
告知问题（身高、体重）	身高、体重	身高1.65cm、体重60kg	填写有误，请重新确认	
告知问题（保障状况）	被保险人告知第6项	未填写/填写不完全/有涂改	告知项目为重要投保信息，请重新确认	
告知问题（健康状况）	被保险人告知第12项	未填写/填写不完全/有涂改	告知项目为重要投保信息，请重新确认	
补充投保资料	2009年住院病历	未提交	请补充	
补充投保资料	身份证件	未提交	请补充	
补充投保资料	婴幼儿问卷	未提交	请补充	
补充投保资料	财务问卷	未提交	请补充	
补充投保资料	出生证明、健康证明	未提交	请补充	

（2）撤单件处理规则。对于不合要求的投保单，需要做撤单处理，并在系统内打印拒保延期撤销通知书，交给业务人员，通知客户重新投保。已撤单的投保件归入个险新契约承保业务档案。

（3）差错记录处理规则。复核人员对投保件的影像文件和录入数据进行复核、检查，确认投保书填写、录入数据是否正确，对于投保书填写错误的投保件，记录错误内容，并记入初审差错。对于录入差错的投保件，记录错误内容，并记入录入错误。

（五）缴纳相关保费

1. 保障计划

（1）序号和被保险人：按照序号填写保障信息，划"√"来选择相应的被保险人。

（2）保障名称和代码：正确填写投保险种或套餐的名称和产品代码。一个被保险人投保多个险种时，应逐一填写，险种与被保险人姓名须一一对应，险种代码由业务人员按险种代码表填写。

（3）保额/档次：保额以"万元"为单位进行填写，例如购买意外险 100 000 元，应在"保额/档次"栏目内填写"10 万元"。档次按照产品的档次正确填写，例如购买住院定额"三档"。

（4）保险期间：按照投保险种填写相应的保险期间，如 1 年、20 年、至 22 周岁、至 100 周岁、终身等。

（5）缴费年期：按照投保险种填写相应的缴费年期，如 1 年、20 年、30 年等，趸缴的缴费年期为空。

（6）缴费频次：可选择年缴和趸缴。

（7）期缴保费与首期保费金额：期缴保费是指产品在每个缴费年期内的保费，首期保费金额是指所有被保险人所有投保险种在每个缴费年期内的保费总和。保险产品的费率依据被保险人的年龄、职业、缴费年期等计算，只有符合产品条款规定的年龄、缴费期的客户才能购买该产品。

（8）追加保费金额：追加保费金额针对新型保险产品，如万能保险、投资连结保险设计，如客户投保时选择追加保险费，按照产品约定在此项目处填写。

（9）其他规则：一份投保书仅能支持同一种缴费方式的险种投保，即年缴险种不能和趸缴险种同时投保。

2. 缴费方式

缴费方式分为银行转账、现金、其他银行代收代付等。"银行转账"指保险公司向银行提供含客户银行账号信息的报盘文件并通过接收回盘文件确认收费是否成功的方式收费；"现金"指现钞概念，主要指客户直接在保险公司柜面用现金进行缴费的方式；"其他银行代收代付"指客户先将现金存入保险公司在银行设立的保费账户，然后再持缴费凭证到保险公司进行缴费，或通过网上银行划取客户保费及其他通过银行为中介进行的收费方式。个险业务提倡以"银行转账"的方式进行首期和续期缴费。

所有投保书必须提供开户名、开户银行、银行账号，用于续期续保保费转账收取。开户银行应填写至分行的名称，如中国银行北京分行，并为公司可以实施银行转账收费的协议银行。账号长度应与开户行相匹配，账号持有人必须亲笔签字授权保险人从该银行账号划取保险费，账号持有人必须为投保人本人。客户须选择续期是否需要缴费提醒，勾选"是"或"否"。

第三节　新保单承保业务处理的特殊情况

新保单业务的特殊情况主要有承保前的新单撤销、要约变更、核保订正、拒保延期撤件退费等情况。

一、新单撤销

新单撤销是指投保单在签单之前，因投保人主动撤销投保申请或投保人未按时缴纳或缴足首期保险费，或投保人未及时回复各类客户通知书的，须做的新契约处理方式，撤单件须归入新契约承保业务档案。

（一）客户主动撤销的处理

在保单签发前，投保人提出要撤销投保的，必须填写《新契约投保变更申请书》，契约人员在业务系统中进行撤单操作，并记录撤单原因，同时打印《拒保延期撤件通知书》，送达客户。对于已经收取首期保险费的，须向投保人退还保险费。

（二）保险公司提出撤销要约的处理

对于业务员递交的投保单，在承保过程中，对于不符合填写要求或承保要求的，接单、录入、复核、核保都可能发生建议撤销新单的情况。由契约人员在系统中做新单撤销处理，并记录撤单原因。对于已经收取首期保险费的，须打印《拒保延期撤销通知书》，并向投保人退还保险费。对于投保人未及时回复各类函件的投保单，契约人员须按照保险承保服务中的时效要求规定，做新单撤销处理，同时打印《拒保延期撤销通知书》，送达客户。对于投保人未及时缴纳足额新单保费的投保单，自核或人工核保通过后超过10日的，应做新单撤销处理，同时打印《拒保延期撤销通知书》，送达客户。

二、变更要约处理

对于承保前投保人或被保险人提出变更投保要约申请的，须重新填写投保单，并在新投保单备注栏填写原投保单号和撤单原因。原投保单做新单撤销处理。撤单后归入新契约承保业务档案。

对于已经预收保费的业务，要在系统中先对原保单做退费处理，新单撤销后，重新填写投保单并收取保费。如原投保单保费仍银行在途的，须等到银行反馈划款成功记录后，再向投保人退还保险费。

三、核保订正

对于已处于核保通过、未收费签单前的投保单，如果发现系统信息与投保单信息不符等差错的，可以交由总公司核保人员在保险公司系统中做核保订正处理。核保订正人员将此单问题件回退至复核人员，复核人员修改系统内数据信息后，复核通过。

四、拒保延期撤件退费

对于整单拒保延期或撤件的新单，核保后直接打印《拒保延期撤件通知书》，通知书中显示应退费金额，办理暂收退费手续。

本章小结

1. 健康保险承保是健康保险客户服务的重要环节，是指保险人对被保险人的选择，即保险人决定接受或拒绝投保人投保的行为。
2. 健康保险承保作业程序包括：初审、扫描、录入、复核、核保、保险契调、合同缮制、合同管理等。
3. 健康保险新契约业务的特殊情况主要有承保前的新单撤销、要约变更、核保订正、拒保延期撤件退费等情况。

思考题

1. 健康保险承保服务主要包括哪些环节？每个环节的职责是什么？
2. 健康保险承保作业流程涉及哪些程序？每个程序有哪些工作要领？
3. 填写投保单，除了一般规则，对投保人和被保险人有哪些特殊要求？
4. 对投保资料初审不合格有哪几种情形？每种情况的处理原则是什么？
5. 健康保险复核作业中对问题件、撤单件和差错记录的处理如何处理？
6. 针对新单撤销、要约变更、核保订正、拒保延期撤件退费四种承保特殊情况，该如何处理？

第七章

健康保险核保服务

健康保险的核保是健康保险服务的关键,是承保前的一项重要工作。健康保险核保是指核保人员对要承保的被保险人的身体状况、经济条件、病史经历等有关风险因素进行充分的鉴定、评估和筛查,并就符合公司健康保险核保标准的危险决定承保条件和承保费率的过程。

第一节 健康保险核保概述

一、核保的概念

保险核保是指保险人对将要承保的新业务加以全面评价、估计和选择,以决定是否承保的过程。相比承保过程中对申请材料的复核,核保是对客户新契约承保进行全方位审核决定的过程,即根据投保申请书、业务员报告书、体检报告书以及生存调查等所提供的有关投保人、被保险人的信息资料,通过核保人员的综合分析,运用数理查定法,对被保险人的危险加以量化,依其危险程度,做出是否承保以及以何种条件承保的决定。

二、核保的基本原理

核保的实质是审核某一风险是否与现行费率相匹配。[1] 健康保险核保对保险公司

---

[1] 孙祁祥:《保险学》,北京大学出版社2017年第六版,第245页。

有两个非常重要的意义：第一，健康保险核保有利于合理分散风险，避免投保人的逆向选择，减少保险公司不必要的损失，是达成公正费率的有效手段；第二，通过对不同类别业务和不同区域的选择，有助于保险公司扩大业务量，更大程度地实现效益最大化。

核保是寻求与保险标的风险状况相适应的承保条件的过程[1]，核保人员要定期核查风险因素、损失状况和被保险人的其他状况，以便观察这些条件和因素是否发生了重大改变。健康保险核保涉及的内容主要包括：投保人资格，即审核投保人是否具有保险利益；保险标的；保险金额；适用费率是否正确与合理；被保险人的信誉等。健康保险核保实务工作将围绕这些内容深入开展。

三、健康保险核保的基本原则

健康保险核保人员从事健康保险核保，应当遵守以下原则：

第一，对被保险人的风险识别必须严谨务实。核保人员必须以风险控制为基础，积极主动地对被保险人开展风险评估，为核保决策提供坚实的依据。保险公司要注意公司风险积累，采取量化风险管理等手段对风险进行控制。

第二，在公司承保能力范围内合理开展健康保险业务。承保能力是保险公司扩大业务的前提和基础，承保能力受保险公司运营能力、管理能力和技术水平等相关因素的制约。保险公司应当不断提升公司治理水平和承保能力，通过增强承保能力实现扩大业务的目的。

第三，加强合作，提供专业的高质量健康保险核保服务。相比一般性核保，健康保险的核保有其特殊性，这就要求核保人员在开展核保体检、生存调查等健康保险核保业务过程中，加强和医疗服务机构的合作，进一步提升专业化水平。

第二节 健康保险核保实务

一、健康保险核保流程

健康保险核保作业包括投保文件审核、体检、财务审核、生存调查等环节，每个

---

[1] 张洪涛，王国良等：《保险核保与理赔》，中国人民大学出版社2006年版，第4页。

环节的工作要领见图7.1。

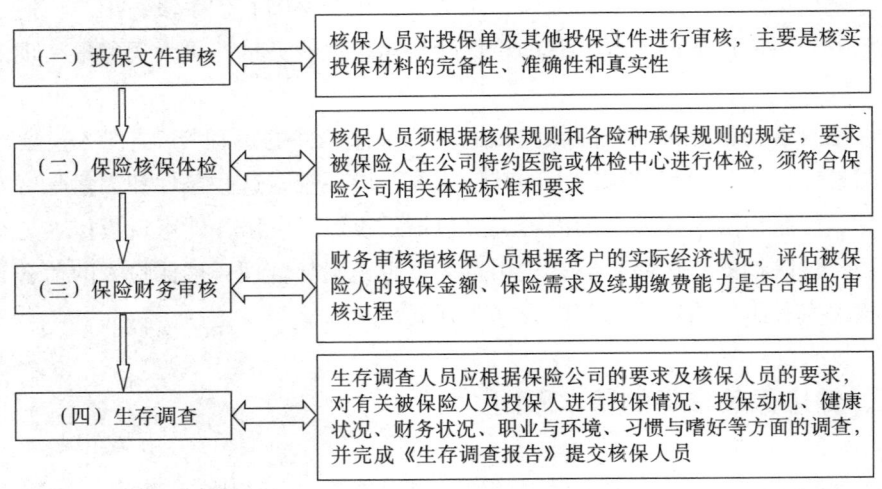

图7.1 健康保险核保的流程及工作要领

二、健康保险核保作业程序

健康保险核保作业程序包括：投保文件审核、体检、财务审核、生存调查等，在实务中不得随意省略。健康保险核保应严格审核投保申请书、业务员报告书、体检报告书以及契调等有关投保人、被保险人的信息资料，通过核保人员的综合分析，做出是否承保以及以何种条件承保的决定。

（一）投保文件审核

初审人员应首先对投保单及其他投保文件进行审核，具体工作要领包括：（1）投保资料是否齐全、真实，投保单及其他相关单证填写是否完整并符合规范；（2）投保人、被保险人个人及其职业信息是否完整、合理，是否符合契约承保作业规则及核保规则的规定；（3）投保人、被保险人、受益人的相互关系是否符合核保规则中规定的保险利益关系；（4）确保险种名称、保额、保费填写规范，不会引发歧义，无漏填和涂改并符合契约作业规则及投保规则；（5）健康状况及其他告知事项，不得有漏填或涂改，有任何告知为"是"者均须由客户作补充告知并视情况补充相关资料；（6）对于在其他保险公司有投保记录的客户，其险种和保额状况也应作为投保公司核保的考虑因素；（7）投保单的签名和签署日期，投保人、被保险人须亲笔签名，不得漏填、涂改及代签名；（8）业务员报告书，有告知异常的，须联系业务人员了解详细情况。

（二）保险核保体检

核保人员须根据核保规则和各险种承保规则的规定，要求被保险人在公司特约医院或体检中心进行体检，具体包括以下方面的内容：

1. 体检指征标准

体检指征标准包括以下内容：

（1）被保险人在保险公司购买的各险种的累计风险保额达到体检标准；

（2）客户投保保险公司住院定额医疗保险和住院费用保险，被保险人年龄超过45岁，须参加体检（具体见标准件体检规则）；

（3）体重指数BMI（体重指数=体重＜公斤＞÷身高＜米＞的平方）高于27者，须参加体检（套餐标准按照套餐C执行）；

（4）核保人员可根据被保险人的身体状况，要求被保险人接受体检[①]；

（5）抽查体检。

2. 体检费用

体检时无特殊说明者，并过犹豫期之后所需体检费用由公司承担。但下列情形者，体检费用由投保客户自行承担：

（1）客户体检通知中未列的体检项目，客户要求检查的；

（2）经过体检，且保险公司审核同意承保或出具相关核保决定（免除、责任、加费、降档、降保额、变更缴费年期、延期或拒保）后，客户主动申请撤件的；

（3）客户因复效、补充告知或理赔调查结果反馈，需要补充体检的；

（4）本次投保之前，因体检时身体异常，不能做出核保决定而延期时，在到达延期时间或身体恢复的；

（5）客户自行提供的体检报告所产生的体检费用，或客户未经保险公司同意的自行体检所产生的费用。

3. 体检规则

核保体检按照标准件与非标准件予以不同处理流程进行：

（1）标准件体检规则。标准件的定义为被保险人所有健康告知事项均为阴性，被保险人体重指数BMI（体重指数=体重＜公斤＞÷身高＜米＞的平方）低于27（含）且累计风险保额低于50万（含）的投保件。体检标准按照累计重疾险风险保额、累计护理险风险保额、累计意外风险保额分为三类。[②] 实务操作时，被保险人任一险类达到体检标准的，须按达到的体检标准进行体检。如多险种同时达到体检标

[①] 核保人员不接受取消体检的申请，在限定时间内未能完成体检的投保申请，视为客户自动撤件。

[②] 累计意外险风险保额体检标准：累计意外险风险保额达到400万元以上须进行体检，采用体检套餐C类。

准,须按达到的最高体检套餐标准进行体检(见表7.1-表7.4)。

表7.1　　　　　　　　　累计重疾险风险保额体检标准

年龄(周岁) 风险保额(元)	16—40	41—45	46—50	51—55	56以上
50 000(含)以下	免	免	免	免	A
50 001—100 000	免	免	免	免	B
100 001—200 000	免	免	免	C	C
200 001—300 000	免	免	免	C	C
300 001—400 000	免	免	C	C	D
400 001—500 000	免	C	C	D	D
500 001—1 000 000	D	D	D	D	E
1 000 001以上	E	E	E	E	E

表7.2　　　　　　　　　累计护理险风险保额体检标准

年龄(周岁) 风险保额(元)	16—40	41—45	46—50	51—55	56以上
50 000(含)以下	免	免	免	免	免
50 001—100 000	免	免	免	免	A
100 001—200 000	免	免	免	B	B
200 001—300 000	免	免	免	C	C
300 001—400 000	免	免	B	C	C
400 001—500 000	免	免	C	C	D
500 001—600 000	免	B	C	D	D
600 001—800 000	免	C	D	D	E
800 001—1 000 000	C	C	D	D	E
1 000 001以上	D	E	E	E	E

表7.3　　　　　　　　未成年人累计重疾/护理风险保额体检标准

年龄(周岁) 风险保额(万元)	3周岁(含)以下	4—7	8—15
50(含)以下	免	免	免
50—70(含)	健康证明+补充问卷	健康证明或A套餐	A套餐
70—100(含)	健康证明+补充问卷+血常规	A套餐+血常规	B套餐
100以上	不受理	不受理	D套餐

注:(1)健康证明:新生儿健康证明、体检记录的保健卡或入托健康证明;(2)补充问卷:婴幼儿健康状况补充问卷;(3)3周岁以下婴幼儿投保含医疗类险种的产品时,须提供健康证明及补充问卷;(4)16周岁(含)以上的体检规则同成年人(详见各险类体检标准表)。

第七章
健康保险核保服务

表 7.4　　　　　　　　　　　体检套餐项目

类别	体检套餐项目
A 类	物理体检 + 尿常规 + 心电图
B 类	A 类 + 肝功 + 血脂 + 血糖 + 乙肝表面抗原
C 类	B 类 + 腹部 B 超 + 肾功 + 乙肝五项 + 尿酸（女性：加做妇科 B 超）
D 类	C 类 + 糖化血红蛋白 + HIV + 甲胎蛋白 AFP + 血常规 + 丙肝抗体 + 癌胚抗原（CEA） + 甲状腺 B 超 + （女性： + 乳腺 B 超 + TCT）（男性年龄≥50 周岁： + PSA 两项 + 前列腺 B 超）
E 类	D 类 + 肺功能 + EB + 动态心电图 + 正侧位胸片

注：年龄≥35 周岁男性，A/B 类体检均加做腹部 B 超（含肝、脾项）。

（2）非标准件体检规则。凡不符合标准件条件或投保险种达到体检标准的投保申请，体检按照以下流程进行：第一，投保资料扫描上传，经核保审核后下发体检通知书；第二，体检专员陪同客户前往体检医院进行体检；第三，体检报告扫描回销后，送核保审核。

4. 常见健康异常状况所需复查体检

针对常见的健康异常状况，按要求补充物理体检及如下体检项目（见表 7.5）。

表 7.5　　　　　　　　　健康异常状况需补充体检的情形

异常状况	指标	体检项目或补充资料
超重	BMI > 29	ECG + 血脂 + 空腹血糖
	BMI 34—35	ECG + 血脂 + 空腹血糖 + 肝功能
胰腺代谢异常	尿糖阳性	空腹血糖 + 糖化血红蛋白
	有糖尿病病史	填写问卷 + 体检 B + 糖化血红蛋白 + 眼底检查
有肝炎史	甲、戊型肝炎	填写肝炎问卷
	乙肝病毒携带者或乙型肝炎	填写问卷 + 肝功能 + 乙肝二对半 + 腹部 B 超 + AFP + 白蛋白
	不明类型或其他类型	填写问卷 + 肝功能 + 乙肝二对半 + 丙肝抗体 + 腹部 B 超 + AFP + 白蛋白
有肝脾肿大史		填写问卷 + 肝功能 + 二对半 + 血常规 + 腹部 B 超
有慢性肾炎史		填写问卷 + 肾功能
有甲状腺疾病史		填写问卷 + 酌情查甲状腺 B 超、T3、T4、FT3、FT4、TSH
有类风湿病史、SLE 等		填写问卷 + ESR + RF + 抗核抗体、抗 "O"
有蛋白尿、血尿史		填写问卷 + 尿常规 + 镜检

续表

异常状况	指标	体检项目或补充资料
有贫血史、贫血貌或皮肤较多瘀点瘀斑，原因不明		填写问卷 + 血常规
脂代谢异常	有血脂异常史	填写问卷 + 血脂
	有脂肪肝史	填写问卷 + 血脂 + 肝功能 + 腹部 B 超
	血脂异常及饮酒过量	填写问卷 + 血脂 + 肝功能 + 血常规 + 腹部 B 超
考虑饮酒过量	平均每日酒精≥40g（酒精含量：啤酒 3.5g/100ml；葡萄酒、黄酒 12g/100ml；白酒根据告知，低度 35g/100ml，高度 60g/100ml）	填写问卷 + 肝功能 + 血常规 + 腹部 B 超
	消化性溃疡有嗜酒倾向者	填写问卷 + 肝功能 + 血常规 + 腹部 B 超
有高血压史或体检发现者		填写问卷 + 心电图 + 眼底检查 + 血脂
有心律失常、心脏杂音其他心脏病史或体检发现者		填写问卷 + 心电图（酌情作心脏超声检查或运动心电图）
吸烟、有慢性支气管炎、长期哮喘、严重胸廓畸形或其他可能影响肺功能的疾病	≥40pys 或每日吸烟≥40 支以上者 pys = 每日吸烟包数 × 吸烟年数	填写问卷 + 肺功能
有痛风史		填写问卷 + ESR + 尿酸
高度近视、其他眼科疾病或手术可能影响视力者	800°以上	填写问卷 + 视力检查
有听力异常史、相关疾病或手术可能影响听力者，或经体检发现听力异常者		填写问卷 + 听力检查
妊娠	超过 12 周	须提供定期产前检查报告

5. 复查体检

凡既往投保时因身体原因不能做出核保结论，再次申请投保的，按照以下流程进行：

（1）运营人员接到申请后，进行书面情况分析，填写《个人保险业务上报审批表》，上报总公司核保人员审核。

（2）对于既往身体异常状况可以申请再次复查的，可以通知客户准备复查；不满足条件的，分公司须做好沟通协调工作。

（3）复查体检机构应由公司指定。

（4）复查体检时间由公司指定，一般可提前 2 天通知客户。

（5）复查体检费用由客户承担。

（6）体检结果由公司取回，客户不必等待体检结果。

（7）体检结果正常，可以再次受理申请的，将重新填写的投保书与体检结果一并扫描上传。

6. 体检注意事项

（1）被保险人接到体检通知书后，应及时与保险公司联系确认体检机构与体检时间，并在体检通知书规定时间前完成体检。

（2）体检时，被保险人应携带本人的身份证或其他身份证明文件、一寸近期免冠照片一张及体检通知书。

（3）被保险人须仔细阅读体检通知书上注意事项，并遵照执行，避免影响体检结果。

（4）被保险人及体检专员均应在体格检查表上签名确认。

（5）体检报告均由保险公司指定人员从体检机构取回，不可由业务员及客户代为领取；保险公司将对体检结果严格保密，保护个人的隐私权。

（6）对体检件，经核保同意保险公司承保后，如客户在体检后6个月内提出新的投保申请，若体检标准相同，可不必另行体检；若体检标准不同，可只检查差项。

（7）若定点医院无法完成体检表格中规定进行的体检项目，应及时报分公司体检专员联系其他体检医院进行体检。

（8）对于免体检件，核心业务系统按1%的比例随机抽查进行体检，体检标准按套餐B执行；对于抽检件，无论核保结果如何，体检费均由公司承担。

（9）首次体检结果如仍存在判断上的困难，核保人员有权要求被保险人做第二次体检，二次体检确认、体检医院及项目由核保指定。

（10）如对体检结果存在异议，未经总公司核保人员允许，客户自行复查结果保险公司不予采纳。

（11）未经总公司授权，分支机构不得提前要求客户前往体检机构进行体检；擅自要求客户进行体检的，对于体检结果不予采纳，相关费用公司不予承担。

（12）其他体检方式接受规则：

第一，由体检中心出具的体检报告，针对不同年龄段被保险人具体规定如下：40周岁及以下被保险人（以新投保时的年龄为准，下同），体检报告有效期为1年；40周岁以上被保险人，体检报告有效期为6个月。体检报告有效期内可免相同内容体检。

第二，单位或学校统一组织进行的体检。

第三，必须提供体检结果的原件。

第四，如保险公司认为客户提供的体检结果项目不全或体检机构资质不能信赖，有权要求客户接受体检。

第五,如客户因地域因素无法到指定医院体检的,分公司运营管理部须确认客户所在地区是否有兄弟公司的运营管理部能协助完成陪检工作,提前沟通好费用结算方式,并选择资质体检医院符合二级甲等以上资格的医院进行体检。

第六,如客户因地域或其他客观因素无法到指定医院体检的,须与分公司健管部沟通,选择资质体检医院符合二级甲等以上资格的医院进行体检。

(三)对被保险人的财务审核

1. 确定合理的保障

健康保险的目的在于给被保险人提供一定的风险保障,在发生保险事故后给予一定的补偿。投保金额应与被保险人、投保人的财务状况相匹配。因此保障额度与客户年收入须在合理的范围之内。

(1)被保险人最高保险金额与年收入参考倍数关系表(见表 7.6)。

表 7.6　　　　　被保险人最高保险金额与年收入参考倍数关系

被保险人年龄(周岁)	18—50	51—60	61—70	71 以上
累计最高风险保额与年收入倍数关系	≤25 倍	≤15 倍	≤5 倍	个案处理
累计最高护理风险保额与年收入倍数关系	≤25 倍	≤15 倍	≤5 倍	个案处理
累计最高意外风险保额与年收入倍数关系	≤15 倍	≤10 倍	≤5 倍	个案处理
累计最高重疾风险保额与年收入倍数关系	≤10 倍	≤5 倍	≤2 倍	个案处理

说明:累计风险保额包括该被保险人在所投保保险公司及其他公司所有有效保单的(主要包括重疾类、意外险类、护理险类、寿险类等其他人身保险合同)累计风险保额。若客户在其他保险公司已购买同类产品,须如实告知已购买的保额。如某一险种兼有两种或两种以上责任的保额时,则以最高责任的保额进行累计计算,计算公式为:累计风险保额 = 重疾类产品保额 + 意外类产品保额 + 护理险类产品保额 + 其他保险公司有效保险金额。

(2)采用分期缴费方式投保的,保险费的支出应符合"量入为出"原则,每年保险费合理支出应占投保人年收入的 20% 以下。

2. 收入评估

财务核保中评估合理保额和持续缴费能力的基础主要是稳定的劳动性税后收入。

(1)基本原则:

第一,如果是稳定收入,则可全额或按一定比例计入收入评估;

第二,如果是不稳定收入,则要视具体情况按一定比例计入收入评估;

第三,如果是偶然性收入,不计入收入评估。

(2)具体标准(见表 7.7)。

表 7.7　　　　　　　　　　收入来源项目的评估参照表

收入来源	核保收入评估
工资	按100%计算
奖金	最高以80%为限
佣金	最高以80%为限
兼职收入	最高以80%为限
红利	最高以80%为限
直接投资收入	最高以80%为限
证券投资收入	最高以50%为限
利息、租金收入	最高以50%为限
遗产、馈赠收入	最高以20%为限

（3）核保提示：

第一，根据收入评估原则，分别确定此项收入是否为本人的收入来源；是否为稳定收入，是否可以计入收入和计入的比例。收入评估时要结合所从事行业的平均收入、工作年限、职务等综合因素考虑所提供收入的合理可靠性；可综合考虑被保险人的收入和家庭共同收入，但以本人的收入为主、家庭共同收入为辅；对于非工薪者，年收入按最近连续三年的年平均收入计算。

第二，缴费期限及缴费方式：代理人有责任为客户设计合理的缴费期限及缴费方式，保证客户具有缴费能力，减少退保与减保。对于缴费能力不稳定的客户，可选择趸缴以减少保单脱落失效的可能。此外，确定合理的保额，有利于减少逆选择、退保和防范骗保骗赔等。

3. 反洗钱要求

凡单个被保险人保费金额达到2万元且缴费方式为现金的，或单个被保险人保费金额达到20万元且缴费方式为银行转账的，投保时必须确认投保人与被保险人的关系，保险营销员/银保渠道产品经办人必须核对投保人、被保险人、法定继承人以外的指定受益人的有效身份证件或者其他身份证明文件，并要求客户提供有效身份证件或者其他身份证明文件的复印件或者影印件。对于指定法定继承人以外的人作为受益人的，还须填写《受益人身份信息登记表》。如果投保所在地对反洗钱有其他要求的，还须按各地要求执行。

（四）生存调查

健康保险生存调查是指当有人投保保险时，如果保险公司发现投保出现不合常规情形（如投保人投保的保额较高、缴费较高，但投保人的收入较低时），为了降低公司的经营风险，必须对投保人的投保动机，经济情况（包括客户的财务、资产、负债等），健康状况，职业性质和相关其他情况进行调查核实，调查后再做出承保与拒保的决定。①

健康保险的生存调查发生在保险合同成立前，是由公司调查人员收集投保方的各项资料，为核保决定提供依据的调查过程。生存调查人员应根据公司规则及核保人员的要求，对有关被保险人及投保人进行投保情况、投保动机、健康状况、财务状况、职业与环境、习惯与嗜好等方面的调查，填写《客户访问表》并对调查情况形成《生存调查报告》。通过生存调查可以补充或佐证被保险人投保险种及额度。调查的方式包括：（1）直接调查：直接面晤投保人、被保险人；（2）间接调查：通过接触与被保险人或投保人有关的人群，以达到调查目的。

1. 生存调查的范围

（1）一般生存调查的情形。生存调查保额范围按照《核保划区域分组表》执行。被保险人累计风险保额达到以下金额时，根据要求需要进行生存调查；若被保险人通过保全进行复效、增加保额或增加险种达到下述累计风险保额的，须进行生存调查（见表7.8）。

表7.8　　　　　　　　　　核保划区域分组表

分组	生存调查保额
Ⅰ组	累计风险保额＞100万元
Ⅱ组	累计风险保额＞80万元
Ⅲ组	累计风险保额＞60万元

累计风险保额达到生存调查要求，但是1年内已经做过生存调查的被保险人，不再进行生存调查，但核保人认为有必要进行再次调查的情形除外。虽未达到生存调查保额，但在下列情况下通常需要加做生存调查：异地投保；残疾人员投保；投保人仅为家庭非经济支柱的父母、配偶或子女等高额投保，而本人未投保者；子女为高龄父母投保含死亡责任的保险；为家庭主妇投保高额死亡责任保险，而投保人并无投保；为成年兄弟姐妹投保，尤其是仅为其中一个投保；投保关系或受益关系不符合核保规则的要求；6个月内在两家（含）以上公司投保，累计保额达到保险公司生存调查保额的；短期内连续投保（包括在其他公司的投保纪录）；根据投保人/被保险人投保签字笔迹而怀疑有代签名可能的；保单复效、增加保额、保单变更等保全事项提交核保时，有不确定事项或可疑因素存在，需要通过生存调查进一步明确的保全生存调查件；核保人员根据客户投保的具体状况（如健康问题、职业风险、投保动机）认为应安排生存调查的其他投保件，例如需侧调、医查等。

---

① 吴海波，陶四海：《健康保险核保与理赔》，科学出版社2017年版，第73页。

（2）新单抽调。为严防道德风险，杜绝代签名等现象的发生，需要针对新单进行抽查生存调查，主要包括：新单的保额临近规定的需要进行生存调查的投保件；业务质量相对较差，特别是短险出险率高以及发生骗保、骗赔的机构或个人；对业务质量较差、风险较高的业务员所做的保单；保险公司应根据自身业务情况决定抽查契调比例和方式。

2. 生存调查内容

（1）生存调查的对象。生存调查的对象包括：被保险人（主要生存调查对象）；投保人；受益人；以及其他有关人员（投保人和被保险人的同事、朋友、亲属、邻居以及医务人员、工商税务人员等有关人员）。

（2）投保情况。投保情况涉及以下四个方面：第一，投保人的投保动机和投保经历，主要了解投保目的，是否主动投保，是否连续投保，既往在本公司及同业的投保和理赔情况，被保险人和投保人受益人之间的关系等；第二，是否经被保险人同意，是否经过被保险人亲笔签名，投保人、被保险人是否确切了解条款内容、保额及受益人指定情况；第三，住址、户口所在地、工作单位、联系方式是否准确；第四，业务员服务品质如何，有无面见被保险人。

（3）健康状况。健康状况主要包括四个方面：第一，身高、体重是否与投保单中所填写的情况相符，视觉、听力、智力有无异常；第二，肢体运动是否协调，有无明显伤疤或残疾等；第三，有无现症及既往症，过去有无（门诊）住院或手术经历，近期有无参加体检，有无家族病史；第四，既往有无因健康状况被保险公司加费、除外责任、延期、拒保或向保险公司申请过赔付。

（4）财务状况。财务状况包括四个方面：第一，年收入及来源；第二，投资及企业经营情况；第三，家庭经济状况；第四，评估投保的险种、保额与其身份、经济状况是否相称。

（5）职业与环境。职业与环境主要包括：第一，投保人或被保险人目前职业具体状况，有无兼职，有无危险因素；第二，职业环境、居所及周围环境；第三，驾驶情况，是否有酒驾经历。

（6）习惯与嗜好。习惯与嗜好主要包括：第一，是否有赌博、吸毒等不良习惯及记录；第二，是否嗜烟、嗜酒，最近是否戒烟、戒酒；第三，是否有参加危险运动的嗜好。

（7）调阅病历件。调阅病历件主要涉及以下三个方面：第一，病历首页（须加盖医院印章）；第二，核对各项检查结果及报告与投保告知是否一致；第三，病历有无涂改，是否缺少重要检查项目的报告。

（8）其他对核保有意义的被保险人、投保人信息。

3. 生存调查报告

这是指生存调查人员将调查所得到的资料进行系统的整理和分析，以书面的形式向核保人员详述调查结果的一种方式，凡进行生存调查均应完成《生存调查报告》。《生存调查报告》需符合下述要求：

（1）内容完整、逻辑性强。内容除包括表格内容外，还应包括生存调查的预约及开始过程，被保险人对调查的态度及配合程度，被保险人目前的工作和生活情况、健康状况、财务状况、个人爱好、投保履历、理赔情况，被保险人所有家庭成员的相关情况及被保险人在其他保险公司的投保、理赔情况和间接调查等。

（2）如实陈述。不论是否有利于被保险人的内容，都应如实反映，重要问答要记录原话。

（3）应客观记录所见所闻，避免主观臆断或虚拟推测，杜绝模棱两可的词句，例如"被保险人也许有既往理赔史"等表述。

（4）语言简练，言简意赅。

（5）生存调查员须对生存调查报告亲笔签名。

三、常见核保结论

保险公司通过严格的核保程序，一般得出以下核保结论：

（一）正常承保

适用于没有额外风险的被保险人，可以在标准费率下享有条款规定的所有保险责任。

（二）加费承保

加费承保依照被保险人所从事的职业性质，根据保险公司《职业分类表》，确定职业所属的类别，核保人员进行审核，由销售人员执行。被保险人从事两种以上职业者（包括兼职），以职业类别较高者计算。核保人员在审核被保险人生活方式、职业、健康状况、体重、疾病等情况后，确认被保险人的疾病（意外）发生率、死亡率较正常人群增高的，为实现公平、合理之原则，对被保险人增加风险保险费，以实现平衡风险。核保人员在下发核保决定通知书时，需载明加费的额度（金额或比例）、加费的时间、加费的原因，并明确告知客户。客户需对相应险种的加费结论予以确认（同意/不同意），如选择不同意视为撤销对该险种的投保申请。

（三）免责承保

对于一些复发率较为局限的病症或择期手术的疾病，通过责任免除方式（不承担特定疾病责任的赔付）来减免被保险人因为目前症状而额外增加的风险。核保人员在下发核保决定通知书时，需载明免除责任的范围、免除责任的持续时间、免除责任的原因，明确告知客户。客户需对相应险种的免除责任予以确认（同意/不同意），如选择不同意视为撤销对该险种的投保申请。

（四）降低保额（档次）

根据客户的健康状况及核保规则要求，通过减少保额或档次的方式降低因目前身体状况所带来的风险。

（五）延期承保

是对目前患有较严重疾病或处于某疾病的严重阶段，不适合当前承保，但经过适当治疗或一定时间后可以或可能治愈的疾病采用的核保决定。

（六）谢绝承保

谢绝承保即拒保，是对目前正患有严重疾病或其他不适合接受投保申请的处理方法，该核保决定需向客户做必要合理的解释说明。

本章小结

1. 核保是指保险人根据投保申请书、业务员报告书、体检报告书以及生存调查等所提供的有关投保人、被保险人的信息资料，通过核保人员的综合分析，运用数理查定法，对被保险人的危险加以量化，依其危险程度，做出是否承保以及以何种条件承保的决定。

2. 核保作业程序包括投保文件审核、体检、财务审核、生存调查等，在实务中不得随意省略。

思考题

1. 健康保险核保的实质意义何在？核保处理应该遵守哪些基本原则？
2. 健康保险核保作业流程涉及哪些环节？每个环节有哪些工作要领？

3. 健康保险体检有哪些要求？核保体检标准件与非标准件如何界定和处理？
4. 健康保险财务审核涉及哪些内容？
5. 健康保险生存调查涉及哪些方面？生存调查报告有哪些要求？
6. 常见的核保结论有哪些？每种结论的适用情形有哪些规定？

第八章

商业团体健康保险承保与核保服务

承保流程包括契约作业和核保环节,"承保"是按照公司的承保原则,对投保人提出的投保要求,在合理进行风险评估的基础上,确定保险条件并决定承保和签发保单的活动。在承保完成后一个月内,承保岗负责对客户的所有投保资料进行整理存档,完整的投保档案定期移交给分公司档案管理部门统一管理。

第一节 健康团险契约承保概述

一、商业团体健康保险概念

商业团体健康保险是以各种社会团体为投保人,以其所属员工为被保险人(包含团体中的退休员工),当被保险人因疾病、意外伤残或分娩住院时,由保险人负责对其住院期间的治疗费用、住院费用、看护费用,以及在被保险人由于疾病或分娩致残疾时,由保险人负责给付保险金的一种团体保险。

(一) 团体的界定

在团体健康保险中,团体是指保险关系的相对方即被保险人。团体保险中的团体除了具有团体的一般属性外,还需要满足一定的条件,即参加团体保险的团体不能是为投保团体保险而组成的团体,而必须是已经存在的、有特定业务活动、实行独立核算的正式法人团体。①

（二）团体投保人数的要求

团体保险对团体投保绝对人数要求一般不得少于 50 人。近年来对投保人数的要求逐渐降低，对 10 人甚至 10 人以下的团体也可以承保；要求投保团体的参保比例为全部合格职工人数的 75%，如果保费全部由雇主负担，则全部职工必须 100% 参加。

（三）投保人及被保险人要求

特定团体属于法人或非法人组织的，投保人应为该法人或非法人组织。特定团体属于其他不以购买保险为目的而组成的团体的，投保人可以是特定团体中的自然人。投保人为特定团体中的自然人的，投保时应要求投保人提供可以证明其关系及保险利益的有效证明。特定团体成员的配偶、子女、父母可以作为被保险人参加投保，但须提供可以证明其与特定团体成员关系的有效证明。在合同签发时被保险人不得少于 3 人。

（四）投保团体的成员资格

为了合理地控制理赔成本和管理费用，避免逆向选择，通常对投保团体的成员资格做出限制性规定。第一，团体保险只针对团体中的全职或专职员工，兼职员工不能作为团体保险的被保险人。第二，参加团体保险的团体成员应为正常的在职工人，退休人员、病休员工和临时工等一般不能作为团体保险的被保险人。第三，团体中的成员应具有一定的流动性，使团体的平均年龄始终保持在相对稳定的水平。第四，对于新进员工则要求经过试用期后才能参加团体保险。

二、商业团体健康保险的特点

团体健康保险除提供与个人健康保险相类似的医疗保障外，还提供一些个人健康保险所没有的保障项目，如牙科医疗、处方药费用等。与个人健康保险相比，团体健康保险具有以下特点：

（一）保险费率低

团体健康保险的定价通常采取经验费率法定价，即在团体保险中，主要根据上几年度的理赔记录来确定下一年度的保险费率。② 团体险保费通常由雇主在雇员的薪资

---

① 李艳荣：《人身保险》，浙江大学出版社 2010 年版，第 141 页。
② 张洪涛、王国良等：《保险核保与理赔》，中国人民大学出版社 2006 年版，第 421 页。

中扣缴，收费便利。团体健康保险业务一般由保险公司与团体代表直接接洽即可订立每年收入巨额保险费的保险合同，而展业和承保较个人保险更为简便，且成本费用大大减少，其管理费用低于个人保险、团体健康保险的保险费。

（二）核保标准宽松

团体参保，相对个人而言，其道德危险和逆选择的情形较少。对个人健康保险核保时，主要审查年龄、性别、职业、业余爱好、生活习惯、家族病史、既往病症等，而对团体健康保险核保时，则主要审查团体规模、新成员流入量、团体的稳定性等。

（三）给付条件优厚

事故发生时，雇主方面常会先做初步处理，协助雇员填写或准备各种证明及其他相关事宜，从而大大减少了理赔时的人力物力。由于雇员早日返工有利于雇主的利益，因此，雇主会制止雇员的索赔欺诈或不适当延长病假时间。团体健康保险的给付手续简单，给付处理迅速。在西方国家团体健康保险还有税收方面的优惠。

三、团体健康保险特殊条款

（一）既存状况条款

在保单生效的约定期间内，保险人对被保险人的既往病症不承担给付保险金的责任。但被保险人如果对某一既存状况已连续3个月未因此而接受治疗，或参加团体健康保险的时间已达12个月，则该病症不属于既存状况，由此而发生的医疗费用支出或收入损失可以向保险人提出赔付申请。

（二）转换条款

允许团体健康保险的被保险人在脱离团体后如需购买个人医疗保险，可不提供可保证明，将团体健康保险转换为个人健康险时，被保险人通常要缴纳较高的保费，有关保险金的给付也有更多的限制。

（三）协调给付条款

为了解决享有双重团体医疗费用的团体被保险人获得的双重保险金给付问题，制定协调给付条款。

（四）体检条款

被保险人在提出索赔后，保险人有权要求被保险人接受由保险人指定的医生或医疗机构的体检,以便保险人确认索赔的有效性和具体赔付金额。该条款适用于疾病保险和失能收入损失保险。

第二节 商业型健康团体险承保程序

一、健康团体险承保的主要环节与职责

商业性健康团体险承保包括以下环节:初审、扫描、录入、复核、核保、体检/契调、承保出单,商业团体险契约承保具体职责见表8.1。①

表 8.1   团体健康险承保程序与职责

环节	具体职责内容
初审	负责投保资料的接收和审核,保证投保书填写内容和其他投保资料符合公司要求
扫描	负责将投保资料按照要求准确及时扫描进入电脑,并上传至核心业务系统
录入	负责按照投保资料的内容和电脑系统的要求进行录入操作,保证录入内容与填写内容的一致性,对发现的填写问题据实录入,同时做问题件下发标记
复核	负责核对投保资料填写内容,审核投保资料是否完整,审核录入内容是否齐全、准确,保证其一致性,对发现的录入错误进行修改,对发现的填写问题做问题件下发标记
核保	(1) 负责按照公司核保规则的要求,对投保申请做出同意承保、变更条件承保或谢绝承保的决定 (2) 对需要有条件承保或者需要确认相关信息的投保申请,发出相关通知书,并对回复的函件进行回销确认 (3) 对于需要进行体检或/和契约调查的客户,发出相关通知书,并对回复的函件进行回销确认 (4) 接受其他部门/岗位的核保申请,协助其他部门/岗位做出核保决定 (5) 接受关于保障方案/招标项目的咨询,并对方案进行评估和定价,及时向相关部门和人员反馈信息 (6) 根据核保、产品、精算、财务、销售等模块共同制定的有关规定,对一些非标准业务进行手续费、费用率等要素的调整,以保证经营效益和稳定发展 (7) 根据核保、产品、精算、财务、销售等模块共同制定的有关规定,根据客户需要和风险控制的参与度,确定投保人低赔付的奖励方案

---

① 为保证录入资料的准确性,录入、复核岗位必须分离,不能由同一人对同一保单进行录入和复核操作,同时,契约、核保岗位不允许兼岗操作。

续表

环节	具体职责内容
体检/契调	按照核保要求项目协助客户完成体检，对客户进行契约调查，全面了解客户各项投保情况，并按照要求提交相应报告
承保出单	打印、封装和质检保险合同并分发给相应的业务员，由业务员送达客户；对保单回执进行确认回销，同时负责对客户的所有投保资料进行整理归档

二、商业健康保险承保服务内容

（一）投保资料的填写和提供

1. 投保资料填写

正式投保资料主要包括《团体保险投保书》《团体被保险人清单》、相关协议文本、根据反洗钱等相关法规规定团体投保人、被保险人应提交的身份资料等。投保资料由业务人员提交给契约核保部门进行审核。

《团体保险投保书》和《团体被保险人清单》需由投保单位填写，并有投保单位盖章和经办人签字，要求资料准确无误、字迹清晰。《团体被保险人清单》也可以由投保单位以电子文档形式提供，电子文档应注意留存备查。对于首次投保的投保团体，其团体保障号将在保险合同上载明，投保单位无须填写。对于再次投保的投保团体，由客户将其已有的团体保障号填写在投保书的首页，如客户不能确认自己的保障号码，契约人员应接受咨询并帮助客户确认。

2. 相关资料提供

团体成员分散在不同省、自治区或者直辖市的，应在符合以下条件的机构承保，并能提供相关证明：（1）投保人的注册地或者住所所在地；（2）投保人主要营业场所所在地；（3）承保时50%以上被保险人住所所在地；（4）承保时50%以上保费缴纳来源所在地。商业型团险业务在投保时，必须要求投保人提供社会信用代码证/组织机构代码证。持营业执照投保的团体，若已实现三证合一，则须提供社会信用证代码；若未实现三证合一，则须提供组织机构代码。无营业执照的团体，投保人应为特定团体中的自然人，须提供身份证。

商业型团险业务要求实名承保，涉及以下特殊情形无法提供被保险人名单的，承保时应提供总公司审批同意的有效证明：（1）投保时因客观原因无法确定被保险人，或承保后被保险人变动频繁，但是可以通过客观条件明确区分被保险人的团体保险，如建筑工程意外险、乘客意外伤害保险和游客意外伤害保险等；（2）被保险人所属特定团体属于国家保密单位，或被保险人身份信息属于国家秘密的。协议签署原则上应该按照公司统一制定的协议文本进行签订，也可以按照客户的要求进行一些必要的补充。对于询价、咨询业务，需提供《团险询价投保书》，无须投保单位盖章和经办人的签字，由业务主管部门确认后提交。

（二）投保资料初审、扫描录入和资料复核

1. 资料初审

投保书提交后，初审岗要对投保书进行初步审核，包括填写内容是否完整、字迹是否清楚、内容有无逻辑错误等。如果在审核时发现问题，应立即向业务员说明并要求投保单位经办人/投保人更正，同时签字确认；如果需要重新填写投保书，则需要业务员交由投保单位重新填写。对于初审通过的投保书，初审人员需在投保书上签章并填妥交接表格，转扫描岗。

2. 扫描录入

扫描岗按照系统的要求和格式，准确地将投保书和被保险人清单扫描进电脑，并上传至核心业务系统。转入录入岗的投保书，录入人员按照投保书的电子格式和电脑系统的要求进行录入。

被保险人清单录入可以有两种方式：直接录入和电子文档转录。投保单位提供书面被保险人清单的，按照被保险人清单的内容直接进行录入；投保单位提供电子文档的，经过检查符合导入文档要求后，通过电脑系统直接转录，转录成功后，需进行抽检校对。所有录入的投保资料，都需要进行准确性检验，如果发现错误，应及时修改。

3. 资料复核

资料录入完毕，必须进行复核，保证录入资料的准确性。

（三）团体健康保险核保

商业型团险业务核保分为询价型核保和确认型核保，具体内容如下：

1. 询价型核保

询价型核保是指客户通过销售人员提供相关的业务信息和资料，经过核保确定保障方案和保费标准的过程。询价型核保由销售人员提供投保资料，并收集相关的核保资料，由销售部门主管确认后，直接提交核保人员核保。核保意见和条件确认后，反馈给销售部门或销售人员，由投保单位提交正式投保资料，按照新契约流程进行承保作业。询价型核保主要适用于以下情形：（1）无法按照标准业务定价的首次投保业务；（2）所有续保业务；（3）其他符合总公司契约核保作业规则有关规定的业务。

2. 确认型核保

确认型核保是指经过询价型核保后提交确定的保障方案和保险费，由核保人员再

次确认的过程。确认型业务通过正常契约流程，由投保单位提交投保资料，契约人员通过初审和录入后，提交核保人按照相关业务的核保规则进行处理。确认型核保主要适用于以下情形：（1）按标准业务定价的首次投保业务；（2）询价型核保通过的首次投保业务；（3）询价型核保通过且客户已同意的续保业务；（4）首次投保后，符合要求的增加被保险人的业务；（5）其他符合总公司契约核保作业规则有关规定的业务。

在核保过程中，发现投保书内容存在填写问题的，由核保人员对所有问题进行记录，确认后正式下发问题函。所有问题函经客户确认返回后，核保人需对反馈信息进行回销确认。需要对部分被保险人进行体格检查的，由核保人发出《体检通知书》，并由核保人对反馈信息进行回销确认。需要对投保单位或者部分被保险人进行契约调查的，由核保人发出《契约调查通知书》，由契约调查人员开展调查，并提交契约调查报告书，核保人对反馈信息进行回销确认。

核保过程必须按公司规定的核保条件和核保规则执行，超出核保权限的，必须报上级核保人审批同意。对于超权限的询价型核保业务，当投保条件和保障方案发生改变后，不得按照原有审批意见擅自承保，需要重新上报审批。核保决定主要有三种：同意承保、变更条件承保和谢绝承保。对于同意承保的，核保人只需按照要求进行同意承保的确定即可；对于变更条件承保的，核保人必须将变更的承保条件和意见填入特别约定栏，以便承保以后快速查询和处理；对于谢绝承保的，核保人员应发出《核保决定书》，告知拒保原因并给出承保建议，明确告知投保单位和业务人员。

另外，对一些非标准业务，核保人可以根据法律法规的要求和公司经营的规定、经验，对手续费、机构费用率、提奖比例等因素适当调整，并将确定的结果按照电脑系统的要求进行记录，以保证经营效益和承保后查询处理。

（四）健康告知、体检和契约调查

核保人可以针对某些被保险人的情况，要求被保险人填写《团险被保险人告知声明书》。属于下列情形之一者应填写：（1）某些特殊人群，如残疾或大于50周岁的人群等；（2）投保人数在20人以下的团体；（3）超出保单平均保障3倍以上的被保险人；（4）核保人认定需做健康告知的其他情形。

核保人员可以针对某些被保险人的情形，要求被保险人体检。属于下列情形之一者应要求体检：（1）超出保单平均保障3倍以上的被保险人；（2）投保人数小于20人的团体；（3）核保人认定需做体检的其他情形。

核保人员可以针对投保单位的情况，要求进行契约调查。属于下列情形之一者应进行契约调查：（1）需对参保人员的人数、比例或身份加以确认的；（2）不同人群保障差别明显异常的；（3）对投保信息存在疑问的；（4）为特殊人群提供保障的；

(5) 需要确认投保信息的其他情形。核保人员需要明确调查对象及调查项目，以利于契约调查人员开展调查及撰写调查报告，由核保人员对反馈信息进行确认。

（五）承保出单与保险合同送达

当投保申请通过核保后，承保岗应尽快承保，打印保险合同。保险单应载明客户一般信息、保障内容、保险期间、保险费支付等项目。承保岗应将保险单、保险条款或协议、回执和相关文件资料一并装订成保险合同并完成质检。如有《缴费通知书》，则无须装订，随保险合同送达即可。

装订后的保单资料由业务人员送达投保单位，并要求投保单位在回执上签字确认，由业务员交回承保岗进行回销处理。承保岗在承保完成后负责对客户的所有投保资料进行整理存档，完整的投保档案定期移交给分公司档案管理部门统一管理。

本章小结

1. 商业团体健康保险是以各种社会团体为投保人，以其所属员工为被保险人（包含团体中的退休员工），承保员工因为疾病、意外伤害或怀孕等造成的风险而给付保险金的保险，团体健康保险相比个人健康保险有其特殊性。

2. 商业团体险承保服务包括初审、扫描、录入、复核、核保、体检/契调、承保出单等程序，商业团体险在法人投保和核保过程有专门的要求。

思考题

1. 团体健康保险对"团体"有哪些界定？对投保人及被保险人有哪些要求？
2. 相比个人健康保险，团体健康保险有哪些特点？
3. 团体健康承保包括哪些业务范围？核保作业流程涉及哪些环节，每个环节有哪些工作要领？
4. 团体健康保险核保中询价型核保和确认型核保是如何界定的，各有哪些适用情形，在实际中如何操作？

第九章

健康保险合同生成与送达

健康保险合同生成与送达,包括健康保险生成与缮制和保险合同送达与回执管理,是在落实健康保险承保业务的最后一环,对客户意义重要。

第一节　保险合同生成与缮制

一、保险合同生成的条件

保险合同生成须具备两个条件:一是投保要约已经通过核保审核;二是公司已收到足额的首期保险费。对于不能通过核保的投保件,在系统内做拒保延期或撤单处理。对通过核保但没有交足首期保费的投保件,系统自动生成催收保费记录,作业人员打印《保单缴费明细通知书》,送达业务人员,通知投保人在规定期限内交付差额保险费。对于在《保单缴费明细通知书》发出10天后,投保人没有交付或交足首期保险费的投保件,作业人员作新单撤销处理。对于在《保单缴费明细通知书》发出10天内投保人交付或交足了首期保险费的投保件,作业人员即可进行保险合同的缮制处理。如投保书填写时保费计算错误、承保条件变更、部分险种未承保等情况导致预交保费大于承保保费的,系统自核或核保通过后系统生成溢缴通知书,为客户办理余额领取手续。

二、缮制保险合同

(一) 保险合同的构成、内容

1. 保险合同的构成

新缮制的保险合同,应由封面、保险合同索引、保险单正本、现金价值表、保险条款(长期险不含费率表)、投保资料影印件、服务指南、保险合同送达通知书、保险单送达回执、批注粘贴页、封底等构成。

2. 合同内容的说明

(1) 保险合同号码的说明。合同号码一般由15位数字组成,第一至第九位为客户号,第十五位为该客户的保险合同序号,其余为流水号。

(2) 合同生效日说明。公司同意承保并收取足额首期保费的次日为合同生效日。

(3) 保额、档次的说明。是指公司同意承保的保额或档次。

(4) 保险费的说明。保险费为标准保险费,加收的保险费在保险单正本"特别约定"栏中注明。

(5) 受益人的说明。受益人内容在保险单正本"特别约定"栏中注明。

(6) 营销单位信息说明。营销单位信息在保险单正本底行说明,包括营销机构名称、营业单位代码、业务员代码。营业单位代码为售出该保险合同的业务员所在营销机构的代码,业务员代码为售出该保险合同的业务员的代码。

(二) 保险合同的缮制

对投保状态为"自核通过"和"核保通过"的投保件,系统会核对、比较应收费金额与实收费金额的大小,如果实收金额大于或等于应收费(标准保费与加收保费之和)金额,则系统进行自动签单,投保件状态转为"已签单"状态,并产生保险合同号码,如果实收费金额为零,或小于应收费(标准保费与加收保费之和)金额,则系统中投保件的状态为"待收费",系统同时产生应收保费记录。只有投保状态为"已签单"的投保件,才能流转到保单打印程序,合同缮制人员应按下列要求进行保险合同的打印。

1. 打印内容

标准保险合同的打印内容为保险合同索引、保险单正本、现金价值表、保险条款(长期险不含费率表)、投保资料影印件、服务指南、保险合同送达通知书、保险单送达回执、批注粘贴页。

2. 打印操作

对于流转入保单打印程序的投保件,可采用批次打印或单独打印的方式操作。待打印保单可按登陆机构、保单类型（标准保单、万能保单）、投保印刷号、保险单号、业务员信息、核保通过日期等条件进行选择性查询并打印。

3. 合同装订

合同缮制人员按照保险合同打印顺序，配好合同封皮和封底后采用胶条装订保险合同，质检无误后按照分发单位制作合同交接清单，于两个工作日内分发至各营销机构。

（三）保险合同的检查与核对

合同缮制人员在制作好保险合同后，要进行质量检查和核对，确保无误后再下发。质检要求如下：

检查保险合同中的保险单内容是否与投保书中的相关内容一致，特别是客户姓名、保额、保费、受益人等信息。

检查合同条款与客户投保险种是否一致，现金价值表或万能险账户清单是否准确无误。

检查合同要素是否齐全。

（四）保险合同的差错处理

1. 合同录入错误的处理

对于合同要素错误的保险单，机构要上报给总公司契约管理人员进行处理，同时使用保单特需处理申请表和应用系统数据维护申请表。待系统数据修改后，重新打印出单，原错误保单加盖作废章后封存，集中销毁处理。

2. 合同影像件错误的处理

对打印失败、影像件不清晰、影像件错误的保险合同，机构要上报总公司契约管理人员进行处理，同时使用保单特需处理申请表。扫描修改后重新打印出单。原错误保单加盖作废章后封存，集中销毁处理。

（五）保单的统计和日结

对每天系统内待打印、已打印和已分发的保险合同，保险合同缮制人员都要进行日结和统计。

第二节　保险合同送达与回执管理

一、保险合同的送达

签发的保险合同须在两个工作日内发放，可交业务员送投保人，业务员须在

"保险合同交接凭证"中签字，并填写收到保险合同的日期。业务员须按照公司营销人员管理的相关规定及时将保险合同送达客户，并取回客户亲笔签名的回执。签发的保险合同也可直接向投保人寄送，寄送的合同须要快递公司按时交回客户亲笔签名的回执。

二、保险合同回执管理

契约人员收到投保人亲笔签名的保险合同送达回执后，须在回执上签署"经办人"姓名，并在一个工作日内进入核心系统中回销，准确录入"合同签收日期"，进行"回执核销"。核心系统也将从客户填写的"合同签收日期"开始自动计算犹豫期。回销完毕的回执须及时归入该投保单对应的新契约业务档案，整理后进行归档处理。

本章小结

1. 保险合同生成须具备两个条件：一是投保要约已经通过核保审核；二是公司已收到足额的首期保险费。
2. 保单送达到投保人手中并获得回执，承保手续才算办理完毕。

思考题

1. 保险合同生成的条件有哪些？保单缮制存在哪些工作要领？
2. 保险合同的送达与回执管理具有哪些要求？

第十章

健康保险客户回访服务

客户回访对于客户的续保和健康保险公司的长期可持续发展来讲,意义非常重要,通过客户回访不仅可以得到客户的认同,还可以为保险公司创造客户价值。充分利用客户回访技巧,特别是利用客户关系管理来加强客户回访,会对保险营销起到意想不到的效果。

第一节 客户回访概述

一、客户回访的概念

保险客户回访是指保险公司在客户投保后,按照规定对一年期及以上新单业务实行100%回访。客户回访实行全程备份,有利于保证投保人明确自身权益,避免保险纠纷,可以在最短时间内解决可能存在的保单品质问题,是一项对客户和保险公司都有利且防范可能发生风险的前置性举措。

基本回访内容主要包括:确认受访人是否为投保人本人;确认投保人是否购买了该保险产品以及投保人和被保险人是否按照要求亲笔签名;确认投保人是否已经阅读并理解产品说明书和投保提示的内容;确认投保人是否知悉保险责任、责任免除和保险期间;确认投保人是否知悉退保可能受到的损失;确认投保人是否知悉犹豫期的起算时间、期间以及享有的权利;采用期缴方式的,确认投保人是否了解缴费期间和缴费频率等。

二、客户回访的模式

由保险公司总部呼叫中心集中电话回访，对于确实无法通过电话完成的回访由各分公司已面访的方式进行二次回访。首先由总公司呼叫中心开展对所有应访新契约保单的集中电话回访工作，对于集中电话回访后的不成功件（包括电话错误件、方言件等），再由各分公司通过信函、书面等方式进行后续回访，同时由各分公司对电话回访产生的诸如保险责任不明确等契约品质件进行后续处理。

（一）集中电话回访

电话回访作业必须在总公司电话中心开展，所有回访通话录音及相关信息必须在录音监控系统中记录，成功件、核实件、问题件、面访件的保存和流转通过在客户服务系统中以工单形式进行。对于通过各种方式均不能成功回访的，回访人员应当就回访情况及不能成功回访的原因等有关内容进行详细记录。

（二）面见回访

对于不愿或无法接受电话回访的客户，各分公司客服人员通过上门回访，填写新契约回访问卷，由投保人本人亲笔签名后上报相关负责人，在客户服务系统中录入回访结果。回访范围为所有个人投保的一年期及以上的健康保险产品，以及各地保险监管机构要求的其他回访范围，回访对象一般为投保人本人。

三、回访档案管理

（一）录音档案

总公司信息技术部负责电话回访录音的保存和备份工作，并配合总公司客服部及各分公司完成录音的调取，所有录音文件的保存期限不得低于20年。

（二）电子文档

电子文档包括通话记录清单以及录音文件、新契约回访业务相关信息系统的各类数据，用于新契约回访业务的各类表格单证的扫描件文件等。总公司信息技术部负责配合总公司客服事业部客服部对电子文档进行保存和备份，所有电子文档的保存期限不得低于20年。

(三) 纸质档案

纸质档案包括与回访业务相关的各类表格、单证等。总公司客服事业部客服部及各分公司专人负责定期整理、分类、归档保存，保管期限自归档起不得低于10年。

第二节 保险客户回访实务

一、保险客户回访制度设计

(一) 公司总部集中电话回访

公司总部呼叫中心须在银保通新契约保单承保次日，其他保单为回执回销次日或保单承保15天后，按照公司新契约回访话术开展集中电话回访；回访后将核实件、方言件及其他回访不成功件通过客服系统工单下发至各分公司进行后续处理；回访中产生的问题件也要通过客服系统工单转发至各分公司进行后续处理。

(二) 各分公司后续回访

各分公司要在收到集中电话回访不成功件后1个工作日内完成后续处理，保证在犹豫期内完成回访。

各分公司接收到总公司呼叫中心转办的核实件后，要在3个工作日内由相应业务部门与客户核实正确的联系方式后，再由总公司呼叫中心开展后续回访工作。

各分公司的后续回访应采用包括书面、信函等方式对集中电话回访的不成功件进行后续回访。

各分公司开展书面和信函回访时，应事先与投保人联系，回访时应由客户本人填写新契约回访书面问卷，同时附加投保人身份证复印件；未提供身份证复印件者视为无效。

各分公司运营管理部与相关业务部门交接各类新契约回访单证时，应根据分公司情况填写交接表，双方确认交接工作。

(三) 契约品质件处理

新契约回访中发现存在契约品质不良问题的问题件，各分公司要在接受到任务后

3个工作日内安排销售人员向客户进行解释说明并解决相关问题，同时记录处理情况及处理结果。对于处理完成的问题件，各分公司应按照当地保险监管机构的要求，开展相应的后续回访。

（四）回访考核制度

保险公司总部客服部要建立新契约回访考核评价制度，针对各分公司不同管理环节，以月报和年报数据为基础，设定考核指标，定期不定期地进行考核评价，并将考核结果进行通报，同时纳入考核范畴。

1. 数据统计

（1）月报：每月第一个工作日对上月的回访工作进行整理、分类，针对当月的回访工作做出阐述和分析，上报总公司客户服务部。

（2）年报：每年12月底汇总全年的回访业务数据及运营情况，热点问题及建议等，以书面报告形式上报总公司客户服务部。

2. 回访主要考核指标

回访主要考核指标为回访成功率，计算公式如下：

回访成功率 =（总公司集中回访成功件数 + 各分公司后续回访成功件数）÷公司新契约应访件数×100%

3. 考核要求

各分公司销售管理部门应确保投保人的联系电话及通讯地址均填写真实、有效，对故意不填电话、地址或填写为销售人员、销售机构电话地址的造假行为，一经发现，由各渠道业务管理部门对该单销售人员进行相应处罚。若新契约回访工作不符合监管机关的工作要求，发生监管处罚事件，要追究有关人员的管理责任。

二、客户回访的工作原则和要求

（一）客户回访的工作原则

承保客户回访既是对业务员的监督，也是对客户利益的保证，在实际工作中应该秉持以下原则：

1. 依法合规原则

回访项目、回访内容等均按照保监会及各地保险监管机构的相关要求制定。

2. 集中管理原则

根据业务发展要求，由总公司呼叫中心统一进行回访工作；分公司相关部门集中对回访不成功件、问题件、核实件、信函件协助回访。

3. 客户满意原则

回访项目、回访内容及回访频次以维护客户利益，提升客户满意度为原则。

（二）客户回访的要求

1. 回访比例

按100%比例进行回访。

2. 回访时效

所有渠道的新契约回访件需在犹豫期内完成。

3. 回访问卷制定

用于电话回访的问卷及书面、信函回访的书面回访问卷应按照中国保监会及各地保险监管机构的要求，由总公司客服部与业务销售部门协商沟通后制定。

三、客户回访工作流程

客户回访的目的在于：（1）提高客户对公司服务的满意度；（2）全面了解客户的服务需求和消费特点；（3）提高公司信誉，传播公司客户服务理念。

客户回访适用于客户服务专员对客户进行的例行回访和针对大客户的特定回访，具体的工作流程如下：

（一）调取客户资料

客户服务专员根据公司客户资料库和客户回访的相关规定对所保存的客户信息进行分析；客户服务专员根据客户资料确定要拜访的客户名单；客户服务专员根据客户资料确定每个客户拜访的具体目的。

（二）客户拜访准备

1. 制订回访计划

客户服务专员根据客户资料制订客户回访计划，包括客户回访的大概时间、回访内容、回访目的等。客户服务专员要根据公司业务情况结合客户特点选择适合的回访方式。

2. 预防回访时间和地点

客户服务专员及时同客户联系，与客户预约回访的时间和地点；时间和地点的预约要充分考虑客户的时间安排，不打扰客户。

3. 准备回访资料

客户服务专员根据客户回访计划准备客户回访的相关资料，包括客户基本情况

(姓名、职务、年龄等)、客户服务的相关记录和客户消费特点等。

(三) 实施回访

客户服务专员要准时到达回访地点；客户服务专员要热情、全面了解客户的需求和对服务的意见，并认真填写客户回访记录表；回访结束后，客户服务专员要及时将回访的相关资料归还给公司，如果由于客观原因确实无法归还，应报客户服务主管批准。

(四) 整理回访记录

客户服务专员在结束回访的第二天应根据回访过程和结果，根据客户回访记录表，填写客户回访报告表，主要对客户的回访过程和回访结果进行汇总和评价。

主管负责人审阅。客户服务主管对客户服务专员的客户回访记录、客户回访报告表进行审查，并提出指导意见。

(五) 资料保存和使用

客户服务部相关人员对客户回访记录表进行汇总，并经过分类后由专人负责保存。

相关市场开拓部参考客户回访的相关资料制订客户开发计划和客户销售策略。

本章小结

1. 客户回访是健康保险客户服务的重要环节，是指保险公司在客户投保后，按照规定对保险产品或保险服务满意度和客户消费行为对客户进行回访。

2. 客户回访对受访人就个人信息、投保信息、知悉保险合同等方面进行确认，为维护客户和公司的利益进行调查。

3. 总公司、分公司和公司客户服务部门从制度上对客户回访提出了明确的规定，对工作原则和要求也有专门的规定，在业务工作流程上从调取客户资料、准备回访、实施回访、整理回访记录和资料保存和使用，都有一整套的程序。

思考题

1. 健康保险客户回访的意义何在？健康保险客户回访的典型模式有哪些？
2. 健康保险客户回访对客户主要涉及哪些方面的内容？
3. 在实际工作中，保险客户回访应遵守哪些原则，符合什么要求？
4. 保险客户回访包括哪些工作流程，具体有哪些工作要领？

第十一章

健康保险理赔服务

保险理赔是保险公司为履行保险合同、承担保险责任，进行业务处理和保险金给付的行为。理赔服务管理是指与公司理赔相关的规划、组织、实施、控制和评价等业务活动及其他配套管理行为。保险理赔是实现保险保障的根本体现，也是客户最为关注的服务环节。要做好理赔服务，需要前后线部门、内外勤的通力协作与配合，特别是服务理赔服务人员的专业水平和服务意识都至关重要。

第一节 健康保险理赔基本理论

一、健康保险理赔概念与理念

健康保险理赔是指在健康保险标的发生保险事故而使被保险人遭受意外伤害事故或罹患保险责任标的范围内的疾病时，保险公司根据健康保险合同规定，对承保范围内发生的医疗费用、失能收入减少等情况进行审核理算，履行赔偿或给付责任的行为。

在保险公司对承保客户的理赔服务中，保险理赔应该秉持三大服务理念：

第一，保险公司必须遵守合同条款，切实履行赔付的职责与义务。健康保险合同所规定的权利和义务关系，受我国《保险法》等相关法律保护。保险人和被保险人之间的权利、义务关系是通过保险合同建立起来的。[1] 因此，保险公司必须遵守保险合同条款中规定的权利和义务，在享受收取保户保费权利的同时，也要正确维护保户的合法权益。在处理赔案中，对保险人而言，实际上是保险人履行合同中所约定的赔偿或给付义务的过程，而对被保险人而言，则是实现保险权利、享受赔偿或领取保险金的过程。总之，保险公司在处理赔案时必须遵守保险条款，即按照保险合同条款处理保险赔案。

第二，理赔工作应该注重时效和效率。如保险合同规定有期限的，保险公司应该在约定期限内开展理赔工作，完成对被保险人或受益人的给付；如果没有约定的，也应该尽快做出给付。[2] 任何拖延赔案处理的行为都会影响保险公司在被保险方心目中的声誉，从而影响、抑制其今后的投保行为，甚至造成不良的社会影响和后果。因此，保险人在理赔时，应主动了解受灾受损情况，及时赶赴现场查勘，分清责任、准确定损，迅速而合情合理地赔偿损失。

第三，处理赔案必须合情合理，具体情况具体处理。在处理赔案过程中，要实事求是地进行处理，根据具体情况，正确确定保险责任、给付标准、给付金额。被保险人或受益人提出的索赔案千差万别，案发原因也错综复杂。对于某些损失发生的各种原因交织在一起的赔案，有时根据合同条款可能较难做出是否属于保险责任的明确判断，加之合同双方对条款的认识和解释上的差异，会出现赔与不赔和赔多与赔少的纠纷。在这种情况下，保险人既要严格按照合同条款办事，又不能违背条款规定，做到合情合理地对不同案情的具体情况进行具体分析和灵活处理赔案。

二、健康保险理赔的独特性

健康保险理赔具有一定的独特性。例如，相比一般的财产保险和人寿保险理赔，健康保险在被保险人遭受意外伤害事故或患病时，保险公司给付的保险金不是像人寿保险或意外伤害保险那样给付事先约定的金额，财产保险中的损失补偿原则在健康保险中通常也不适用[3]（见表11.1）。

表11.1　　　　健康保险理赔与财产保险理赔、人寿保险理赔的比较

比较项目	健康保险理赔	财产保险理赔	人寿保险理赔
保险金理赔的基础	医疗费用或收入损失的补偿或约定金额	财产损失补偿	事先约定的金额

---

[1] 粟芳，许谨良：《保险学》，清华大学出版社2011年第二版，第423页。
[2] 孙祁祥：《保险学》，北京大学出版社2017年第六版，第257页。
[3] 吴海波，陶四海：《健康保险核保与理赔》，科学出版社2017年版，第142页。

续表

比较项目	健康保险理赔	财产保险理赔	人寿保险理赔
保险金给付的确定性	不确定	不确定	确定
受益人	一般为被保险人本人	投保人（被保险人）	被保险人及第三方
代位求偿原则	视情况而定	适用	不适用
保险金给付的协调（比例分解）	视情况而定	适用	不适用
被保险人或受益人防止或减少损失的费用	不承担（有的承担合理预防性用药）	适用	不适用
健康保险的特殊条款	包括免赔额、观察期、比例给付条款、既往症和保险金给付的协调等		

关于健康保险的特殊条款，阐释如下：

（一）免赔额

免赔额是指由保险公司与投保人（被保险人）事先约定，损失额在规定数额之内，被保险人自行承担损失，保险人不负责赔偿的额度。因为免赔额能够消除许多小额索赔，由此减少损失理赔费用，从而降低保险公司的经营成本。而从投保人的角度来看，费率也相对较低。

正因为如此，保险公司一般都会对健康保险中一些金额较低的医疗费用采用免赔的规定，保免赔额条款在健康保险中得到广泛的使用。赔额条款要求保险人根据保险的条件做出赔付之前，被保险人先要自己承担相应的损失额度。以人保健康为例，除部分没有免赔额的医疗险产品外，其余基本都有100—150元额度的免赔额。也就是说，低于该金额的医疗费用是不能获得理赔的。如前所述，这种让投保人自担小额风险的规定，让保费可以更加低廉。

（二）观察期

观察期又称为等待期或免赔期，它是指健康保险中保险人为了防止被保险人带病参加健康保险，降低赔付率而做出的规定。健康保险的保单中常规定一个观察期，被保险人在观察期内由于疾病、生育及其导致的病、残、亡发生的支出医疗费用或收入损失，保险人不负责任。观察期结束后，健康保险责任才正式生效。

在健康保险中，观察期一般是针对在医疗保险、重大疾病保险这几类健康保险中，被保险人在首次投保时，从合同生效日算起的一段时间内被保险人患病，保险公司不予承担赔偿责任。从观察期的时限来看，在普通住院类医疗保险中，观察期一般为60天或90天；在重大疾病保险中，观察期一般为90天、180天、一年。①

（三）比例给付条款

比例给付条款又称为共保比例条款，它是指保险人采用与被保险人按一定比例共同分摊被保险人医疗费用的保险赔付方式。在此种情形下，它相当于保险人与被保险人的共同保险。

如果同一份健康保险合同既有共保条款又有免赔额条款，则保险人对超出免赔额部分的医疗费用支出，采用与被保险人按一定比例共同分摊的方法进行保险赔付。健康保险是以人的身体为标的，不存在是否足额投保的问题。但由于其承保的风险不易控制，因此，在大多数健康保险合同中，保险人对医疗保险金的支出有比例给付的规定。当然，通常是保险人承担其中的大部分费用。这样，既有利于保险人对医疗费用的控制，也有利于保障被保险人的经济利益，由此达到保险保障的目的。

（四）既往症

"既往症"指被保险人在投保之前，身体上已经发生的疾病或是有健康上的异常。若有既往症，被保险人在投保时一定要将此情况详细告知保险公司，如发生故意隐匿、过失遗漏或不实之说明等情况，保险人可以据此解除合约。

针对不同程度的既往症，保险公司一般采取风险规避原则，如加费、除外、延期甚至拒保处理。而医疗险对于既往症的处理，其核保要求严于重疾保险，尤其是在线百万医疗产品，如有既往症几乎无法通过在线核保。

（五）保险金给付的协调

在健康保险理赔过程中，还要注意有无保险金协调给付的规定。因为在某些情况下，被保险人会拥有一份以上的健康保险合同，即会存在超额投保的情况。为防止被保险人从伤害或疾病事故中不当得利，大部分团体健康保险保单和少数个人健康保险保单都规定有保险金支付的协调条款，由此保证被保险人得到的所有保险金给付不会超过其实际损失的总额。这与人寿保险和意外伤害保险理赔的有关规定是不同的。

三、健康保险理赔服务的管理原则

理赔服务作为客户服务的核心环节，直接关系到客户和保险公司的利益。理赔服

---

① 中国金融教育发展基金会金融理财师标准委员会（FPCC）组织编写：《个人风险管理与保险规划》，中信出版社2004年版，第337页。

务管理应遵循"集中、分类、授权、合规、经济"的基本原则,具体如下:

(一) 集中管理原则

集中管理原则是指公司管理制度、业务流程、理赔规则、信息系统、理赔数据、理赔权限、理赔人员评聘考核和超过分公司权限的理赔案件审核,实行总公司集中管理。

(二) 分类管理原则

分类管理原则是指公司理赔工作根据不同的业务类型实施分类管理。

(三) 授权管理原则

授权管理原则是指公司根据各类型业务特性、赔案类型、各分公司运行管理能力和水平等对理赔业务处理实行授权管理。

(四) 合规管理原则

合规管理原则是指理赔各项工作必须遵守国家法律法规和保险监管部门相关规定。

(五) 经济原则

经济原则是指理赔各项工作所需的成本投入既要满足业务运行需要又要经济合理,积极促进实现理赔效益最大化。

第二节 客户对健康保险索赔的流程

一、理赔报案

理赔报案是指被保险人发生意外伤害或疾病后,投保人、被保险人、受益人或知情人及时向保险人履行法定通知义务的行为。保险公司就理赔报案对报案主体、报案方式、报案时限、报案要点进行明确的规定。

(一) 报案主体

报案主体可以是投保人、被保险人、受益人,也可以是被保险人、受益人亲属或事故知情人。另外，保险代理人也可协助投保人、被保险人及受益人报案。

（二）报案方式

报案人可以采取如下报案方式向保险公司报案：通过保险公司全国统一服务热线报案，受理报案服务为 7×24 小时；直接到公司分支机构客服柜面报案，由综合柜员接待办理；也可以通过公司官方网站进行报案。

（三）报案时限

根据《保险法》和保险条款规定，投保人、被保险人或者受益人知道出险事故发生后，应当于 10 日内及时通知保险公司。故意或者因重大过失未及时通知，致使保险事故的性质、原因、损失程度等难以确定的，保险人对无法确定的部分，不承担赔付或者给付保险金的责任（因不可抗力导致的延迟除外）。

（四）报案要点

报案时需知道保单号、投保人或被保险人身份证号中的任意一项；报案人需准确描述保险事故的时间、地点、事件和结果。如果发生报案内容错误或者不清等情况，待重新核实后可进行补充报案。

二、准备单证

理赔资料分为基本资料和特定资料，基本资料系所有申请类型都需要准备的资料，特定资料则是指与理赔申请类型对应的特定单证。基本资料包括：

（一）保险合同类材料

保险合同类材料包括保险单（非合同终止时可免提交）、批单、缴费凭证（可免交），如遇遗失保险合同时，需先在公司办理保险合同补发，其后再提交理赔申请，可一并申请办理。

（二）身份证明类材料

身份证明类材料包括申请人身份证明、受托人身份证明、申请人与出险人关系证明、监护证明（未成年人及无民事行为能力人由监护人代为申请时提供）以及其他特殊证明或声明等。

（三）特定资料

特定资料包括：索赔申请书（含资料调阅授权书）、出险事故证明、医疗类索赔单证、残疾鉴定书、境外出险证明材料等。

三、理赔申请

申请人资格、申请时效、申请方式等必须符合相关法律以及保险公司的规定。

（一）申请人资格

医疗、重疾、残疾（高残）保险金及豁免责任必须由本人提起申请（未成人及无民事行为能力人可由被保险人监护人代为申请）；身故保险金由指定受益人或法定受益人提起申请（未指定受益人，未指定身故受益人或者指定不明确，那么根据《保险法》第四十二条规定，被保险人死亡后，保险金作为被保险人的遗产，由保险公司根据《中华人民共和国继承法》的规定履行给付保险金的义务）。

（二）申请时效

根据我国《保险法》第二十六条规定，人寿保险的被保险人或者受益人向保险人请求给付保险金的诉讼时效期间为五年，自其知道或者应当知道保险事故发生之日起计算。人寿保险以外的其他保险的被保险人或者受益人，向保险人请求赔偿或者给付保险金的诉讼时效期间为二年，自其知道或者应当知道保险事故发生之日起计算。因此，在健康保险中，申请时效为二年。健康保险的被保险人或受益人必须在索赔时效内提出，超过时效，被保险人或受益人不向保险人提出索赔，不提供必要单证和不领取保险金，视为放弃权利。

（三）申请方式

理赔申请仅限书面申请，受益人应按单证准备要素，备齐资料后，交由保险公司分支机构柜面进行申请。

（四）申请书填写注意事项

按照反洗钱的要求，客户身份识别要素必须完整，主要包括姓名、性别、国籍、职业、住所地或者工作单位地址、联系方式、身份证件或者身份证明文件的种类、号码和有效期限。其中，客户的住所地与经常居住地不一致的，登记客户的经常居住地；委托四要素必须完整（若存在委托），包括受托人姓名、联系方式、身份证件证明和证件号码等。

（五）其他事项

申请人必须亲笔签名，多名受益人需要分开填写申请书；受益金（未成年人和无民事行为能力人外）均由本人领取（打入本人账户）。

四、保险公司审核

审核是指核赔人通过审理申请人提交的索赔资料和相关查勘资料与结论，依据保险合同条款约定以及保险法等相关法律，准确判定保险人是否承担保险责任以及承担保险责任范围区间的行为过程，是保险金正确给付理算的基础。

五、结论通知

（一）理赔决定与通知

理赔案件处理完毕后，保险公司将每天定时进行银行转账，一般在一天内到账。公司统一发短消息通知客户理赔结案，提示其关注理赔款到账情况，如果客户需要给付明细，可以到保险公司官网查询下载，或到当地机构柜面领取。

（二）拒付决定与通知

拒付案件将由专人电话说明或约访见面说明，并且在出具拒付结论后三天内寄送或当面出具拒付通知书。通知书将列明拒付原因或者其他客户需要了解的事宜，被保险人可在接到通知后与当地理赔人员咨询。

第三节 健康保险理赔服务环节

一般的理赔案件处理包括理赔案件的受理、账单录入、审核、理算、审批、给付、申诉纠错等环节，以及理赔案件抽检稽核、理赔调查和理赔业务材料归档等程序。健康保险理赔服务环节主要包括为客户提供的理赔报案受理、理赔审核、理赔调查、理赔给付、理赔善后处理等服务以及保险监管部门要求开展的其他服务等。理赔案件处理各环节应当按照理赔作业程序规则进行相关操作，具体流程见图11.1。

一、案件受理、材料初审与登录

保险公司理赔受理人员统一负责理赔案件的受理、登录与材料初审，具体如下：

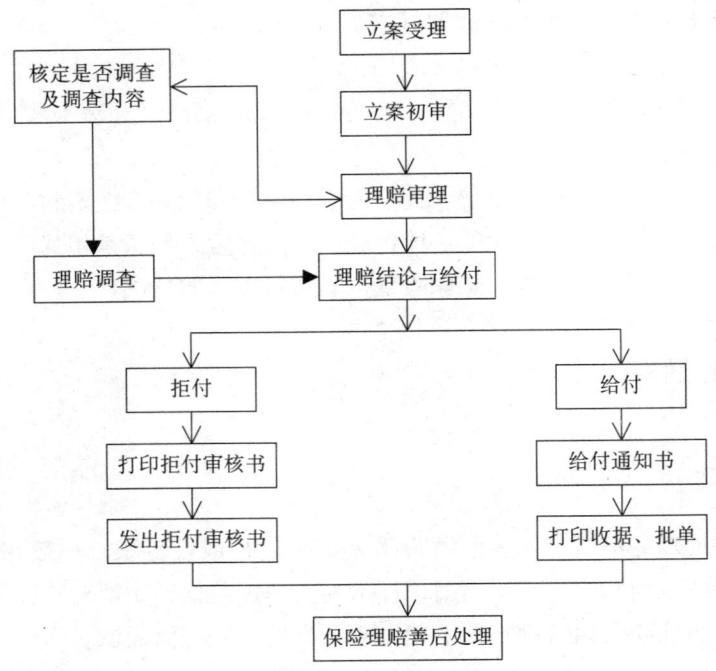

图 11.1　健康保险理赔服务流程图

（一）案件受理

客户可以通过上门、电话、传真、邮件、信函等各种方式提出理赔服务的申请，但是保险金的理赔申请和对理赔处理结果的申诉，应以客户书面材料提出为准。依据客户提出理赔服务申请的方式和性质，理赔受理人员对案件进行分类处理。理赔处理具体分为理赔通知、理赔咨询、理赔申请、理赔申诉和理赔纠错五种类型。对于不同的案件，理赔受理人员应及时根据不同处理类别，按照核心业务系统界面的要求进行录入。

（二）材料初审

对于客户的理赔申请和案件申诉，理赔受理人员需要对客户提交的材料分类进行充分性和真实性审核。对于疾病类理赔案件，客户提交的申请材料必须附有疾病诊断证明，其他资料根据保险条款规定提供；对于非疾病类理赔案件，如意外身故、没有疾病诊断证明的，按一般健康保险中的保险条款或保险协议中的规定提供材料。

客户提交的申请材料不齐全，欠缺数量较多，且对理赔决定有较大影响的，进行受理登记后，可以将材料退还给客户，及时一次性告知投保人、被保险人或者受益人补充提供，并附上《补充材料通知书》；客户提交的申请材料不齐全，但欠缺数量较少且对理赔决定影响不大的，进行受理登录后，可以留存申请材料，同时直接向客户发出《补充材料通知书》，限期补齐。客户提交的申请资料补充齐全后，在核心业务系统界面录入材料补齐日期。需要退还的原件，须加盖公司理赔专用印章，所有退还材料均需复印留档。

（三）登录

对于客户提出的理赔申请，可以按批次受理，统一进行案件的申请登录，统一处理。若理赔申请材料齐全且符合理赔审核要求，理赔受理人员进行材料的整理和排序，并判断是否为需要即时给付的简易案件。

对于即时给付案件，理赔受理人员在对申请材料进行整理和排序，并进行申请受理登录后，打印《理赔申请回执》，一式二份，一份交申请人，一份随理赔案卷直接流转给理赔助理岗进行即时处理，结案后交扫描岗进行理赔资料的扫描。

对非即时给付的案件，理赔受理人员在对申请材料及时整理和排序，并进行申请受理登录后，打印《理赔申请回执》，一式二份，一份交申请人，一份随理赔案卷流转给扫描岗进行扫描、质检、清分和影像上传，由核心业务系统提交给案件处理人员。

扫描完成后，扫描岗将理赔资料转交理赔助理岗，依材料类别、时间顺序对材料进行整理、装订，完成后转入归档流程。

二、健康保险理赔审核处理

（一）理赔审核的分类

理赔案件可以分为简易案件、一般案件和复杂案件。简易案件是指符合简易案件标准，不需要进行理赔调查，可以在分公司客户柜面进行即时给付的理赔申请件；一般案件是指超出简易案件范围，不需要进行理赔调查的理赔申请件；复杂案件是指经理赔受理、一般案件审核确定，符合理赔提调标准，需要进行理赔调查的理赔申请件。

对于个人理赔案件，在收到被保险人理赔申请及有关证明资料后，对简易案件通常应在3日内结案（客户柜台申请的简易案件可即时结案给付）；一般案件应在收到理赔申请材料后5个工作日内结案；复杂案件应在收到理赔申请材料后30个工作日内结案。对于团体理赔案件，一般案件应在收到理赔申请材料后15个工作日内结案；复杂案件应在收到理赔申请材料30日内结案，但合同另有约定的除外。

理赔人在各自的给付权限范围内具有独立审批权。理赔人在做出属于保险责任的核定后,应进一步进行理赔审核并按照理赔流程继续开展后续的理赔服务。如果理赔人做出不属于保险责任的核定,应当自做出核定之日起3日内,向被保险人或者受益人发出拒绝赔偿或者拒绝给付保险金的通知书,并说明其理由。另外,理赔人在案件审核期间,对客户申请内容负有保密义务,不得对外透露,且不得作任何形式的承诺。如果涉及有亲属关系或有其他利害关系的案件时,理赔人必须执行回避制度。

(二) 理赔审核内容

理赔审核主要包括合同审核、事故审核、申请资料审核、医疗费用审核和受益人审核等几个方面,以下将对这些方面展开说明。

1. 合同审核

合同审核主要包括:确认出险人姓名、身份证号码、年龄、职业与投保信息是否相符;确认保单状态,是否有保单失效或保单中止等情况,是否有保全变更情况;确认保单是否存在补充告知、特别约定或补充协议等事项;确认被保险人健康告知、保障告知、既往病史、既往理赔等情况。

2. 事故审核

事故审核主要是:审核保险事故相关信息;确认事故发生是否在保险期间内;确认事故责任类型;判断保险事故赔付险种;判断保险事故是否属于免责事项;确认是否为观察期内发生的保险事故。

3. 申请资料审核

理赔申请材料原则上要求提供正本,若提供复印件则须原件留存机构加盖印章。申请资料审核具体包括:

(1) 就诊资料审核。就诊资料审核主要包括:审核收据、发票是否为原件;审核医院出具医疗发票的真实性;审核医院发票有无加盖收费专用章;根据条款约定审核就诊资料是否齐全;审核就诊资料的真实性、有效性和合理性;审核重点为初诊日期、现病史、既往史、疾病诊断、相关检查报告及治疗项目等内容。

(2) 证明资料审核。证明资料审核主要包括:申请手术定额津贴须提供医院出具的手术记录;申请重症监护病房日额津贴须提供医院出具的入住重症监护病房期间的病历;申请意外伤害、意外医疗赔付须提供意外事故证明;申请意外烧伤保险金或意外伤残保险金须提供医院或合法鉴定机构出具的烧伤程度或身体残疾鉴定证明;申请身故保险金须提供户籍注销证明、公安部门出具的身故证明或医院出具的居民医学死亡证明书;病理诊断报告须为二级以上医院出具;团体保单下被保险人申请理赔应提供单位加盖公章的相关证明;对于使用补偿原则的案件,申请人需提供已注明给付比例或给付金额的医疗费用收据原件或复印件,收据原件或复印件应加盖给付单位公章。

4. 医疗费用审核

对于约定有责任延续条款的产品,保险公司一般承担发生在保险期间内且延续至合同到期日后30日内的住院治疗费用。对于发生在保险期间内的意外事故,保险公司一般承担意外事故发生之日起180日内的意外医疗费用;如果被保险人因同一原因再次住院,距上次出院不足30日的视为同一次住院。

审核医疗费用是否属于责任约定或当地基本医疗范围,费用型医疗保险适用补偿原则;此外,须扣除责任范围以外的不合理费用,并关注保险产品中对于日限额、次保额的责任约定。

5. 受益人审核

一般保险金受益人为被保险人本人,但身故保险金受益人为被保险人指定的受益人。未经被保险人同意,不得指定或变更身故保险金受益人。受益人为未成年人时,由其监护人申请保险金,申请资料须附监护人的身份证明。

受益人为法定继承人的,应由全部继承人共同申请或委托一名代表进行申请(须出具全部继承人同意代为领取的授权委托书),并附全部继承人的身份证明及户籍证明。遗产按照下列顺序继承:第一顺序:配偶、子女、父母;第二顺序:兄弟姐妹、祖父母、外祖父母;继承开始后,由第一顺序继承人继承,第二顺序继承人不继承;没有第一顺序继承人继承的,由第二顺序继承人继承。

三、健康保险理赔调查

为规范保险公司理赔调查业务管理,建立高效有序的调查管理体系,防范主观风险和保险欺诈,维护参保群体的共同利益,理赔调查人员依据法规与保险合同对理赔案件进行核查,以确定保险事故成立的诚信基础,为及时、准确、公平地做出理赔决定提供依据的活动。

理赔人在受理、审批等环节有权决定是否提交调查。事实清楚、证据齐全且保险责任明确的案件不需调查;理赔人提请调查应当遵守保险公司理赔调查相关标准,对于需要调查的案件(包括异地),理赔人提交调查时,应说明案件情况和调查理由,提示调查事项的重点和调查方向。

理赔案件调查应依照理保险公司理赔调查管理相关办法和规则执行。保险公司通过与医保部门联合办公,借助保险行业医管会机制,加强定点医疗机构合作与管理、建立健全医疗服务监督评价机制、加强赔付核查等方式或途径,实施医疗风险管控。社保业务理赔处理按照公司社会保险业务理赔管理相关办法执行。调查人员在调查完毕后应录入调查报告,并附上有关的证明文件,调查相关材料应转入扫描岗进行扫描。

四、健康保险理赔结论与给付

（一）理赔结论处理

理赔人根据保险合同及出险内容和调查结果等做出理赔结论，并录入审批意见。

如发现客户有未如实告知原有疾病、年龄等情况，应根据相关要求及时通报核保、合同管理等相应管理岗位，并根据其做出的结论进行理赔处理。

对于超出理赔人权限范围的理赔处理件，在经办案件的理赔人录入审批意见后，由核心业务系统自动报上级理赔人进行审定。审定批复后，由原理赔人继续处理。原理赔人做出理赔给付决定后，打印并寄发《理赔决定通知书》和《理赔给付细目表》。同时，根据理赔结果和客户要求，退还部分或全部证明材料，但应将材料复印存档，并在原始件上加盖理赔专用章，注明赔付金额和理赔日期。

（二）理赔给付

依据健康保险的保障内容，按各个项目进行理赔结算。在理算过程中，应根据实际情况，重点注意理赔原因、免赔额、免赔日数、先期给付、理赔类型、保险金给付等几个方面。

1. 理赔原因、免赔额和免赔日数

理赔原因、免赔额和免赔日数的处理依据保险合同的约定进行。

2. 先期给付

先期给付仅针对费用项目，它是指其他单位或个人、保险公司、社会保险等已经实际支付的医疗费用金额。若被保险人同时拥有不同的保险公司（或享有社会医疗保险或其他第三方支付）的医疗费用型保险，公司按照下列原则进行赔付：

（1）同时拥有社会医疗保险的，根据社会保险优先于商业保险的原则，在社会医疗保险支付后，公司对剩余部分医疗费进行理赔。申请时需提供医疗费用的原始发票或社会医疗保险支付凭据。

（2）对于用人单位支付医疗费用的，被保险人申请时需提供医疗费用的原始发票或复印件。提交复印件的，需由保存原始发票的单位出具相关证明并注明支付医疗费的数目。

（3）如在其他保险公司同时投保医疗费用保险，被保险人应出具在其他公司的保险资料，原则上按照保险金额进行比例分摊，承担保险责任。如在其他公司已经发生了理赔，被保险人申请时需要提供医疗费用的原始发票或复印件。提交复印件者，需由保存原始发票的保险公司出具相关证明并注明支付医疗费的数目。也可以在保险公司先行理赔，根据被保险人申请，向其他保险公司提供相应证明、医疗费用发票或复印件，并且注明理赔金额。如果公司决定不予赔付，也同样需要在票据等文件上注明"拒付"字样和拒付日期。按份额赔付后，在医疗费用原始凭证上加盖理赔专用印章，注明赔付金额和理赔日期，将原始凭证退还被保险人，并将复印件存档。

3. 理赔类型

理赔类型分为正常给付和非正常给付。正常给付是指，被保险人所发生的保险事故完全属于保险责任，不存在责任免除或者除外责任的情况。

非正常给付是指被保险人所发生的保险事故不完全属于保险责任，存在责任免除或者除外责任的情况。非正常给付具体又包括全额拒付、部分给付、通融给付和协议给付等情形：

（1）全额拒付是指，被保险人所发生的保险事故完全不属于保险责任，而属于责任免除或者除外责任。

（2）部分给付是介于正常给付和全额拒付两者之间的情况，即客户索赔的项目之中有部分的医疗费用得到补偿，其他部分则因为各种原因不在给付责任范围内。

（3）通融给付是指，按保险条款和有关规定不属于保险责任范围，但考虑到经济、社会和诊疗等实际状况以及被保险人的具体情况所做出的理赔给付决定。

（4）协议给付是指，保险合同未明确约定保险责任范围或保险责任界定不清，经双方协商后达成协议的给付形式。协议给付时，须保存协议书。

对于任何非正常给付的案件，如部分给付、先期给付、拒付、通融给付、协议给付等，均需要做出明确的说明。

4. 保险金给付

在做出理赔给付决定后，若被保险人生存且同意进行转账付款的，应当从决定做出之日起10日内通过财务部门办理转账手续；若须进行柜台付款的，理赔人可以通过寄发信函或由业务员代为领取的方式向客户寄送《理赔决定通知书》，并由客户上门领取《理赔给付凭证》；理赔人也可以通过电话、短信、电子邮件等方式通知客户直接上门领取《理赔决定通知书》和《理赔给付凭证》。客户凭《理赔给付凭证》和本人身份证原件，从公司财务部门领取保险金。

若被保险人已经死亡，并且没有合法受益人的，保险金作为被保险人的遗产按照《中华人民共和国继承法》的规定处理。给付医疗费用保险金时，由公司审查合格的权利人或经全体权利人授权的代理人受领保险金，并由保险金领受人出具自行负责处理受益权纠纷的保证，不做分割处理；对于身故责任给付的，给付时可以做遗产分割处理。

对于受益人不明确且给付金额在5万元以上的案件，必须在当地主要媒体刊登保险金给付提示公告。对于团体客户保险金的给付，支持团体批次集中给付以及出险客户的个人给付两种方式,具体按合同约定处理。对于每一起拒赔案件,公司应确保由具备一定理赔经验的理赔人员进行复核,并通过面谈或电话等形式与拒赔客户进行详细沟通说明。

五、理赔善后处理

(一) 理赔资料归档

财务出纳岗完成现金或转账支付保险金以后,视为理赔案件处理终结。这时,理赔人应将理赔申请资料、调查资料等与理赔相关的所有材料装入理赔资料袋,按资料类型和受理的时间顺序归档,并及时转入统一管理的档案室,分类存放。

理赔资料以核心业务系统记载的电子档案为主,以处理过程中涉及的文字材料作为补充。文字材料主要包括客户申请资料、调查取证材料等原始凭据和相关证明。文字材料归档保存于档案室。

理赔和医疗数据规范。理赔人员应当严格按照要求录入理赔和医疗数据,包括客户个人信息、出险信息、疾病信息、医院信息、医疗费用、账户信息等数据,以确保理赔和医疗数据的完整性。有关理赔资料管理的具体办法,可按照各保险公司相关规定执行。

(二) 理赔咨询、理赔申诉与纠错

1. 理赔咨询

关于保险条款及保险责任的咨询,由负责该辖区的理赔人处理。在受理时,应先核实被保险人身份(客户号及身份证号等),根据合同约定如实回答客户的问题。并将客户问题和回答事项录入电脑。如果出现一些疑难问题,可经请示上级后回复客户。

2. 理赔申诉

理赔申诉是指客户对理赔决定提出异议。理赔申诉只能由客户以书面形式提出,其他人无权提出。

接到客户申诉后,工作人员应将客户申诉事项录入电脑,按保险责任进行重新审理。审理结果做出后,应以书面形式通知客户。

3. 理赔纠错

理赔纠错是指理赔人员发现结案案件存在错误,然后对之进行修改的行为。纠错处理时,应按纠错类案件进行电脑登录,按保险责任进行重新审理。审理结果做出后,应以书面形式通知客户。

所有咨询、通知、理赔申请、理赔申诉、理赔纠错,均应当作为一个独立的理赔

处理件进行整理归档。对于无任何材料的咨询、通知，可以不予归档。涉及诉讼的任何理赔案件，都应当按照公司诉讼案件管理的有关规定执行。

第四节　常见健康保险类型及其理赔

一、医疗费用保险理赔

医疗费用保险是指以保险合同约定的医疗行为的发生为给付保险金条件，为被保险人接受诊疗期间的医疗费用支出提供保障的保险，它是健康保险的主要内容之一。医疗费用保险可以补充的医疗费用主要包括门诊就医费用、药费、住院费、护理费、手术费、检查费和医院各种杂费等。[①] 医疗费用保险主要包括普通医疗保险、综合医疗保险、补充医疗保险、特种医疗保险四种类型。在实际中，医疗费用保险理赔与保险条款责任免除的说明、理算规则和医疗补偿政策等规定密切相关。

（一）医疗费用保险的常用条款

1. 免赔额条款

免赔额的计算一般有三种：一是单一赔款免赔额：针对每次赔款的数额；二是全年免赔额：按全年赔款总计，超过一定数额后才赔付；三是集体免赔额：针对团体投保而言。

2. 比例给付条款

或称共保比例条款。在大多数健康保险合同中，对于保险人医疗保险金的支出均有比例给付的规定，即对超过免赔额以上的医疗费用部分采用保险人和被保险人共同分摊的比例给付办法。在采用比例给付办法时，既可以按某一固定比例给付，也可按累进比例给付。

3. 给付限额条款

一般而言，对保险人医疗保险金的最高给付均有限额规定，目的是为了控制总支出水平。由于不同疾病及意外因素对人们身体健康的影响程度大小不同，所造成的医疗费用支出也有较大差异。大多数保险公司对医疗保险金的最高给付均有限额规定，这样做的目的在于加强对健康保险基金的管理，既可以保障广大被保险人的利益，也

---

① 孙祁祥：《保险学》，北京大学出版社2017年第六版，第165页。

有利于保险公司控制总支出水平,做到可持续经营。不过,在以某些特定的大病为承保对象的健康保险产品中,也有不规定赔偿限额的情形。然而这种合同的免赔额一般都比较高。

4. 损失补偿原则在医疗费用保险理赔中的运用

损失补偿原则是指当保险事故发生时,保险人必须在保险责任范围对被保险人所受的损失进行补偿。通过补偿,使被保险人在经济上的损失恢复到受损前的状态,但不允许被保险人因损失而获得额外的利益。例如某客户因意外伤害住院共花费1万元,在社保和多家商业保险公司均有保险,但无论他通过几家理赔,所获得的总金额不能超过1万元。

损失补偿原则来自公平原则和禁止不当得利的规定,即任何人不得从保险中得利。这样的规定降低了道德风险,维护了保险制度的正常运作,是控制医疗资源过度使用的一种有效手段。

(二) 医疗保险政策解读

保险公司的住院医疗保险中一般规定了"社会基本医疗保险(含公费)管理机构规定不予支付的药品、检查项目、治疗项目、手术项目和其他项目"。属于条款除外责任范围的内容是不予报销的,在计算理赔金之前需从原始金额中扣除。

各个地区的医保管理机构对于医保范围外项目都有不同的规定,也就是说,同样的药品或治疗项目在不同地区报销的类别和比例都是不一样的。一般在住院明细清单中会对医保类别进行标注。在通常情况下,甲类或公费字样的项目是可以报销的;乙类或部分自付、部分自费之类的字样表示该项目只能部分报销、在一定条件下报销或只能针对某些特定人群报销;丙类或自费的项目是不能报销的。因此,保险公司应该提醒客户在就诊时向大夫明确说明其投保的商业保险仅能报销医保范围内的费用,在满足治疗需要的前提下,最好尽量避免使用自费药品和治疗项目。

常见医保范围外项目包括但不限于烧烫伤的用药、治疗;颈托、腰围、轮椅;牙齿治疗项目;人工器官及其植入手术;植入骨、钢钉、钛板;配眼镜、配助听器;美容矫形等项目,这些项目在各地大多是不能,至少不能全额得到报销的。

损失补偿原则在医疗费用保险理赔中的运用。损失补偿原则是指当保险事故发生时,保险人必须在保险责任范围对被保险人所受的损失进行补偿。通过补偿,使被保险人在经济上的损失恢复到受损前的状态,但不允许被保险人因损失而获得额外的利益。例如某客户因意外伤害住院共花费1万元,在社保和多家商业保险公司均有保险。但无论他通过几家理赔,所获得的总金额不能超过1万元。

损失补偿原则来自公平原则和禁止不当得利的规定,即任何人不得从保险中得利。这样的规定降低了道德风险,维护了保险制度的正常运作,是控制医疗资源过度使用的一种有效手段。

二、重大疾病保险

重大疾病保险是指以保险合同约定的疾病的发生为给付保险金条件的保险，它以被保险人的健康为保险标的，以疾病为给付保险金条件，并且给付方式一般是在确诊为特种疾病后一次性支付保险金额。[①]

（一）重大疾病保险的基本特点

个人可以任意选择投保疾病保险。作为一种独立的险种，它不必附加于其他某个险种之上。

疾病保险条款一般都规定了一个等待期或观察期，观察期结束后保险单才正式生效。

为被保险人提供切实的疾病保障，且程度较高。

保险期限较长。

保险费可以分期交付，也可以一次交清。

（二）重大疾病保险的分类

按保险期间划分：定期重大疾病保险；终身重大疾病保险。

按给付形态划分：重大疾病保险有提前给付型、附加给付型、独立主险型、按比例给付型、回购式选择型五种。

（三）重大疾病保险与医疗险的区别

重大疾病保险和医疗保险都属于健康保险，都是以被保险人的健康为保险标的的，但它们也有很大的区别，具体见表 11.2 所示。

表 11.2　　　　　　　　重大疾病保险与医疗费用保险的区别

区别领域	具体内容
保障范围	疾病保险，也就是重大疾病保险，主要针对那些会威胁到生命或者花费比较大的重大疾病。而医疗保险保障范围更广，从一般的阑尾炎到癌症都在医疗保险保障范围之内
理赔标准	疾病保险是定额赔付，即只要患合同规定的重大疾病，保险公司立即按照保险金额赔付。比如保额 20 万元，那保险公司就赔偿 20 万元。医疗保险是按实际所用医疗费的一定比例来赔付。比如保额 1 万元，住院花费了 5 000 元，那保险公司可能会赔偿 3 000 元

---

① 粟芳，许谨良：《保险学》，清华大学出版社 2011 年第二版，第 343 页。

续表

区别领域	具体内容
保险期间	医疗保险的保险期间通常只有 1 年。当年投保，如果 1 年内没有住院，那保险合同就终止了，要想继续得到保障，就得再交钱续保。疾病保险的保险期间一般都在 20 年以上，甚至是终身型的

三、失能收入保险

失能收入保险是当被保险人由于疾病或意外伤害导致残疾，丧失劳动能力不能工作以致失去收入或减少收入时，由保险人在一定期限内分期给付保险金的一种健康保险。[①] 失能收入保险一般分为两种，一种是补偿因意外伤害而致残废的收入损失；另一种是补偿因疾病造成的残废而致的收入损失。

（一）给付方式

失能收入保险的给付一般是按月或按周进行补偿，保险公司每月或每周可为被保险人提供等额的收入补偿。

（二）给付额度

失能收入保险保险金应与被保险人伤残前的收入水平有一定的联系。在确定最高限额时，保险公司需要考虑投保人的下述收入：税前的正常劳动收入；非劳动收入；残疾期间的其他收入来源；适用的所得税率。

失能收入保险除了在被保险人全残时给付保险金外，还可以提供其他利益，包括残余或部分伤残保险金给付、未来增加保额给付、生活费用调整给付、残疾免缴保费条款，以及移植手术保险给付、非失能性伤害给付、意外死亡给付等。这些补充利益作为特殊条款通过缴纳附加保费的方式获得。

（三）给付期限

给付期限为收入保障保单支付保险金最长的时间，可以是短期或长期的，因此有短期失能及长期失能两种形态。短期补偿是为了补偿在身体恢复前不能工作的收入损失，而长期补偿则规定较长的给付期限，这种通常是补偿由于全部残疾而不能恢复工作的被保险人的收入。

[①] 孙祁祥：《保险学》，北京大学出版社 2017 年第六版，第 166 页。

（四）免责期间

免责期间又称等待期间或推迟期，它是指被保险人在残疾失能开始后无保险金可领取的一段时间，即残疾后的前一段时间，类似于医疗费用保险中的免责期或自负额。

四、长期护理保险

长期护理保险是为因年老、疾病或伤残而需要长期照顾的被保险人提供护理服务费用补偿的健康保险。[①] 长期护理保险的保险范围通常分为医护人员看护、中级看护、照顾式看护和家中看护四个等级。[②]

（一）长期护理保险保障条件

典型的长期看护保单要求被保险人不能完成下述五项活动之两项才可获得保障：吃；沐浴；穿衣；如厕；移动。但在现实中，有些患有老年痴呆等认知能力障碍的人又能履行上述活动的一些。按此规定，他们就不能获得长期护理保险的保障。为了解决这一矛盾，目前几乎所有的长期护理保险都将老年痴呆和阿茨米得病及其他精神疾患包括在内。

（二）给付期限

长期护理保险保险金的给付期限有一年、数年和终身等几种不同的选择，同时也规定有20天、30天、60天、80天、90天、100天等多种免责期。

（三）保费及豁免

长期护理保险的保费通常为平准式，也有每年或每一期间固定上调保费者，其年缴保费因投保年龄、等待期间、保险金额和其他条件的不同而有很大区别。保单一般都有豁免保费保障，即保险人开始履行保险金给付责任的60天、90天或180天起投保人免缴保费。保单的免责期愈长，投保人应缴纳的保费愈低。此外，所有长期护理保险保单都是保证续保的。

---

① 孙祁祥：《保险学》，北京大学出版社2017年第六版，第167页。
② 早期的长期护理保险产品不包括家中看护。

本章小结

1. 健康保险理赔是指被保险人在保险合同有效期间内发生保险事故，受益人或被保险人依照保险合同申请保险金给付，保险公司依照保险合同规定，受理、调查并决定是否给付保险金的过程。健康保险理赔遵循重合同守信用、主动迅速、准确合理和实事求是的原则。

2. 客户对健康保险索赔的流程包括理赔报案、准备单证、理赔申请、保险公司审核和结论通知等环节。

3. 健康保险理赔服务包括为客户提供的理赔报案受理、理赔审核、理赔调查、理赔给付、理赔善后处理等服务以及保险监管部门要求开展的其他服务等。

4. 常见的有以下四种健康保险：医疗费用保险、重大疾病保险、失能收入保险和长期护理保险，每种保险由于自身的独特性，在保险理赔中也有不同的要求和特点。

思考题

1. 健康保险理赔的三大原则是什么？相比一般的财产保险和人寿保险理赔，健康保险在理赔处理中有哪些特殊性？

2. 客户对健康保险索赔的流程是什么，每个环节有哪些注意事项？

3. 健康保险理赔服务包括哪些流程，每个环节有哪些工作要领？

4. 医疗费用保险、重大疾病保险、失能收入保险和长期护理保险在理赔服务中有哪些特殊要求？

第十二章

健康保险投诉管理

健康保险客户投诉是保险公司客户服务的重要组成部分，投诉资格人可以是保单的投保人、被保险人和受益人。通过向客户服务投诉管理中心投诉，客户可以提出关于保险产品销售或服务方面的意见，为维护和保障客户自身的合法权益提供合法、合理的途径。对保险公司而言，客户投诉服务管理可以为保险公司改善和提升客户服务质量提供参考。

第一节 健康保险投诉概述

一、健康保险投诉的概念

健康保险投诉是指在保险公司购买保险产品的客户在公司展业、承保、核保、理赔等服务过程中认为保险公司侵犯其合法权益，对保险公司提供的保险服务不满或有争议，通过各种渠道将不满或争议向保险公司表达其诉求，要求保险公司予以协调处理的行为。[①] 保险公司在处理客户投诉中应该秉持以下基本原则：

（一）合法原则

遵照法律、法规和监管政策要求，以合同约定为基础，查明事实、分清责任、公

[①] 鲍勇、周尚成：《健康保险学》，科学出版社2015年版，第178页。

平协商。

（二）合理原则

以事实为依据，综合考虑多重因素，合理妥善处理各类投诉。

（三）诚信原则

不得曲解合同约定，损害客户及销售人员的正当权益；投诉处理中不得向客户做出不能兑现的承诺和超越权限的承诺。

（四）效率原则

投诉处理应当遵循时限规定，事实清楚、要求合理的投诉应当迅速解决。

（五）保密原则

保险公司对投诉人及相关案件信息应当进行严格保密。

二、健康保险投诉的分类

（一）有效投诉和无效投诉

根据健康保险服务是否造成经济或精神影响，健康保险投诉分为有效投诉和无效投诉。

1. 有效投诉

有效投诉是指投诉内容客观、公正，因公司人员违反工作要求或违反相关法律法规，给客户或财险公司造成精神伤害或经济损失的投诉件。

有效投诉件包括一般投诉件和重大投诉件，见图12.1。

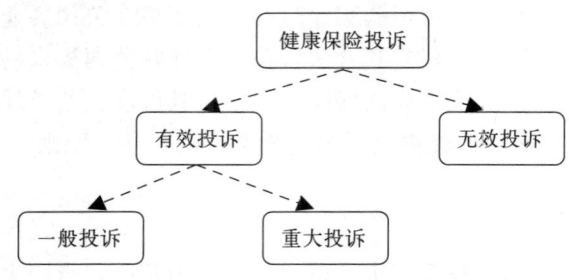

图12.1　健康保险公司面临的投诉类别

（1）一般投诉件是指投诉人对公司的条款、业务操作方式、服务态度或技能、理赔处理结果等方面提出意见或建议，需要公司调查核实后予以处理或反馈的投诉件。

（2）重大投诉件是指一件投诉案使公司遭受或可能遭受的直接经济损失在人民币 2 万元及以上金额的投诉件及被媒体曝光的案件等。

2. 无效投诉

无效投诉是指投诉内容属公司正常的业务操作范围且符合相关规定，投诉人来电仅为发泄不满情绪且无须做后续处理的投诉件。

判断是否为无效投诉的主要原则是：保险公司人员在操作过程中有无违反公司客户服务守则，有无侵害被保险人的合法权益，有无违反公司规章制度等。

处理无效投诉时，客户服务人员要注意认真仔细，耐心听取并记录客户的投诉；耐心向客户解释公司政策、行业业务操作规范、相关法律法规，最大限度取得客户谅解，尽可能消除客户的不满情绪。

（二）基于客户服务部门不同的分类

根据客户投诉管理系统（Call Center 系统），投诉类型分为展业类、销售机构/销售人员服务类、柜面形象类、承保类、保全类、理赔类、电话中心类、公司产品类、收付费类、通知服务类、系统类和其他类投诉见表 12.1。

表 12.1　　　　　　　基于客户服务部门不同的保险投诉分类

投诉类型	具体表现
展业类投诉	展业类投诉主要是与销售人员展业服务与展业规范相关。具体表现为销售人员在展业过程中未按公司相关业务规定为客户宣传或提供投保服务，及在展业中误导、欺骗客户等非诚信行为而引发的投诉
销售人员/销售机构服务类投诉	销售人员/销售机构服务类投诉主要是投诉人对销售人员/销售机构的保单服务等内容不满。具体表现为由于公司不能按服务承诺为客户提供相应售后服务、泄露客户信息及因销售人员专业素质和服务态度无法满足客户要求等原因而引发的投诉
柜面形象类投诉	柜面形象类投诉产生在柜面营业场所。具体表现在由于对公司柜面设施不完善、未按公司规定时间营业、柜面服务人员态度/礼仪/专业素质差、柜面秩序混乱等原因不满的投诉
承保类投诉	承保类投诉反映在承保环节。具体表现在由于保险合同录入/打印及装订错误、未按规定及时为客户出具保单、丢失客户投保和核保资料、出单时间过长或核保结果客户不满意等原因而引发的投诉
保全类投诉	保全类投诉反映在保全环节。具体表现在由于未按公司规定处理保全业务或发生差错、保全业务处理效率低、保单转移时间过长、附加险不能续保或被要求加费续保等原因而引发的投诉

续表

投诉类型	具体表现
理赔类投诉	理赔类投诉反映在理赔环节。具体表现在客户对理赔处理时间过长不满、理赔结果不满、理赔资料烦琐、理赔金计算错误及公司丢失客户理赔资料等情况不满，要求公司予以处理的投诉件
电话类投诉	电话中心类投诉主要是投诉人对保险公司电话服务不满。具体表现为对电话客户服务代表的专业素质/服务态度不满、自动语音服务不满、服务内容有限、问题处理效率等问题不满而引发的投诉
公司产品类投诉	公司产品类投诉主要是投保人对公司的保险合同条款表示不满。具体表现为对自有业务重大疾病定义范围/理赔规定不满、对费用补偿性产品的条款责任/补偿范围不满、对代理业务条款规定不满、对借款规定或条款等不满而引发的投诉
收付费类投诉	收付费类投诉主要是对公司各种收付费服务不满。具体表现对收付费处理时间过长、收付费处理发生差错、银行交费、转账发生差错、客户不能及时领取款项、交费后不能及时领取发票、收付费票据内容出错等原因不满，要求公司予以处理的投诉件
通知服务类投诉	通知服务类投诉主要是对公司的各种通知不满。具体表现为客户对公司各类通知不及时、通知内容有误、收不到公司的有关通知导致保单失效等原因而要求公司予以处理的投诉件
系统类投诉	系统类投诉主要是对系统差错以及系统效率慢不满。具体表现为投诉人对系统准确性有误、系统问题导致业务处理效率慢等原因而要求公司予以处理的投诉件
其他类投诉	其他类投诉主要是除上述类型以外的其他情况。包括客户对公司的各类宣传途径不满、对公司的投资收益不满、对泄露客户个人隐私（不包括销售人员、销售机构）不满、对公司或代理机构网点少不满、对电销渠道销售人员/电话打扰等不满、对非银行代理的中介代理渠道不满等其他原因引起的投诉

第二节 保险客户投诉服务中心和相关部门的职责

一、客户投诉服务中心的主要职责

负责组织投诉处理考核，投诉工作日常监控，收集投诉处理中的相关问题、建议、典型案例并对其进行分析，对投诉资料进行归档。

负责受理、处理或协调相关部门上级公司转办，以及本级公司受理的各类投诉案件；及时上报须上级公司指导、协助处理的疑难投诉案件。

负责定期向当地公司总经理室、各相关部门传递客户投诉分析。

对于需要相关部门调查处理的投诉案件，应根据客户投诉提出初步处理意见，并转相关部门调查处理。同时，在协调员调查取证的过程中，协助调查工作，提出有利于案件快速处理的意见。

负责对已经省级公司集中处理的核保、核赔等业务投诉案件进行上报，根据上级公司的意见进行处理；对于核保、核赔仍在市分公司的，由市分公司直接进行调查处理。

负责对涉及电话中心类、通知服务类以及增值服务等投诉案件进行处理。

负责客户投诉工作的资料归档，协助完成满意度调查，客户投诉信息整理及分析等。

地市级客户服务中心负责认定省级公司授权、本级公司受理的投诉案件结案，投诉案件的责任环节，以及案件原因归类。

客户服务中心投诉处理人员或协调员岗位须调整时，必须在人员调整七个工作日内报送上级公司客户服务部门。

负责将无理缠访等不良客户信息送交销售部门备案。

负责客户投诉协调委员会的日常工作。

二、相关部门的职责

（一）销售部门的职责

销售部门的职责包括个险销售部门、团险业务部门、银行保险部门以及电话销售部门。对于销售人员在展业过程中未按公司相关业务规定为客户宣传或提供投保服务，以及销售人员、销售机构不能按服务承诺为客户提供相应由销售人员提供的售后服务等非违规原因引发的投诉案件，由销售部门按照属地原则调查处理，并提出处理意见反馈至客户服务部门。

负责处理并核查客户服务部门转来的投诉案件，根据客户服务部门提出的初步处理意见，对涉及本部门的投诉案件进行调查处理，或督促下级公司销售部门及时进行调查处理。

负责及时审批和反馈下级公司销售部门需要向上级公司请示的投诉审批件。

负责及时向客户服务部门反馈投诉案件的处理和调查结果。

负责配合客户服务部门对投诉案件处理结果进行确认。

（二）督察部门的职责

督察部门负责处理销售人员涉嫌违规的投诉案件。此处"违规"是指根据客户投诉内容以及客户提供的证据分析，销售人员可能存在《营销员违规行为处理规定》《团险销售人员违规行为处理规定》《银行保险客户经理销售行为考评处理规定》《银行保险理财经理销售行为考评处理规定》等有关规定列明的具体行为。

负责处理并核查客户服务部门转来的投诉案件，根据客户服务部门初步认定的涉嫌违规类型，对涉及销售人员违规的投诉案件进行调查处理，或督促下级公司销售督察部门及时进行调查处理。

负责及时向客户服务部门反馈投诉案件的处理和调查结果。

负责配合客户服务部门对投诉案件处理结果进行确认。

（三）业务管理部门的职责

业务管理部门负责柜面服务形象类、承保类、保全类、理赔类投诉件的调查处理。

负责处理并核查客户服务部门转来的投诉案件，根据客户服务部门提出的初步处理意见，对涉及本部门的投诉案件进行调查处理，或督促下级公司业务管理部门及时进行调查处理。

负责及时审批和反馈下级公司业务管理部门需要向上级公司请示的投诉审批件。

负责及时向客户服务部门反馈投诉案件的处理和调查结果。

负责督促下级公司业务管理部门提供投诉案件相关资料。

负责配合客户服务部门对投诉案件处理结果进行确认。

（四）收付费管理部门的职责

收付费管理部门负责由于收付费处理时间过长、收付费处理发生差错、银行交费、转账发生差错、客户不能及时领取款项、收付费票据内容出错等原因引发的投诉件，由收付费管理部门会同业务管理部门、信息技术部门调查处理。

负责处理并核查客户服务部门转来的投诉案件，根据客户服务部门提出的初步处理意见，对涉及本部门的投诉案件进行调查处理，或督促下级公司收付费部门及时进行调查处理。

负责及时审批和反馈下级公司收付费部门需要向上级公司请示的投诉审批件。

负责及时向客户服务部门反馈投诉案件的处理和调查结果。

负责督促下级公司收付费部门提供投诉案件相关资料。

负责配合客户服务部门对投诉案件处理结果进行确认。

(五) 信息技术部门的职责

各级信息技术部门主要负责处理客户直接对系统的投诉，以及协助配合业务部门妥善解决由于系统问题而导致的客户投诉。

负责处理并核查客户服务部门转来的投诉案件，根据客户服务部门提出的初步处理意见，对涉及本部门的投诉案件进行调查处理，或督促下级公司信息技术部门及时进行调查处理。

负责及时审批和反馈下级公司信息技术部门需要向上级公司请示的投诉审批件。

负责及时向客户服务部门反馈投诉案件的处理和调查结果。

负责督促下级公司信息技术部门提供投诉案件相关资料。

负责配合客户服务部门对投诉案件处理结果进行确认。

负责协助配合并予以解决业务部门查找投诉中涉及的系统问题。

负责对本级不能解决的系统问题及时报上一级信息部门。

负责查找系统出现的普遍性问题并及时修复。

(六) 品牌宣传部门的职责

品牌宣传部门主要负责投诉人对媒体发布的公司外宣内容不满投诉件的调查和处理。

负责处理并核查客户服务部门转来的投诉案件，根据客户服务部门提出的初步处理意见，对涉及本部门的投诉案件进行调查处理，或督促下级公司品牌宣传职能部门及时进行调查处理。

负责及时审批和反馈下级公司品牌宣传职能部门需要向上级公司请示的投诉审批件。

负责及时向客户服务部门反馈投诉案件的处理和调查结果。

负责督促下级公司品牌宣传职能部门提供投诉案件相关资料。

负责配合客户服务部门对投诉案件处理结果进行确认。

(七) 公司投诉处理部门的职责

各级公司投诉处理部门均需配备相应的投诉处理协调员，协调员在客户投诉工作协调委员会的组织下开展工作，负责协助客户服务部门处理有关投诉案件。其主要职责有以下几个方面：

总公司、省级公司相关部门投诉处理协调员应积极关注客户服务部门抄送到本部门的投诉案件，并对下级公司有关该案件的请示及时给予指导。

地市、县支公司投诉处理协调员要每日查看客户服务部门流转到本部门的投诉案件,并及时开展核实调查工作。

地市、县支公司投诉处理协调员负责将案件的进展情况在客户服务部门要求的时限内向本级公司客户服务部门进行反馈；对于复杂案件，通常来说，至少每5个工作日向客户服务部门反馈1次案件的调查进展情况。

第三节 健康保险投诉客户服务流程

一、客户办理投诉须知

投诉资格人可以是保单的投保人、被保险人和受益人。投诉资格人可委托他人进行投诉。亲访投诉时，需填写投诉受理单，并提供与投诉事项有关的证据资料；通过其他方式投诉的，可后续补充相关的证据资料。委托亲访投诉时，需提供投诉资格人的委托书及有效证件复印件，受托人的有效证件原件。客服中心人员受理亲访投诉后，应向客户提供回执作为投诉受理的凭证。一般来说，各公司自投诉受理之日起2个工作日内会有投诉处理人员与客户联系，一般案件10个工作日内反馈客户的处理意见。各公司都会公布接待地址、传真号码、投诉受理电子邮箱等投诉渠道的相关信息。

二、健康保险投诉管理流程

健康保险投诉管理是保险公司客户服务一项重要工作，具体工作流程见图12.2。

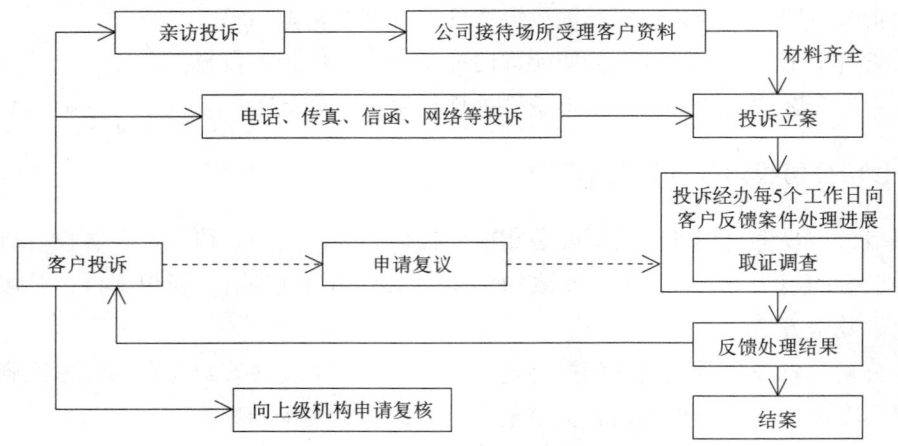

图 12.2 健康保险投诉管理流程

第十二章
健康保险投诉管理

(一) 投诉内容的记录与确认

在来电接待过程中，应对投诉人的投诉事由进行复述确认，同时在客户投诉管理系统（Call Center 系统）内详细记录投诉类服务单；投诉服务单内容应包括客户投诉事项及反映的主要问题、客户保单基本信息、客户有效联系信息等。

接待来访投诉人时，应记录投诉人的诉求，并请投诉人在来访受理表上签名加以确认，受理当日在客户投诉管理系统内详细记录投诉类服务单。对于电子邮件或来信的咨询投诉件，应在 1 个工作日内联系告知客户，并在客户投诉管理系统内详细记录投诉类服务单。对于重大、疑难等敏感投诉案件以电话方式回复的，应注意保存相应的录音文件，作为电子档案长期留存。网站投诉不得将回复内容直接在网站中进行答复，如确有必要，回复内容须由当地法律部门审核，并经总经理室同意后报出。除电话中心受理投诉通过客户投诉管理系统进行记录外，其他各渠道投诉件均通过客户投诉管理系统进行流转、跟进以及结案等。

对于上级公司、监管部门以及其他部门投诉处理协调员转办的和本机构非客户服务部门受理的客户投诉案件，由本级公司投诉处理人员在 1 个工作日之内向投诉人确认本公司已经受理其投诉，并在客户投诉管理系统内详细记录投诉类服务单。对于没有记入服务单的，视作未与投诉人进行确认。对于复杂案件，通常来说，每 7 个工作日向客户反馈 1 次案件进展情况或案件的最终处理意见，具体处理如下：

第一，对于一次受理涉及多部门的投诉，应按照投诉类别分别制作服务单，详细列明客户投诉涉及的所有问题。首先向主要问题涉案部门流转处理，同时抄送案件其他相关部门流转处理。如需与客户核实信息，应由本级公司投诉处理人员汇集各部门的意见统一与客户联系，或约请客户与涉案部门共同开会予以核实处理。

第二，当一起有责投诉件结案以后，如果客户对处理结果不满意，客户再次向上一级公司投诉，投诉至媒体或外部监管机构的情况时，应作为投诉升级，必须重新制作投诉服务单。这时，投诉件数计为 2 件。

第三，在电话回访呼出工作中，如客户有明确投诉意向，对销售人员"代签名""误导""截留/挪用保费"等行为表示不满，记录为"呼入"方式投诉。

(二) 投诉件的跟进配套处理

投诉受理人员应在受理当日在客户投诉管理系统（Call Center 系统）投诉类服务单中记录投诉内容，根据投诉涉及的主要部门进行分派；如主要处理部门认为需要其他部门协助的，由主要处理部门直接协调其他部门共同办理；如主要处理部门认为该投诉案件不属于该部门职责，应退回至客户服务部门，投诉受理人员根据投诉内容再次进行分派。

对于提交流转的服务单，临近案件处理时限或超过处理时限仍未有任何反馈的，投诉处理人员应向主要处理部门发送催办单进行提醒。

（三）投诉件分类处理

对于权限范围内的一般性投诉件，涉案部门投诉处理协调员应在规定的时间内及时进行调查核实，必要时会同客户服务部门与客户进行协商，做出最终处理建议反馈本级公司客户服务部门，由投诉处理人员向客户反馈，并对投诉案件的最终处理结果进行确认。当涉案部门投诉处理协调员与客户每次联系后或者在调查中有新的进展时，应及时将相关情况记录在服务单中，以备客户在案件处理时间内再次来电查询时，座席或投诉处理人员可以告知其最新进展情况。

对于重大、疑难投诉件的处理，应提请客户投诉工作协调委员会召开临时会议，经客户投诉工作协调委员会审定后做出决定，必要时可报上级公司请求支持。对于需要向客户书面反馈处理意见的，由投诉处理部门填写《客户投诉处理意见书》，客户服务部门会签，当地公司法律部门审核，确认无误后将处理决定及时送达客户，并督促相关部门及人员实施。

（四）投诉案件反馈

调查核实投诉案件后，投诉处理人员应将处理意见及时向客户反馈，同时，一般性投诉案件应向相关部门反馈，疑难投诉案件应向客户投诉工作协调委员会反馈，上级公司转办案件应向上级公司反馈。

对于接受公司处理意见的投诉案件，相关涉案部门须协助客户办理相关后续处理手续；对于不接受公司处理意见、影响较大的投诉案件，应提交客户投诉工作协调委员会，本级公司客户服务部门要做好客户的解释和疏导工作。如果出现对公司处理结果始终不满意、缠访、无理取闹等特殊情况，由客户投诉工作协调委员会确定最终处理意见并答复客户。

（五）投诉处理结案

投诉案件的结案分为有责投诉、无责投诉、转诉讼投诉。一般而言，保险公司总公司、省级、地市级分公司均具有结案权限，而县支公司不具有结案权限；总公司或监管部门转办的案件，授权由省级公司结案，总公司负责对案件的结案情况进行审核。省级公司可根据各地实际情况授权由地市公司结案，具体由客户服务部门处理投诉与管理人员负责结案。

投诉案件的有责认定与无责认定，由客户服务部门投诉管理或处理人员根据涉案部门调查反馈意见来进行确定；是否属于有责投诉案件及案件原因归类的认定工作须在结案前进行。对于涉及多个方面的投诉，案件原因归类可认定多个原因。

当公司与客户之间达成一致意见，投诉得到相应解决，客户认可公司处理意见时，可进行结案；客户不同意投诉处理结果或对投诉处理不认同的，经当地客户投诉工作协调委员会认定，确认公司的处理结果是合法合规的，也可以结案。对于由于客户原因不能及时结案的，应在系统中详细记录联系时点及情况，并保留电话录音；对于结案时选择系统类的投诉件，须具体描述系统出现的问题；对于始终联系不上的客户，应在系统中详细记录每次联系时点，确实联系不上客户的，经部门领导同意后可以结案；保险公司总部对于已结案的投诉案件将不定期开展抽查，必要时，将对联系不到的客户的投诉案件进行回访。

结案报告内容应当全面，内容包括客户保单基本信息、投诉事项及反映的主要问题；根据投诉问题所进行的调查情况；投诉事项的事实确认和性质认定，涉及多个事项的须分别进行陈述说明，涉及经济利益纠纷或有违法违规金额的要列明具体数额；公司具体应对措施或拟采取措施；对于群体性或疑难投诉件，回复报告中还应包括目前的处理进展、发展态势以及稳控措施等。

（六）重大投诉案件上报

对当地分支公司确实无法处理，需要省公司甚至总部给予支持的重大疑难投诉，可上报至上级公司进行处理。上报请示时，应通过公司正式行文；同时，要在客户投诉管理系统中记录流转及处理意见。上报件所附资料应按上述投诉处理档案的要求，提供完整的客户投诉相关资料。

对当地分支公司已采取的各项处理措施须在上报件中进行说明，并提出当地分支公司处理案件的建议和要求；对确属情况紧急、通过公文流转将延误处理时机的重大疑难投诉，可通过电子邮件报送扫描件，扫描件上应有当地公司公章和（总）经理的亲笔签字，正式文件应随后补报；以上资料齐全之后，交由档案管理人员保存。

投诉处理时限要求：通常来说，属于客户服务部门内处理的投诉件必须在 3 个工作日内完成；须其他部门处理的投诉件必须在 7—15 个工作日内完成；重大疑难案件需在 30 个工作日内完成。

三、投诉的监督与考核

对于投诉案件相关部门没有按照规定时限处理反馈的，由省级公司客户服务管理中心每周进行公示。公示内容除投诉案件处理的基本信息外，还应包括案件协调部门是否按时效处理、配合力度等一些涉及案件处理效率的关键指标。公示邮件主送省、市级公司总经理室成员，省、市级公司相关部门负责人。在规定时限内未结案件数超过50%的案件，提交客户投诉工作协调委员会进行督办。

各公司应定期公示本公司投诉情况以及部门协调员投诉响应时限情况。投诉情况包括投诉数量、投诉涉及类型以及典型案例、发现问题等。部门协调员投诉响应时限以小时计。公示邮件主送省、市级公司总经理室成员，省、市级公司相关部门负责人，省、市级公司客户服务管理人员，抄送总公司相关人员信箱。一般而言，各公司都是在每月第10个工作日之前完成对上月的公示。

为保证投诉处理效率及质量，投诉考核指标包括投诉结案率、9日投诉结案率、客户投诉率、投诉响应率、投诉案件平均处理时长、投诉处理满意度等。投诉结案率是衡量在考核期内实际在系统设定时间内结案的投诉案件数量占考核期内所有投诉案件数量的比例，反映公司及时处理投诉工作的效率。9日投诉结案率是衡量在考核期内实际结案天数小于等于9个自然日的投诉件数占考核期内所有投诉案件数的比例，反映公司处理投诉工作的效率。

客户投诉率是衡量在考核期内投诉件数占同期该地区有责保单件数的比例，反映公司服务工作中存在不足的程度。投诉响应率是衡量投诉处理人员接到有关本公司投诉会办单后跟进处理的效率，反映公司投诉处理人员是否与客户及时联络的情况。投诉案件平均处理时长是衡量在考核期内实际已结案的投诉件平均处理时长，反映公司处理投诉工作的效率。投诉处理满意度是衡量客户对公司提供的投诉处理服务过程和结果的满意程度，反映投诉处理人员在服务态度、专业性、工作及时性等几个方面的情况。

保险公司每月对本公司受理的所有投诉进行抽查回访，抽查的范围限于本月受理的且没有在服务单给定期限内结案的案件。抽查内容应包括案件处理人员是否在客户投诉后主动与客户取得联系、客户对公司案件处理结果的意见、客户对投诉处理人员的服务态度及服务效率等方面的信息。抽查比例为当月未在服务单给定时间内结案的案件的20%以上。抽取方式采取随机抽取。各级公司能够提供证据（如电话录音等）证明确为客户本人意愿延期处理的案件，不在抽取回访范围内。

本章小结

1. 健康保险投诉指在保险公司购买保险产品的客户，在公司展业、承保、核保、理赔等服务过程中，认为保险公司侵犯其合法权益，通过各种渠道向保险公司表达其不满或者争议，要求保险公司予以协调处理的行为。

2. 健康保险客户投诉服务中心和不同业务部门在应对和处理客户投诉方面侧重

点不同。销售部门、督察部门、具体业务部门等应当根据各自的不同定位,担负起各自的职责。

3. 根据客户投诉管理系统(Call Center 系统),投诉类型分为展业类、销售机构/销售人员服务类、柜面形象类、承保类、保全类、理赔类、电话中心类、公司产品类、收付费类、通知服务类、系统类和其他类投诉。

4. 健康保险投诉客户服务流程,涉及投诉内容的记录与确认、跟进配套、分类处理、及时反馈、结案处理和重大投诉案件上报等方面。保险公司对投诉管理要建立相应的监督和管理机制。

思考题

1. 健康保险客户投诉的基本含义是什么?处理客户投诉应该秉持什么样的基本原则?

2. 客户服务中心处理保险客户投诉的职责是什么?不同业务部门在应对客户投诉的职责何在?

3. 不同种类的保险客户投诉的具体含义是什么?

4. 保险公司处理健康保险客户投诉的流程包括哪些环节,不同环节有哪些工作要点?保险公司应从哪些方面构建考核客户投诉服务的监督管理机制?

第十三章

健康保险保单管理

保单是保险合同成立的正式书面证明。常见的保单状态包括正常有效、效力中止、满期终止等。保单不仅仅是一张"纸",它除了记载前面所说的一系列基本信息外,还是办理保险合同变更、保单复效、退保等保全变更的必备材料,也是理赔时需要客户出具的重要凭证。所以,只有妥善保管保单,才能及时充分享受保险保障。

第一节 健康保险保单基本理论与知识

一、健康保险保单的概念及内容

保险合同依照其订立的程序,先后有四种书面形式:投保单、暂保单、保费收据和保险单。保险单作为一种最为正式的保险合同书面形式,符合保险合同的一般特征,理解和把握保险合同的基本理论是深刻认识保险单的基础。

保险合同又称保险契约,是保险关系双方之间订立的一种在法律上有约束力的协议。[①] 在保险合同中,根据当事人的双方约定,一方支付保险费给对方;另一方在保险标的发生约定事故时,承担经济补偿责任或履行保险给付义务。

保险单简称为保单,是指保险人与投保人订立保险合同的一种最正式书面证明。

---

① 孙祁祥:《保险学》,北京大学出版社2017年第六版,第44页。

保险单记载的内容是合同双方履行的依据。① 保险单必须明确、完整地记载有关保险双方的权利义务，保险单上主要载有保险人和被保险人的名称、保险标的、保险金额、保险费、保险期限、赔偿或给付的责任范围以及其他规定事项。

健康保险保单是根据投保人的申请，由保险人签署并交由被保险人收执，在被保险人因保险标的遭受意外事故而发生损失时，向保险人索赔的主要凭证，同时也是保险人收取保险费的依据。保险单是保险合同成立的证明，保险单的主要内容见表13.1。

表 13.1　　　　　　　　　　健康保险保单项目及包括的内容

保单项目	内容
声明事项	将投保人提供的重要资料列载于保险合同之内，作为保险人承保危险的依据。如被保险人的姓名与地址、保险标的、保险金额、保险期限、已缴保费数额、被保险人对有关危险等所做的保证或承诺事项
保险事项	保险人应承担的保险责任
除外事项	将保险人的责任加以限制或者排除，保险人对因除外不保的风险所引起的损失不负赔偿责任
条件事项	合同双方当事人为享受权利所需履行的义务，如事故发生后被保险人的责任，申请索赔的时效，代位求偿权的行使，保单内容的变更、保单的转让、取消，以及赔偿选择等
其他事项	如解决争议的条款，时效条款等

健康保险保单上载明的主要信息包括保单号码、投保人和被保险人以及受益人信息、合同成立日期和生效日期、险种名称、基本保额、保险期间、保费标准、缴费方式和缴费期间、续期缴费日期等。客户在拿到保单后，要仔细核对上述信息的准确性，确保与真实投保情况一致。如有出入，需要在第一时间通知保险公司，及时进行相应的变更。

健康保险保单不仅仅是一张"纸"，除了记载前面所说的一系列基本信息外，还是办理退保、贷款、领取等保全变更的必备材料，也是理赔时需要客户出具的重要凭证。所以，妥善保管保单，才能及时充分享受保险保障。如果保单不慎污损或遗失，必须尽快向保险公司申请补发。

二、健康保险合同的状态

健康保险作为人身保险的一种，合同的保险期间一般较长。在此期间，保单的状

---

① 孙祁祥：《保险学》，北京大学出版社2017年第六版，第58页。

态可能也处于动态变化当中,常见的健康保险合同状态包括合同的订立、变更、解除、中止、复效与终止。

(一) 健康保险合同的订立

健康保险合同为非要式形式,因当事人意思表示一致而成立,若当事人对保险合同的生效附有条件或期限,则需要条件成熟或达到生效日期时才能生效。例如,健康保险合同约定,须交付保险费才能生效或合同于翌日零时起生效。当投保人与被保险人非为同一人时,健康保险合同为第三人利益而存在。

在订立健康保险合同时,投保人对被保险人的年龄、职业、身高、体重、病史、现在健康状况、生活习惯或日常嗜好等情况应负如实告知义务。若有违反,保险人可以不负保险给付义务或解除合同。在订立健康保险合同时,当健康保险合同的投保人与被保险人非为同一人时,只有被保险人对于自己的身体状况最为了解,因此,被保险人更应负如实告知义务。健康保险合同成立后,保险人应及时向投保人签发保险单证或其他保险凭证,有交付单证时间的规定、约定的,依其规定、约定;无规定、约定的,保险人应在合理期限内交付。保险单的交付为保险人的合同义务,若不履行,权利人可以请求其履行。

(二) 保险合同的变更

1. 保险合同变更的含义

保险合同的变更在广义上是指保险合同成立后发生的各种变动,包括保险合同主体的变更、内容的变更和效力的变更。狭义上指保险合同内容的变更,即保险合同生效后,没有履行或没有完全履行之前,因订立合同所依据的主客观情况发生变化,由当事人依照法律规定的条件和程序,对原合同的某些条款进行修改或补充。

我国《保险法》第二十一条规定:"在保险合同有效期内,投保人和保险人经协商同意,可以变更保险合同的有关内容。变更保险合同的,应当由保险人在原保险单或者其他保险凭证上批注或者附贴批单,或者由投保人和保险人订立变更的书面协议。"保险合同的约定,可以归结为当事人约定、受益人约定和其他事项约定三个方面,所以,保险合同的变更可以分为当事人变更、受益人变更和内容变更。

在变更保险合同时,保险人应当在原保险单上做出批注,以资证明和确认保险合同的变更。在保险人没有签发保单而只是签发其他保险凭证的情况下,变更保险合同时,应当在该保险凭证上批注。保险人在保单或者其他保险凭证上批注保险合同的变更,可以直接手写或者在保单/保险凭证上打字,也可以在保单或者其他保险凭证上加贴批单。加贴批单时,保险人应当在批单和保单或者其他保险凭证的粘接处签字盖章,以示郑重。变更保险合同,保险人除了在保单或者其他保险凭证上批注外,还可以与投保人另定变更保险合同内容的书面协议。以批注变更保险合同和另订书面协议变更保险合同,具有相同的效果。保险合同当事人的变更,是指投保人、被保险人及受益人的变更,保险合同的主体变更实际上就是保险合同的转让。

在我国,对不同险种所规定的主体变更程序各不相同。例如,对于一般财产保险来说,合同主体的变更必须得到保险人的同意。对于货物运输保险的保单或者保险凭证的转移,则无须征得保险方的同意。保险合同的被保险人或投保人发生变更后,原被保险人或投保人的权利和义务一同转移。保险合同内容的变更,是指体现双方权利义务关系的合同条款的变更。保险合同内容的变更可以分为两种情况:一种是投保人根据需要而变更合同的某些条款,如延长或缩短保险期,增加或减少保险金等;另一种是当情况发生变化,必须变更合同的内容时,投保方应及时通知保险人更改合同的某些条款,否则将产生相应的法律后果。

2. 保险合同变更的方式

保险合同变更的方式有两种:一是协议变更;二是通知变更。

(1) 协议变更。这是指保险合同的变更必须经过投保人与保险人双方协商一致后,才发生保险合同变更的效力。如《保险法》第二十一条第一款规定:"在保险合同有效期限内,投保人和保险人经协商同意,可以变更保险合同的有关内容。"

(2) 通知变更。这是指保险合同的变更无须征得保险人的同意,只需投保人通知保险人即可发生合同变更的效力。如货物运输保险合同的转移等。

(三) 保险合同的解除

保险合同的解除是在保险合同期限尚未届满前,合同一方当事人依照法律或约定行使解除权,提前终止合同效力的法律行为。保险合同的解除,一般分为法定解除和意定解除两种形式。

1. 法定解除

法定解除是指当法律规定的事项出现时,保险合同当事人一方可依法对保险合同行使解除权。法定解除的事项通常在法律中被直接规定出来,但是,不同的主体有不尽相同的法定解除事项。

对投保人而言,在保险责任开始前,可以对保险合同行使解除权。在保险责任开始后,法律对投保人的解除权做出了两种不同的规定:一是在合同约定可以于保险责任开始后解除合同的,投保人可要求解除合同,同时对自保险责任开始之日起至合同解除之日止的保险费不得要求返还,对剩余部分可要求予以退还;二是在合同没有约定的情况下,投保人不得要求解除合同;保险合同订立后,因保险人破产且无偿付能力,投保人可以解除合同。

对保险人而言,法律的要求则相对严格,即保险人必须在发生法律规定的解除事项时方有权解除合同，在我国，这些法定解除事项主要有：

（1）投保人、被保险人或者受益人违背诚实信用原则。

（2）投保人、被保险人未履行合同义务。在财产保险合同中，投保人、被保险人未按照约定履行其对保险标的的安全应尽的责任，保险人有权解除合同。

（3）在保险合同有效期内，保险标的的危险增加。在保险合同有效期内，投保人或被保险人有义务将保险标的的危险程度增加的情况通知保险人，保险人可根据具体情况要求增加保险费，或者在考虑其承保能力的情况下解除合同。

（4）在分期支付保险费的人身保险合同中，当未有另外约定时，投保人超过规定的期限60日未支付当期保险费的，导致保险合同中止。保险合同被中止后的2年内，双方当事人未就合同达成协议，保险人有权解除合同。应当注意的是，当可行使解除权的原因发生后，并不自然发生解除的效力，而是必须由解除权人行使后，合同的效力终止。

2. 意定解除

意定解除又称协议注销终止，是指保险合同双方当事人依合同约定，在合同有效期内发生约定情况时可随时注销保险合同。意定解除要求保险合同双方当事人应当在合同中约定解除的条件，一旦约定的条件成就，一方或双方当事人有权行使解除权，使合同的效力归于消灭。

（四）保险合同的中止

保险合同的中止是指保险合同生效后，基于某种原因而发生效力中止。长期人身保险具有投资和储蓄功能，投保人可以分期缴付保险费。在投保人缴付第一期保险费以后，如未能按期缴付后续保费，且逾期达到一定期间，即可导致保险合同效力的中止。

（五）健康保险合同的复效

保险合同的复效是指保险合同效力中止以后重新开始生效。我国《保险法》第三十七条规定："依照前条规定合同效力中止的经保险人与投保人协商并达成协议，在投保人补交保险费后，合同效力恢复。但是，自合同效力中止之日起2年内双方未达成协议的，保险人有权解除合同。"

（六）健康保险合同的终止

健康保险合同的终止是指健康保险合同效力的永久性的停止从而使得健康保险合同规定的当事人之间的权利义务归于消灭。健康保险合同终止的原因主要有以下几点：第一，健康保险合同因期限届满而终止；第二，健康保险合同因保险赔偿金或者保险金的给付而终止；第三，健康保险合同因解除而终止。

第二节　健康保险合同的变更

一、变更健康保险合同

健康保险合同变更是指在保险合同没有履行或没有完全履行之前，当事人根据情况变化，按照法律规定的条件和程序，对原保险合同的某些条款进行修改或补充。我国《保险法》第二十条规定："投保人和保险人可以协商变更合同的内容。"在实践中，健康保险合同的变更主要包括保险合同主体的变更、内容的变更和保险合同效力的变更等。

（一）主体变更

健康保险合同的主体包括保险当事人以及保险关系人。保险当事人是指订立保险合同并享有和承担保险合同所确定的权利义务的人，包括保险人和投保人。保险关系人是指在保险事故发生或者保险合同约定的条件满足时，对保险人享有保险金给付请求权的人，包括被保险人和受益人。保险合同的主体不同，变更所涉及的法律程序规定也不相同。

投保人的变更属于合同的转让或者保险单的转让，在转移财产所有权或者经营管理权的同时，也应将保险合同一并转让给新的财产受让人。根据《保险法》第三十四条规定："保险标的转让时应当通知保险人，保险人同意继续承保后，依法变更合同。"

被保险人的变更只能发生在财产保险合同中。在健康保险合同中，保险标的即被保险人的生命或身体，这是保险关系确立的基础，是不能变更的。在财产保险合同中，保险标的变更实际上意味着投保人的变更，因为投保人对保险标的所具有的保险利益因保险标的的移转而不存在，但是保险利益仍然存在，为受让人所有。

受益人的变更，我国《保险法》第四十一条规定："被保险人或者投保人可以变更受益人并书面通知保险人。保险人收到变更受益人的书面通知后，应当在保险单上批注。投保人变更受益人时须经被保险人同意。"

（二）内容变更

健康保险合同内容的变更指保险合同中规定的各事项的变更。健康保险合同内容的变更有两类情况：一是投保人因自己的实际需要提出变更；二是因一定法定情况的发生，保险合同一方提出变更，另一方亦不得拒绝变更。保险合同内容的变更包括保费的变更及其他内容的变更，但主要是保费的变更。法定须予变更的情况如表13.2所示。

表 13.2　　　　　　　法定须予健康保险合同变更的四种类型及具体情况

四种类型	具体情况
保险费用增加的情形	根据我国《保险法》第五十二条适用于增加保险费的相关规定："保险标的危险程度增加的，被保险人按照合同约定应当及时通知保险人，保险人有权要求增加保险费或者解除合同。"投保人申报的被保险人年龄不真实，致使投保人支付的保险费少于应付保险费，保险人有权更正并要求投保人补缴保险费，或者在给付保险金时按照实付保险费与应付保险费的比例支付
保费费用减少的情形	根据我国《保险法》第五十三条适用于降低保险费的相关规定，"据以确定保险费率的有关情况发生变化，是保险标的危险程度明显减少，或是保险标的的保险价值明显减少的"，除合同另有约定外，保险人应当降低保险费，并按日计算退还相应的保险费。投保人因自己的实际需要提出变更请求主要是因变更保险金额而变更保费
保险金额增加的情形	如保险价值因市场价格上涨，投保人可提出按照或者不按照保险价值的增加比例增加保险金额，当然亦需增加保费；投保人亦可在保险价值并无增加的情况下，在保险价值限度内提出增加保险金额的请求
保险金额减少的情形	如因有保险价值减少的情况或者虽无减少情况，投保人亦可提出减少保险金额的请求，只是一些保单规定保险人并不受理保险金额减少的请求，此种保单多为人寿保险保单

二、健康保险合同变更的材料

客户进行健康保险合同变更需要提交的材料，因变更的内容不同，提交的要求也不同，具体如表13.3所示。

表 13.3　　　　　　　保险合同变更类型及具体要求

健康保险合同变更类型	具体要求
变更投保人相关要件	受理时间：保单效力终止前。应备文件：（1）保险单；（2）保全变更申请书；（3）新旧投保人的身份证件。申请资格人：新投保人（若原投保人死亡，则申请资格人为其法定继承人）
变更受益人相关要件	受理时间：保单有效期内。应备文件：（1）保险单；（2）保全变更申请书；（3）新受益人的身份证件；（4）被保险人身份证件；（5）投保人的身份证件（若由被保险人提出则不需要）。申请资格人：被保险人、投保人（投保人必须征得被保险人同意）

第三节 健康保险保单复效服务

一、健康保险保单合同效力中止

健康保险合同复效存在的基础是投保人没有按期缴纳保险费导致保险合同暂停履行后，在规定期限内又向保险人申请保险合同继续履行。健康保险合同复效制度的设置是为了保护投保人、被保险人和受益人的利益，防止因投保人一时疏忽或经济上的困难而使合同归于无效。

（一）保险合同的中止

健康保险合同复效，是相对于合同效力中止而言的。保险合同复效的前提是保险合同效力的中止。

1. 保险合同中止的含义与特征

《保险法》第三十六条第一款规定："合同约定分期支付保险费，投保人支付首期保险费后，除合同另有约定外，投保人自保险人催告之日起超过三十日未支付当期保险费，或者超过约定的期限六十日未支付当期保险费的，合同效力中止，或者由保险人按照合同约定的条件减少保险金额。"由此可见，保险合同的中止应满足以下条件：

（1）投保人逾期未交付保险费，即投保人在支付首期保险费后，未能在合同约定的缴纳保险费的日期或缴费宽限期向保险人缴纳保险费。

（2）投保人逾期未交付保险费的期间已超过60日，即投保人在保险合同约定的缴费日后经过60日仍未缴纳保险费，或者在保险合同约定的缴费宽限期届满后经过60日仍未缴纳保险费。

（3）保险合同没有约定其他补救办法。例如解除合同、减少保险金额、保险费自动垫缴等。保险合同的中止，仅暂时中止保险合同的效力，虽然仍可通过一定方式使保险合同复效，但在保险合同效力中止期间，保险人不负保险责任。

保险合同的中止，具有如下两个特征：第一，保险合同中止，只是其效力处于一种暂时的停止状态，并非效力消灭，在满足一定的条件时，保险合同的效力可以恢复。第二，在中止期间，如果发生合同所约定的保险事故，保险人可以免责，不承担给付保险金的责任。

2. 健康保险合同中止与保险合同终止、解除的区别

保险合同的终止意味着保险合同效力的消灭，指保险合同因某种法定事由的出现而导致合同效力永久性的停止、权利义务关系不再有约束力的一种法律行为。而保险合同的解除，是指保险合同成立之后到有效期限届满之前，保险合同当事人一方行使合同解除权，使合同关系归于消灭的单方法律行为。单从含义即可看出，保险合同的中止不同于保险合同的终止与解除。合同终止或解除，都表示保险契约当事人间之权利义务关系不再存在；保险合同效力中止，是指在保险合同的有效期间内，因某种特殊事由的出现，使保险合同的效力处于暂时停止的状态。则合同的中止只是双方契约关系的暂时中断，并非消灭，在一定条件下还可以恢复。

（二）保险合同效力中止的原因与后果

1. 保单失效的原因

目前客户一般都是通过银行划账缴纳保费。按一般程序，在客户保单到期缴费的前1个月，保险公司通常会寄出一份缴费通知书提醒客户。到了扣费日期，保险公司会自动从客户的银行账户中扣除当期的保费；如果扣费不成功，客户有2个月的宽限期，过了2个月的宽限期仍没有缴纳保费，保单就会自动失效。在保单失效的2年内，客户可以申请保单复效；但如果超过2年而没有申请复效，保单将永久失效。客户未能及时续保的原因一般有四种：一是本人目前无力续缴保险费，想等有钱了再说；二是认为所购买的保险不好，不准备续保，或打算改投其他公司的产品；三是客户耽误或忘记了缴费日期；四是保单的被保险人已经或正在发生保险事故。

2. 保单失效的后果

虽然保单有2年内可以申请复效的规定，但失效的保单还是会给客户造成很大损失的：第一，在保单失效而未完成复效手续期间，保险公司是不承担保险责任的；保单复效后，在180天内因为疾病出现的索赔不赔。第二，保单复效后，2年内自杀的不予理赔。第三，部分客户申请复效时还要重新体检，健康状况必须符合相关条件；体检不合格的，不可以申请复效，只能终止合同。第四，保单申请复效时，客户必须一次性补缴保险失效期间所欠的保费和利息等。

二、健康保险保单复效

（一）保单复效的含义

保单复效是停效保单自停效之日起两年内，投保人根据保险合同约定，办理有关手续后，使保单恢复效力。《保险法》第三十七条规定："合同效力依照《保险法》

第三十六条规定中止的,经保险人与投保人协商并达成协议,在投保人补缴保险费后,合同效力恢复。但是,自合同效力中止之日起满二年双方未达成协议的,保险人有权解除合同。"

保单复效较常见,例如投保人在60天续期缴费的宽限期内未缴保费,保单效力中止,但投保人在两年内仍有申请恢复保单效力的权利。复效时仍以投保时的费率计算保费,与重新投保相比,不会因年龄增长而增加保费。需要注意的是,复效与续效不同。所谓续效,是指保险合同的保险期间届满后,当事人约定继续履行相应义务的情况。续效是在原保险合同期间届满的情况下,再次形成一个与原合同内容一样的新合同,而复效则是原合同的恢复,只存在一个合同。

(二) 保单复效的意义

保险合同需要客户和保险公司双方共同维护。因此,客户自己也要对各类长期保障责任的保单多加注意,避免不必要的失误造成保单失效。特别是保额大、年龄大、身体不是很好的客户,为了保障自己的利益不受损失,还是要注意经常检查自己和家人的保单。如果因工作或其他原因变更了个人信息,特别是联系方式发生变化,应及时通知保险公司和代理人。另外,也要尽早将保险费打入银行账户,避免因账户余额不足导致保单失效。

同样,复效也符合保险人的利益要求。首先,保险合同恢复效力可以使保险公司现有的保险业务保持稳定,降低保险人佣金、租金及各种管理费用成本。其次,从保险经营的角度来看,对以年为期、分期交付保险费的合同,因在缔约之初的年份已分摊完合同未来的附加费用,以后收取的营业保险费除提取纯保险费外,其他部分都属于保险人的利得,由此可以满足公司财务上关于净资产额的要求,保证保险人的偿付能力符合监管指标。

(三) 保单复效的办理

保险合同效力的恢复只适用于效力中止的合同,它要求具备以下要件:

一是投保人有申请复效的意思表示。保险合同效力中止后,不存在自行复效的问题。投保人愿意恢复合同效力的,必须向保险人提出复效申请,投保人的复效申请一般通过填写复效申请书来完成。

二是被保险人的身体健康状况符合投保条件。

三是投保人补缴合同中止所欠的保险费及利息。引起保险合同效力中止的主要原因就是投保人不缴纳保险费,要使中止的合同复效,就应当消除导致合同中止的因素,即补缴保费。

四是保险人同意投保人提出复效申请,必须经过保险人的同意。根据《保险法》

的规定，保险人对投保人提出的复效申请表示同意，是合同复效的必要条件之一。只有同时具备以上条件，中止的保险合同才能复效。如果双方当事人未达成复效协议，那么，如果保险合同中止期间未满2年，保险人行使解除权的条件尚未成就，或者虽然成就但保险人未行使解除权的，合同效力仍处于中止状态；如果保险合同中止期间已满2年，且保险人解除合同，则合同效力终止。

对于效力中止的合同恢复效力，除补缴自保险费到期日至复效日为止所欠缴的保险费外，是否还应当补缴该期间保险费的利息，不同的国家有不同的做法。美国、日本等国的保险法均要求补缴利息，而我国的《保险法》并未对此做出规定。

客户申请保单复效时，要带上投保人及被保人的身份证复印件、保险合同、复效申请书、健康告知书等材料，到保险公司的服务柜台办理，也可由代理人代为办理。

三、保单复效案例分析

案例 13.1

保险合同复效

王某为自己投保了一份终身寿险保单，合同成立并生效的时间为1997年3月1日。因王某未履行按期缴纳续期保费的义务，此保险合同的效力于1998年5月2日中止。1999年5月1日，王某补缴了拖欠的保险费及利息，与保险公司协商达成协议，此合同效力恢复。1999年10月10日，王某自杀身亡，其受益人便向保险公司提出给付保险金的请求。而保险公司则认为"复效日"应为合同效力的起算日，于是便以合同效力不足两年为由予以拒赔。

案例分析：

这是一起围绕复效合同效力是以合同成立日，还是以复效日作为起算日的保险纠纷案件。自杀条款和复效条款是人寿保险单中常见的条款。根据我国《保险法》第六十五条的规定，以死亡为给付保险金条件的保险合同，自成立之日起满两年后，如果被保险人自杀，保险人可以按照合同给付保险金。根据《保险法》第五十八条的规定，合同效力中止之日起两年内，经保险人与投保人协商并达协议，在投保人补缴保险费后合同效力恢复（即复效）。那么，复效合同的自杀条款效力究竟是从合同成立日算起，还是从复效日算起呢？对此，《保险法》并未做出明确规定。

在本案中，当事人双方签订的是商业性保险合同，在不违背法律和社会公共利益的前提下，应该以体现保险双方的真实意思表示为准，即应以合同成立

日为准,这是因为:

第一,我国《保险法》第三十条规定:"对于保险合同的条款,保险人与投保人、被保险人或者受益人有争议时,人民法院或者仲裁机关应当作有利于被保险人和受益人的解释。"根据这一规定,既然《保险法》和本案中双方签订的合同均未对复效保单的自杀条款起算日做出规定,就应该认为复效合同的自杀条款效力从合同成立日起算,以切实维护被保险人和受益人的合法权益。

第二,根据《合同法》的相关原理来分析,合同效力的"中止"不同于"终止","中止"仅仅是合同效力的暂时中断而非永久性失去效力。当投保人与保险人达成协议并补缴了保费及利息后,合同效力恢复,所有原条款包括自杀条款在内,在没有特别约定的情况下,其效力应该回溯到原始状态(即合同成立之日),因此,将自杀条款的效力起算日延后是不合理和显失公平的。

本案中保险合同的自杀条款效力应该从合同成立日算起,并且已满两年期限,因此,保险公司应按合同规定给王某的受益人支付保险金。

资料来源:根据http://www.shangxueba.com/ask/4763089.html网站资料整理。

案例13.2

附加险不存在"复效"

吴小姐投保了一份长期寿险,并附加了一份住院医疗保险。第二年该缴费时,吴小姐虽然收到了保险公司提醒交费的通知,但是因为工作忙,一直没有缴纳续期保费,直到三个月后吴小姐才到保险公司申请保单复效。保险公司审核后同意了吴小姐的复效申请。不久,吴小姐因为急性胆囊炎住院治疗,出院后,她到保险公司索赔住院医疗保险,而工作人员遗憾地告诉吴小姐,因为该事故发生在观察期内,是属于住院医疗保险的除外责任,所以不能理赔。吴小姐很奇怪:不是已经办理了保单复效吗,怎么还有什么观察期呢?

案例分析:

失效是指由于投保人没有在宽限期内缴纳续期保费而使保单丧失效力。长期寿险的宽限期一般为两个月,虽然吴小姐的长期寿险保单失效了,但在失效后两年内她可以向保险公司申请复效,同时履行复效时的告知义务。如果符合承保条件且经保险公司审核同意后,可以恢复保单的效力。但是复效是针对长期险的,附加险的保险期间通常为一年,到期后合同即终止,是不存在复效问题的。

如果吴小姐还希望获得附加险的保障,就需办理"新增附险"手续,即重

> 新投保附加险。在这种情况下,保险公司需要从投保之日起重新计算观察期或免责期等。在复效之前以及复效之日后的观察期内所患的疾病,都不属于保险责任范围。当然,如果吴小姐在每次缴纳长期寿险保费时都按期缴纳附加险保费,就不会出现长期险保单失效问题,当然也不存在需要重新投保附加险的问题,自然也就不会重新计算观察期或免责期。
>
> 资料来源:根据http://china.findlaw.cn/info/baoxian/bxfal/182214.html网站资料整理。

第四节 处理健康保险的"孤儿保单"

一、"孤儿保单"的概念

"孤儿保单"是指个人代理人在终止保险代理合同时遗留的、其在保险代理合同有效期间所负责的保单。具体而言,是指保单的签单代理人已经离职了,其从业寿命短于保单寿命。大多分两种情况:(1)"纯"孤儿单:客户的所有保单签单代理人都离职了;(2)"非纯"孤儿单:部分保单签单代理人离职。

因为保单签单代理人的离职,服务跟不上,容易导致保单失效,影响后续的收入和客户忠诚度,因此,公司必须尽快安排其他人跟进,即"收展"或"区拓",或者交给"客服专员"。在跟进过程中,需要区分前述两种"孤儿保单"的不同情况,否则容易造成业务冲突。

二、"孤儿保单"服务

"孤儿保单"服务是指因为原营销人员离职而需要安排人员跟进服务的保单。"孤儿保单"服务包括保全服务、保单收展服务和全面收展服务三种(见表13.4)。

表13.4　　　　　　　　　　"孤儿保单"服务

服务项目	具体做法
"孤儿"保单保全服务	公司成立专门的"孤儿"保单保全部(组),集中办理"孤儿"保单续期收费和其他保全工作。"孤儿"保单采取按应收件数均衡分配方式,落实到每一个保全员。公司对保全员进行单独管理、单独考核

续表

服务项目	具体做法
"孤儿"保单收展服务	公司设专门的收展员或成立专门的收展部,并按行政区域安排"孤儿"保单的客户服务工作
全面收展服务	公司设专门的收展部门,并按行政区划安排"孤儿"保单及全部保单若干年的客户服务工作

从目前来看,各公司对于"孤儿保单"的处理都已形成了一整套较为完善的业务流程。每当有业务员离职,公司电脑管理系统就会立刻发出信息,一方面通知该部门立即派人处理,另一方面通知客户业务员变更的消息,并告知客户今后的一切保险事宜都将由一位新工作人员来接手。同时,尽量采用固定人员负责每份保单,以免造成客户的混乱和不便。

本章小结

1. 保单是保险人与被保险人订立保险合同的正式书面证明,保单记载的内容是合同双方履行的依据。

2. 保险合同是投保人和保险人约定保险权利义务关系的协议,保险合同变更是指在保险合同没有履行或没有完全履行之前,当事人根据情况变化,按照法律规定的条件和程序,对原保险合同的某些条款进行修改或补充。

3. 健康保险作为人身保险的一种,合同的保险期间一般较长。在此期间,保单的状态可能也处于动态变化当中,常见的健康保险合同状态包括合同的订立、变更、解除、中止、复效与终止。

4. 保险合同复效,是指导致保险合同中止的法定事由消除后,具备相应的条件,其效力即行恢复成未中止前的状态。它是相对于合同效力中止而言的。

5. "孤儿保单"是指个人代理人在终止保险代理合同时遗留的、其在保险代理合同有效期间所负责的保单。保险公司可以采取保全服务、保单收展服务和全面收展服务三种方式处理"孤儿保单"。

思考题

1. 健康保险合同与一般的保险合同相比有什么共性和特性？
2. 保单包括哪些事项？每个事项的主要特征是什么？保单状态的三个主要特征是什么？
3. 比较保险合同的订立、变更、解除、中止、复效与终止。
4. 保单失效的原因何在？会有什么样的后果？如何办理保单复效？
5. "孤儿保单"与普通保单的区别何在？如何处理"孤儿保单"？

第十四章

健康保险保全服务

健康保险保全是保险公司围绕合同变更、年金或满期金给付等项目而开展的售后服务工作。保全服务贯穿保单的整个生命周期，个人险保全和团体险保全对于合同的长期有效存续有着重要作用。

第一节 健康保险保全的基本问题

一、保全的概念

保全是指保险公司为了维持保险合同的持续有效，根据合同条款约定及客户要求而提供的一系列服务。保全服务范围包括投保人变更、受益人变更、地址变更、缴费账户信息变更、年龄变更、红利领取方式变更、减额交清、合同解除、附加险增加或解除、保单补发、合同效力恢复、生存给付等。

一般而言，保全业务的申请资格人为以下几类：受益人变更的申请资格人为被保险人或征得被保险人同意的投保人；受益人资料变更的申请资格人为被保险人；生存金、满期金给付的申请资格人为生存受益人；其他保全项目的申请资格人均为投保人。

二、健康险保单保全的基本原则

健康险保单保全的基本原则是指健康保险保单保全业务的要求和规则，对于每一客户，无论其投保的是何种健康险种，在申请保全作业时均应符合该规则。健康保险保单保全作业应遵循"契约连续原则""合法合规原则""协商一致原则"，具体内容见表14.1。

表 14.1　　　　　　　　　团体保单保全的基本原则

原则名称	具体含义
契约连续原则	指保全作业应以契约的连续性作为前提，并以保持契约连续性作为保全作业的目的
合法合规原则	指进行各项保全作业应符合《保险法》、中国保监会规定及相关法规及其公司相关制度规定的要求
协商一致原则	指除法定事项外，在进行各项保全作业时，投保人、被保险人与保险人或保险合同其他当事方应一致同意方可办理

三、保全服务处理流程

（一）保全申请

客户/代理人提出保全申请，按照保全服务申请书填写对应申请书，并按照所申请保全项目的具体要求提交所需应备资料。

（二）初审

保全人员在收到保全申请书后，必须对申请书及应备文件进行审核，对符合要求的保全申请予以受理。审核的内容主要有以下几个方面：

第一，根据保险合同约定，确认申请人资格，并对客户进行身份识别。

第二，申请应备文件必须齐全、有效。核对各类身份证件、各类证明材料等原件后，应留存复印件，并在复印件上签章确认"原件已核"；如客户提供的材料不全，需要补齐材料才能完成申请。对于应备文件包含保险合同的保全申请，必须审核确认保单是否补发过以及补发次数。如进行过补发，必须确认客户提供的保单为最后一次补发的保单。

第三，申请书填写必须完整、准确。受理各项保全申请应严格按申请资格人的申请内容办理，代办件须严格审核委托事项与申请书填写内容是否一致；对于申请内容不明确的，须与客户进行确认，严禁主观臆断。

第四，签名核对。委托书或申请书上资格人签字必须与系统中的签名影像一致（如果发生过签名变更申请，应与变更后的签字一致），签名核对不符的不予受理。申请书、委托书代签名无效。

第五，必须审核申请书上的保全申请日期，客户提出申请的日期不得早于公司实际受理日期3个工作日。如超过3个工作日，须确认客户申请日期过早的原因，并要求客户重新确认申请书内容。

第六，进入系统查询保险合同的状态及相关信息，根据客户申请的保全项目进行判断处理。

第七，办理对客户权益有重大影响的事项（如保障调整、复效、投保告知事项变更、受益人变更等），要详细说明变更前后的不同及可能造成的损失，避免无谓的纠纷；严格按投保人的意思办理，严禁误导或代替他人办理。审核各类应备文件无误后，应在业务系统中查询该保单的当前状态。

第八，对资料不全或拒绝受理的，应及时向申请人说明情况，请其补充资料或将资料退回。

（三）扫描

对符合受理要求的保全申请，应在受理当日将申请资料进行扫描，并将影像件上传业务系统。

（四）保全录入

保全申请初审通过后，保全人员根据申请资料在业务系统中进行新增、录入操作。保全新增项目必须为客户申请项目，避免申请项目录错。保全受理当日必须进行系统新增、录入；保全受理日期指保全受理人员签收齐备的保全申请资料之日。

（五）保全核保

凡涉及核保的保全项目，未经核保通过，不得擅自处理。保全核保包含系统自动核保和人工核保。对于符合系统自核规则的申请，系统会自动通过；否则系统会自动将保全申请送交人工核保。核保人员给出审核意见后，保全人员根据核保意见再继续进行相应处理。

（六）保全审批

凡涉及审批的保全项目，在保全录入完成后，应及时按照审批权限进行审批操作。审批人员必须仔细审核客户申请是否符合受理要求，具体申请事项与系统录入信息是否一致，系统处理结果是否正常、正确。如发现问题，写明退回或拒绝原因后，应立即退回保全受理人员重新处理或拒绝受理。

（七）保全批单打印、签章与签字

在打印批单前，必须仔细核对批文所述内容是否正确、严密，是否与申请内容一致。批单须有保全经办人签章。申请人或受托人签字后，批单客户联粘贴于保单交付客户。

（八）保全费用结算

凡产生收、退费用的项目在保全完成后，需进入费用结算。如遇特殊情况，须以现金或支票方式结算的，客户凭保险批注单到财务办理收付费手续。如在保全录入时，选择立即生效的，则可根据与客户约定的结算时间进行结算处理。

第二节 常见个人保单保全工作的处理

一、保全岗位日常工作内容及工作要求

（一）保全岗位日常工作内容

受理客户各类保全咨询；受理客户各类保全申请，指引客户提供必备的申请资料；进行系统操作，按规定的工作时效完成保全作业；定期整理、装订保全档案并移交档案室；受理资金型业务的满期给付；就保全业务的核保事项与核保人员联系；受理超权限上报业务；其他应由保全处理的工作。

（二）保全业务的控制要求与时效要求

1. 保全工作控制要求

（1）严把保全业务中申请人资格审核关。资格审核无误后，要留存申请书、申请人主体及代办人证件复印件，与其他相关证明等资料一同归档；对于无法确认申请人身份资格的保件，不得办理相关的保全手续。

（2）申请的保全事项是否为条款或合同约定事项，是否违反国家法律及公司有关规定，是否会影响合同的公平，是否会侵犯合同其他当事人或关系人的合法权益，

是否会损害公司利益。

2. 保全作业的一般时效要求

在所需申请资料齐全的情况下,保全作业时效要求如下:不涉及金额的客户信息变更操作即时完成;需开展调查或需多个部门配合的疑难保全件,视具体情况而定;保全业务另有管理规定的,在规定的时间内完成。

二、客户申请保全业务事项

(一)常见保全项目及其申请书类型

一般保全业务的申请人为投保人,但是以下保全项目有特别要求(见表14.2)。

表 14.2　　　　　　　　　　保全申请的特殊要求

保全项目	申请人
年金满期领取、累积生息账户领取或注销等领取类项目	被保险人或其监护人
受益人变更项目	被保险人或其监护人; 投保人(征得被保险人同意)
新增/加保附加险、复效等保险责任增加或者恢复类项目	投保人(征得被保险人同意)

由于保全申请的具体项目非常多,公司需要对不同的申请进行分类,填写申请书时需要注意结合不同的业务填写不同的申请书,比较常见的保全业务所对应的申请书见表14.3。

表 14.3　　　　　　　　　常见保全项目及其申请书类型

所需申请书类型	保全项目
解除/部分解除合同类	退保、减保等
领取类	年金、满期金领取、更换领取银行账户、变更领取年龄、领取方式等
基本信息变更类	变更电话号码、地址、邮编、工作单位等
客户层变更类	变更姓名、性别、出生日期、身份证类别、证件号码等
保单贷款类	申请保单贷款、续贷和贷款清偿等
非补退费类	变更投保人、受益人以及保单迁移等

(二)客户申请保全业务需要准备的材料

一般需要提供下列材料:保险合同,完整准确填写好的保全申请书,申请人

（以及变更对象、受托人等）的身份证明（如身份证、军官证、护照、港澳通行证等），其他材料（如人员关系证明、生存/死亡证明、银行账户、投保人提供的离职证明等）。如为委托办理，则在提供前述资料以外，另需提供授权委托书及代办人身份证明原件。

对于特定保全项目要求，更详尽的资料要求以具体保全项目规定为准。申请保全的资料一般包括以下几类：

第一，有效身份证明的提供。保全业务中的有效身份证明包括身份证、临时身份证、户口簿、护照、港澳居民来往内地通行证、台湾居民来往大陆通行证（港澳台居民）等，以上证明须为原件。

第二，各类操作的申请主体和应备文件中，若涉及被保险人，当其未成年时，由其法定监护人代行各项保险事宜，必须提供监护人身份证明原件及能证明监护关系存在的有关资料。

第三，应备文件中涉及客户最后一期缴费凭证时，若客户无法提供，可以电脑实际记录为准。

(三) 保全业务申请书的填写

1. 申请书填写要求

（1）申请人应完整、准确地填写申请书；涉及保险合同号、客户姓名、保额、险种、金额、申请人签名、转账账号等填写项目不得进行涂改；其他填写内容出现错误时，需申请人在涂改处签名更正。

（2）必须填写项目：保险合同号、申请日期、申请事项、申请资格人签名。

（3）在投保人申请"投保人变更""受益人变更"等项目时，如果投保人与被保险人不是同一人，需征得被保险人同意，被保险人可在保险合同变更申请书上签名以示同意或提供书面同意证明。

（4）一张申请书只能对应一份保险合同。

2. 申请书签名要求

（1）申请人签名须与原始投保单的签名一致。如申请过签名变更，应与变更后签名一致。

（2）如签名发生变化后尚未申请变更的，除退保、犹豫期退保外，必须先进行签名变更后方可受理。

（3）在签名不一致的情况下，办理退保、犹豫期退保必须投保人亲办，不受理委托代办。

（4）如申请人为个人，必须由申请人亲笔签名，不得仅加盖印章。

（5）若申请人未成年，须由其法定监护人签字确认。

3. 其他要求

申请书必须用蓝黑色、黑色墨水笔/签名笔填写，要求字迹清晰、工整。

（四）保单变更申请撰写要求

使用公司标准单证。

公司标准单证获取途径：（1）公司客服中心领取；（2）联系保单代理人送达相关单证；（3）公司网站下载相关单证。

申请书字迹清晰，表述明确。如有涂改，须在涂改处签名。

申请书应由申请资格人亲笔签署，所使用的签名应与合同的签名样本一致。

申请办理新增险种、增加保额、复效时，应填写申请书背面的健康及财务告知书，并由投保人及被保险人一起签署。

在变更投保人、变更受益人或增加保障类项目须被保险人签字时，如果投保人与被保险人不是同一人，需征得被保险人同意，被保险人必须在申请书上签名（若被保险人为未成年人，由其监护人签名）或出示书面同意声明。

申请人委托他人办理保单服务的，须签署授权委托书。

三、个人客户申请渠道

个人申请人可直接到公司客户服务中心办理或由营销员代为办理。其中地址变更、联系方式变更可致电公司客服热线办理；补发续期对账单、补发批单可致电客服热线申请。

（一）业务员代办

当客户向业务员提出申请时，业务员有义务协助客户办理相关手续。业务员代办时，须在申请书代办人处签署姓名及个人业务代码。

业务员代办时须出示规定的申请材料，若申请材料要求为原件的，业务员可代为审核后以复印件代替，客户对于所提供的材料的复印件进行确认签名；业务员审核资料后，需在复印件上签名确认与原件是否相符，并注明所提供材料的来源。

业务员应在1个工作日内，将申请材料递交业务员服务部门，由业务员服务部门转交处理。业务员代办服务过程中应严格遵守公司的相关规定，若出现误导、代签名或其他违反公司相关规定行为的，由分公司运营部门报销售人管理部门参照公司规定进行处理。

（二）客户办理或委托他人代办

客户办理时应携带本人身份证件及相应材料。

除业务员外客户委托其他人代办服务的，须签署委托授权书，受托人在办理申请时应出具授权委托书、委托人及受托人的身份证明原件。

四、关于委托代办保全业务

委托代办人须年满18周岁，具有完全民事行为能力。

委托办理保全事项需提供以下手续：代办人（即受托人或称代理人）应填写公司印发的委托授权书，并填写身份证号码、身份证有效期及联系电话等具体事项；代办人及委托人的身份证明；申请主体填写完整的申请书，并在申请人签名处签写本人姓名，客户出具的授权委托书中的委托事项必须清晰、明确。

以下项目只能由申请主体亲自办理，不可委托代办：（1）变更投保人。如投保人身故，需要进行投保人变更的，须出具公安部门法定继承人（遗嘱继承人）证明，以及由法定继承人（遗嘱继承人）同意变更的书面同意书，同时需要提供法定继承人（遗嘱继承人）身份证明文件、原投保人死亡证明文件、新投保人身份证明文件。（2）保单遗失补发。（3）保单补发后申请退保。（4）保单迁移。（5）满期给付首期给付（包括迟领业务）。（6）保单贷款。

办理以上业务时，如确因丧失活动能力等原因不能亲自办理的，可受理委托代办业务，但受托人应出具投保人丧失活动能力的相关有效证明，或由公司派员上门代为受理。涉及金额较大的保单应经公司核查确认。

当申请内容涉及投保人变更、受益人变更、保障调整、投保告知事项变更等内容时，需同时出示投保人及被保险人的委托书。

五、保全服务相关费用的处理

（一）保全服务中的缴费处理

公司保单服务采用后收费制，保全服务中发生收费的，在公司出具批单后，客户应根据公司出具批单的要求缴纳相关费用。

目前各公司开通的个险缴费方式通常为转账收费及柜台缴纳现金。保险费采用的收费形式为转账的，默认的保单服务收费方式也为转账。

根据中国保监会的要求，代办业务需按转账处理，1 000（含）元以下的可缴纳现金；1 000元以上的必须实行转账处理，代办人不得缴纳现金。

客户未在批单规定的期限范围内及时缴纳保费的，公司有权撤销此次申请。

缴费期限通常规定为自保单服务结案日当日开始的10个自然日内。如逾期客户未缴费，该次申请作废。客户如果仍需办理，必须办理保全变更，应重新提交申请。

（二）保全服务中的退费处理

合同变更中如果发生退费，公司将在批案结案后进行退费处理。

目前各公司开通的退费方式通常为转账退费及柜台付现金。保险费采用的收费形式为转账的，默认的保单服务退费方式也为转账。

家庭保险保单发生退费的，所退费用退还给投保人（护理年金/满期金给付除外）。

根据原中国保监会的要求，申请人亲自到公司办理退费及给付业务的，按照转账处理，对于特殊情况需要领取现金的，可由申请人本人领取；代办业务必须实行转账办理，代办人不得领取现金。

（三）保全服务中对于预缴保费账户的使用

在实践中，各公司通常为每位投保人设立超收保费账户（记账科目），以记录客户缴纳保费时超过应缴保费的部分。该账户可用于支付续期保险费、保单管理费用。投保人也可以单独申请领取超收保费账户余额。

若投保人超收保费账户中存在余额的，可在递交申请书时提出以账户余额抵缴本次保单管理费用，不足部分将按申请书规定的其他方式收取。

当发生退费类的保单服务时，若投保人不愿当时领取退费，可在递交申请书时提出将本次退费转入超收保费账户；采用转账方式退费的，若因客户账户或银行等原因造成付款失败的，需修改付费信息后解锁重新付款。

在保单有效期内，投保人可凭本人身份证原件申请领取未使用的超收保费余额。

（四）续期保险费转账期间的保全服务

凡影响续期收费的保单服务项目，若合同的收费方式为银行转账，则自转账数据制盘到回销期间（大约为2—5天），暂不得办理保单服务。

续期保费转账未制盘期间可以办理保单服务。若变更内容可能影响当期保费的金额，原续期通知书作废，客户应按变更后的金额缴纳保费。

第三节　常见团体险保单保全工作的处理

一、团体险保全的基本要求

（一）团体险保全服务申请资格人

一般保全变更的申请资格人为投保人。保单的投保类型一般有法人和自然人两种。如投保类型为法人，则申请资格人为投保单位；投保类型为自然人，则申请资格为自然人。

受益人变更的申请资格人为被保险人。投保人在征得被保险人同意后，可申请受益人变更。

已满16周岁未满18周岁的公民，在提供其收入证明的情况下，本人可申请办理保全业务，无须法定监护人代为办理。

针对个人销售的学平险、航意险、紧急救援险等业务，申请资格人为实际投保人。

（二）申请保全一般应备的文件

申请材料应由申请资格人填写并签章，如委托代办应提供委托书及受托人的身份证件。提供的有效身份证明包括：

1. 投保单位的有效身份证明为其对外法律上认可的有效印章

有效印章仅能使用以下印章：投保单位公章和合同专用章。其他部门章和其他专用类章不得使用。如投保单位投保时在协议中明确相关的专用类章对外具有法律效应并相应授权的，保全也可受理该单位授权的对外有效印章。

2. 个人的有效身份证件是有效期内的客户身份证件及身份证明文件

（1）居住在境内的中国公民，为居民身份证或者临时居民身份证。

（2）居住在境内的16周岁以下的中国公民，为户口簿、护照、居民身份证、临时居民身份证。

（3）中国人民解放军军人，为军人身份证件；中国人民武装警察，为武装警察身份证件。

（4）香港、澳门居民，为港澳居民往来内地通行证；台湾居民，为台湾居民来往大陆通行证或者其他有效旅行证件。

（5）外国公民，为护照。前款未作规定的，依照有关法律、行政法规和国家有关规定执行。

3. 其他证明材料

（1）退休证明：因提前退休需提前领取生存保险金的需提供退休证明。退休证明一般以当地社保局颁发的社保证明为主要证明，离退、内退的证明无效。

（2）离职证明：离职证明一般为企事业单位人力资源部门印发给被保险人的离职文件或其他合法证明上应有投保单位的公章或人力资源部的印章，但不包括依法退休、病退、内部退养行为。

（3）全残证明：以公司认可的医疗机构或司法部门认可的伤残鉴定机构出具的被保险人的全残证明为准。

（4）银行存折：对于给付类保全申请，申请银行转账方式支付被保险人满期给付金的，需提供符合当地转账要求的银行存折信息。

（5）被保险人健康告知：被保险人健康告知应使用公司预印的健康告知书，同时有被保险人的签名。

（6）死亡证明：投保人（或被保险人）身故后须由投保人（或被保险人）的合法继承人（或保单约定的身故受益人）办理相关变更后方可受理以投保人（或被保险人）为资格人的保全业务。需提供以下材料证明投保人死亡：由公安部门或国务院卫生行政部门规定的医疗机构出具的投保人（或被保险人）死亡证明书，以及投保人（或被保险人）户籍死亡注销证明；投保人为宣告死亡的，须提供法院出具的宣告死亡判决书。

（7）生存证明：生存受益人办理生存保险金领取时需要提供以下材料之一：被保险人户口簿（非迁出、注销状态）；被保险人有效身份证件；被保险人监狱在押证明；由公安机关户籍管理部门出具的被保险人户籍证明（非迁出、注销状态）。

（8）团体投保人变更证明：当投保单位出现更名、转制、分立、合并等原因造成原投保单位名称不存在或实体已不存在的，需由工商行政管理部门或主管部门出具同意企业更名的批复或核准注销的批复。

4. 保单原件

团体保单除规定的保全项目外，其他保全项目不强制提供保单原件。

（三）申请书及清单填写

申请书应由申请资格人填写。团体保单变更申请书应由投保单位经办人签字并加盖投保单位公章；增减被保险人时，应提供书面及电子清单。

申请书及被保险人清单应"正确""完整"填写，涉及保单号、姓名、保额、险种、金额、人数、申请日期等填写项目不得进行涂改；其他填写内容出现错误时，需要资格人在涂改处签字或盖章确认。

必须填写项目：保单号、申请日期、资格人签字（章）、申请项目（视内容选择填写）。

对于需征得被保险人同意的保全申请项目，被保险人可在保险合同变更申请书上或申请清单上签名以示同意或提供书面同意证明。

健康及财务告知必须由被保险人或其监护人亲笔填写并签字确认。

申请书和保险人清单须用黑色钢笔或黑色签字笔正楷填写，要求字迹工整。

尽量使用公司标准申请书；采用信函申请方式的可采用手写行文申请书，但撰写申请时应使用公司规定的标准纸张。

二、团体险一般保全变更规则

(一) 投保资料变更

1. 投保单位资料变更

投保单位资料变更是指在团体客户的单位名称或单位地址、邮政编码、电话等联系方式发生变化时,投保人可以向公司申请办理团体客户资料变更。申请资格人为投保人,受理时间须在保单有效期内。

应备文件包括:(1) 必要时提供保单原件;(2) 载明申请事项的变更申请书及变更清单;(3) 工商行政管理部门或主管部门同意企业更名的批复(单位名称变更时须提供)。

注意事项有:(1) 申请单位名称变更时,原公章已收回或注销的,可根据工商行政管理部门或主管部门的文件或证明为其办理团体客户资料变更。(2) 申请单位名称变更时,如变更涉及该单位多张有效保单的,则需和投保人确认申请的保单是否齐全。(3) 单位并购或破产须变更投保单资料的,须出具相关的法律证明文件。(4) 提供的资料须在公司复印留存后,原件返还申请人。申请人需要在公司留存的复印件上加盖投保单位公章,并且与投保的公章一致。

2. 客户资料变更

客户资料变更是指在投保人、被保险人或受益人在姓名、证件号码等信息发生变化或需要修改投保时所提供的错误信息时,可向公司申请办理被保险人基本信息变更。申请资格人为投保人、被保险人或已经被保险人书面同意的投保人(针对受益人信息变更),受理时间须在保单有效期内。

应备文件包括:(1) 必要时提供保单原件(个人保单必须提供);(2) 载明申请事项的变更申请书及变更清单;(3) 申请资格人的有效身份证明,公司核对无误后留存复印件;(4) 原则上需提供被更正客户的有效身份证明,公司核对无误后留存复印件;(5) 必要时提供客户信息变更的相关证明(户口簿,或户籍管理部门开具的变更证明)。

注意事项有以下几点:(1) 更正内容包括姓名、姓名拼音、证件类型、证件号码、客户之间的关系等;(2) 变更姓名、证件号码时,证明材料为有效身份证件或户籍证明;(3) 个人客户资料信息变更如涉及姓名、证件号码的,需确保权益主体不变,变更时如发现权益主体可能会有变化的,需由申请人补充提供客户信息变更的相关证明(户口簿,或户籍管理部门开具的变更证明),或核对投保时的相关权益人签字;(4) 禁止通过个人客户信息变更来进行被保险人的更改。

3. 被保险人理赔金账号变更

被保险人理赔金账号变更是指变更被保险人的理赔金账号，申请资格人为投保人，受理时间须在保单有效期内。

应备文件包括：（1）必要时提供保单原件（个人保单必须提供）；（2）载明申请事项的变更申请书及变更清单；（3）申请资格人的有效身份证明，公司核对无误后留存复印件。

注意事项有：（1）个人理赔金账号所有人应为被保险人本人；未成年人作为附属被保险人参保时，理赔金账号所有人应为其对应的主被保险人本人；（2）投保单位有义务协助核对理赔金账号的准确性，并在申请清单上盖章确认；（3）公司有权要求提供被保险人的银行卡或存折复印件进行核对。

4. 受益人变更（不包含受益人资料更正）

受益人变更是指被保险人需要指定或更改身故受益人时，向公司申请办理受益人变更。申请资格人为被保险人或征得被保险人书面同意的投保人。受理时间须在保单有效期内。

应备文件包括：（1）载明申请事项的变更申请书及变更清单；（2）申请资格人有效身份证明，公司核对无误后留存复印件；（3）新受益人有效身份证明。

注意事项有：（1）受益人变更仅可对有身故保险责任的保单进行变更。（2）受益人变更仅指被保险人身故受益人的变更，被保险人生存受益人为其本人，因此不受理变更，身故受益人不可为被保险人本人。（3）变更申请书上应载明受益人与被保险人之间的关系。（4）投保人指定或变更受益人时须经被保险人书面同意，变更附属被保险人的受益人需经附属被保险人书面同意。（5）被保险人或者投保人可以指定一人或者数人为受益人。受益人为数人的，被保险人或者投保人可以确定受益顺序和受益份额；未确定受益份额的，受益人按照相等份额享有受益权，受益人比例之和必须为"1"。（6）若变更后的受益人与被保险人本人不是父母、配偶、子女关系，须由投保单位统一申请，经被保险人同意，并在变更清单上签字确认。（7）同一保单下同一被保险人的身故保障责任的受益人必须一致。（8）被保险人身故后不得变更身故受益人。

（二）投保人基本信息变更

1. 投保人变更

投保人变更是指征得被保险人的书面同意后，客户可以选择将投保人变更为被保险人本人或其父母、配偶、子女，来行使投保人的相关权利。申请人资格，当满足以下申请条件之一时，可以向公司申请办理投保人变更：（1）原投保人为投保单位，因分立、解散、破产、合并等事项，导致原投保人实体已不存在；（2）原投保人为个人,因原投保人身故,导致原投保人实体不存在;(3)原投保人与具有可保利益的新投保人一致同意。申请资格人为投保人,受理时间须在保单责任尚未完全终止前。

应备文件包括:(1)必要时提供保单原件(个人保单必须提供);(2)载明申请事项的变更申请书;(3)原投保人与新投保人有效身份证明,公司核对无误后留存复印件;(4)其他相关变更证明(投保人死亡证明、工商行政管理部门或主管部门出具的合法证明文件等)。

注意事项有:(1)原投保人为自然人时,只能变更为自然人;同样,原投保人为投保单位时,也只能变更为单位。(2)自然人提出申请变更投保人时,须经被保险人书面同意。(3)原投保人为单位,若原投保单位因分立、解散、破产、合并等事由,导致原投保人实体已不存在,提出申请变更投保人时,须提供由工商行政管理部门或主管部门出具的合法证明文件。证明文件中应明确说明原投保单位实体已不存在的事实以及新的权益继承单位。如原投保单位的公章已收回或注销的,可由新投保单位提出申请,并提供上述材料。(4)除上述情形外,在原投保人与具有可保利益的新投保人一致同意的情况下,也可申请投保人变更,但必须有原投保人和新投保人签章及有效身份证明。

2. 保单联系方式变更

保单联系方式变更是指在保单所载明的联系人、地址、邮政编码、电话等联系方式发生变化时,投保人可以向公司申请办理保单联系方式变更。申请资格人为投保人,受理时间须在保单责任尚未完全终止前。

应备文件包括:(1)保单原件;(2)载明申请事项的变更申请书。

注意事项有:(1)若保单所载明的地址发生变更,且跨越分支机构的,需要相应地对保单服务地址进行变更;(2)若原先所记载的投保人信息中包含地址等联系方式信息的,应相应更改投保人的客户信息;(3)公司一般不受理地址变更为国外地址或国外电话的申请。

3. 保单特别约定变更

保单特别约定变更是指投保人提出保单特别约定的变更且经核保同意时,可以向公司申请办理保单特别约定变更。申请资格人为投保人,受理时间须在保单有效期内。

应备文件包括:(1)提供保单原件(个人保单必须提供);(2)载明申请事项的变更申请书。保单特别约定变更必须经核保同意。

(三)保单补发处理

保单补发处理是指对于投保公司的客户,若因各种原因导致原签发的保险单污损或遗失的，投保人可以向公司申请办理补发。申请资格人为投保人，受理时间须在保单有效日期内。

应备文件包括：（1）污损保单原件（收回）；（2）载明申请事项的变更申请书（须注明保单污损遗失原因）；（3）投保人的有效身份证明，公司核对无误后留存复印件。

注意事项有：（1）一般来说，各公司在收到申请的一段时间内（比如人保健康为8个工作日）进行补发；（2）若客户申请保单退保，一次性给付时，如果保单已经遗失的，可不进行保单补发，但必须做挂失处理；（3）补发内容按最新的合同资料打印，补发合同由最新保险单、原投保书、有效状态的主附合同对应的保险条款组成。

三、团险补退费类变更项目保全规则

（一）增加被保险人

对于投保团体险的客户，若有新进员工需要加入保险计划的，投保人可以向公司申请办理增加被保险人。申请资格人为投保人，申请时间须在保单有效日期内，该保全项目必须经核保同意，且保单状态为缴清或缴费有效。

申请文件包括：（1）提供保单原件；（2）两人以下的小团体发生新增被保险人时，应提供个人健康告知（可使用个险投保书中被保险人告知书进行告知）。

注意事项有：（1）增加被保险人应在保单有效期内申请，若保单有等待期，等待期不得超过保单剩余有效期；长期险增加被保险人必须在保单周年日申请。（2）增加被保险人应符合保单特殊规则规定的申请时间限制；增加被保险人应在原有保障范围内指定保障计划，在保险期内，不得制定新保障计划。（3）采用约定费率的保单，增加被保险人后，若导致退休人员比例增加或平均年龄增加，公司有权根据具体情况加费或采取其他措施。（4）变更时若保单欠费金额超过原总保费金额的一定比例，应在变更后提前进行结算。（5）一年期险新增被保险人后，保险费计算规则如下：①普通一年期险种须根据剩余保险期间与保单保险期比例计算未满期保险费；②普通一年期险种计算剩余保险期间可按日计算，按月计算时，剩余保险期间不足一个月的部分按一个月计；③特需住院医疗保险增加被保险人时，若需建立被保险人的个人医疗账户，须按约定缴纳保费，扣除管理费后的余下部分进入个人账户。（6）长期险新增被保险人的保费计算规则为按照剩余保险年度及被保险人的年龄进行计算。

（二）减少被保险人

对于投保团体险的客户，若有员工因离职等原因需要退出保险计划的，投保人可

以向公司申请办理减少被保险人。申请资格人为投保人，申请时间须在保单有效日期内。

申请文件包括：（1）必要时提供保单原件；（2）载明申请事项的变更申请书；（3）必要时需提供被保险人离职证明或投保人出具相关声明；（4）被保险人清单。

注意事项有：（1）减少被保险人应在保单有效期内申请。（2）减少被保险人后，剩余被保险人应不低于公司规定的最低人数或参保比例。（3）采用约定费率的保单，若减少被保险人导致退休人员比例增加或平均年龄提高，公司有权根据具体情况对原保单加费或采取其他措施。（4）减少被保险人后，公司计算退保金并返还给投保单位。（5）减少被保险人投保单位应先确认该被保险人无未提交的理赔申请，被保险人退保后公司不再承担理赔责任。（6）减少被保险人退保金的计算规则为：①普通一年期险种根据退保时间计算未满期净保费；②普通一年期险种计算剩余保险期间可按月或日计算，按月计算时，剩余保险期间不足一个月的部分按一个月计；③特需住院医疗保险减少被保险人后，需根据投保单位要求，将个人账户余额扣除解约管理费后，退还投保单位或转入团体医疗账户；保单有计息约定的，减人时暂不支息，减人账户产生利息在保单终止时一并计算并支付；④在长期险减少被保险人时，退还该被保险人保单退保现金价值；⑤发生过实际理赔的被保险人减人时，退保金为0。

（三）被保险人年龄、性别更正

当被保险人投保时所提供的年龄及性别有误，且已影响到所适用的费率时，应向公司申请被保险人年龄、性别更正。申请资格人为投保人，在受理时间方面：长期险保单为进入领取期前；短期险保单为责任尚未完全终止前。

应备文件包括：（1）必要时提供保单原件（个人保单必须提供）；（2）载明申请事项的变更申请书及变更清单；（3）投保人有效身份证明，公司核对无误后留存复印件；（4）被保险人的有效身份证明，公司核对无误后留存复印件。

注意事项有：（1）被保险人的年龄按周岁计算，其中投保年龄以本合同生效日时的周岁为准。（2）在被保险人年龄有误的情形中，若保单中保费的计算方式为标准费率或标准费率折扣，则根据被保险人变更后的真实年龄对应费率自动重新计算保费；若保费计算方式为约定费率及约定差异费率，则维持原费率，补退费为已缴保费绝对值的差异合计。（3）当投保人申报的被保险人年龄不真实，并且其真实年龄不符合合同约定的投保年龄限制时，保险公司有权解除合同或取消该被保险人资格，并对合同解除或取消该被保险人资格前发生的保险事故不承担给付保险金责任。在解除合同或取消该被保险人资格后，保险公司向投保人退还合同或该被保险人的现金价值。

（四）职业变更

当被保险人在保险期间其职业类别发生变化，且这种变化已影响到所适用的保险费率时，应向公司申请被保险人职业变更。申请资格人为投保人，受理时间须在保单责任尚未完全终止前。

应备文件包括：（1）必要时提供保单原件（个人保单必须提供）；（2）载明申请事项的变更申请书及变更清单；（3）投保人有效身份证明，公司核对无误后留存复印件。

注意事项有以下几点：（1）当被保险人所变更的职业依照公司当时的行业分类显示危险程度降低时，公司自接到申请之日起，依其变更前后对应职业所适用的费率差额按日计算和退还未满期保险费；当危险程度增加时，公司自接到申请之日起，依其变更前后对应职业所适用的费率差额按日计算和补收未满期保险费。（2）若被保险人现行职业属公司拒保范围内的，则不同意进行职业变更，并按日计算和退还未满期保险费。该保全项目必须经核保同意。

本章小结

1. 保全是指保险公司为了维持保险合同的持续有效，根据合同条款约定及客户要求而提供的一系列服务。保全服务处理流程包括保全申请、初审、扫描、保全录入、保全核保、保全审批、批单打印和费用结算等环节。

2. 常见个人险保单保全工作的处理涉及日常工作内容、控制点及控制要求和时效要求，尤其是办理个人险保单保全业务的申请资格、申请渠道、资料填写、资料提供、委托代办和保全收费等办理要求。

3. 常见团体险保单保全工作的处理涉及申请资格、一般应备材料、申请资料填写、委托代办和保全核保项目等。一般的团体险保全规则包括客户资料变更、受益人变更、投保人信息变更、保单补发处理和补退费类变更项目，具体项目的申请资格人、受理时间、应备文件有专门的要求。

思考题

1. 保全包括哪些业务范围？保单作业流程涉及哪些环节？每个环节有哪些工作

要领？

  2. 个人险保单保全的工作控制点、控制要求和时效要求有哪些规定？客户申请保全业务应必备哪些文件和材料？保全业务申请书和变更申请填写有哪些注意事项？申请办理保全的渠道及不同渠道有何要求和规定？保全缴费处理有何工作要求？

  3. 团体险保全工作的基本要求和一般应备文件是什么？团体险保全申请要求、委托代办和核保项目有哪些要求？团体险中涉及客户资料变更、受益人变更和投保人信息变更的一般保全变更规则有哪些规定？涉及增加被保险人、减少被保险人、被保险人年龄、性别更正和职业变更类的补退费类变更项目规则有哪些规定？

参考文献

[1] 孙祁祥. 保险学［M］. 北京：北京大学出版社，2017：161—171.

[2] 孙祁祥，郑伟. 商业健康保险与中国医改——理论探讨、国际借鉴与战略构想［M］. 北京：经济科学出版社，2010：235—236.

[3] Rexford E. Santerre and Stephen P. Neun 著，程晓明，叶露，刘宝，徐林山，田国栋译. 卫生经济学——理论、案例和产业研究［M］. 北京：北京大学出版社，2006：150—172.

[4] Sherman Folland, Allen C. Goodman and Miron Stano. 卫生经济学（第六版）［M］. 北京：中国人民大学出版社，2011：154—177.

[5] 田文华，刘保海. 卫生经济分析［M］. 上海：复旦大学出版社，2008：120—147.

[6] Michael H. Merson, Robert E. Black and Anne J. Mills 著，郭新彪主译. 国际公共卫生——疾病、计划、系统与政策［M］. 北京：化学工业出版社，2009：575—609.

[7] James W. Henderson 著，向运华，钟建威，季华璐，颜韬译. 健康经济学［M］. 北京：人民邮电出版社，2008：127—150.

[8] 樊明. 健康经济学［M］. 北京：社会科学文献出版社，2002：12—27.

[9] 荆涛. 人寿与健康保险［M］. 北京：北京大学出版社，2011：105—145.

[10] 栾港. 客户关系理论与应用［M］. 北京：人民邮电出版社，2015：5—36.

[11] 李光明. 客户管理实务［M］. 北京：清华大学出版社，2009：45—66.

[12] 韩雪. 保险客户服务与管理［M］. 北京：中国金融出版社，2009：26—30.

[13] 刘子操. 保险营销学［M］. 厦门：厦门大学出版社，2010：25—56.

[14] 马刚. 客户关系理论［M］. 大连：东北财经大学出版社，2005：15—31.

[15] 杜明汉. 客户服务问题管理［M］. 武汉：华中科技大学出版社，2009：35—56.

[16] 霍映宝. 顾客满意度测评理论与应用研究［M］. 南京：东南大学出版社，2010：20—24.

[17] 吴定富. 保险基础知识 [M]. 北京：中国金融出版社，2005：35—51.

[18] 潘瑾，徐晶. 保险服务营销 [M]. 上海：上海财经大学出版社，2005：35—46.

[19] 保险客户服务与管理. 保险客户服务与管理 [M]. 北京：中国金融出版社，2015：178—199.

[20] 张晓. 商业健康保险 [M]. 北京：中国劳动社会保障出版社，2004：63—88.

[21] 粟芳，许谨良. 保险学 [M]. 北京：清华大学出版社，2011：56—82.

[22] 李虹. 保险理财规划 [M]. 成都：西南财经大学出版社，2008：202—208.

[23] 赵立航. 保险理财规划理论与实践 [M]. 北京：中国财政经济出版社，2010：164—175.

[24] 黄占辉，王汉亮. 健康保险学 [M]. 北京：北京大学出版社，2006：293—312.

[25] 鲍勇，周尚成. 健康保险学 [M]. 北京：科学出版社，2015：30—47.

[26] 孙祁祥，朱俊生，郑伟，李明强. 中国医疗保障制度改革：全民医保的三支柱框架 [J]. 2007（5）. 经济科学，235—236.

[27] 胡圣举，徐文苗. 要做好车险未出险客户的服务 [J]. 2000（11）. 保险研究，38—68.

[28] 王立军. 保险市场机构与非规范竞争 [J]. 2009（12）. 保险研究，88—101.

[29] 张婧. 浅谈客户关系管理在保险业中的应用 [J]. 2010（11）. 经济研究导刊，3—6.

[30] Adams, Scott J., "Health Insurance Market Reform and Employee Compensation: The Case of Pure Community Rating in New York", Journal of Public Economics 91 (6), 2007: 1119–1133.

[31] Akerlof, George A., "The Market for Lemons: Qualitative Uncertainty and the Market Mechanism", Quarterly Journal of Economics 84, 1970: 488–500.

[32] Arrow, Kenneth J., "Uncertainty and the Welfare Economics of Medical Care", American Economics Review 53, 1963: 941–973.

[33] Cutler David M., "The Lifetime Costs and Benefits of Medical Technology", Journal of Health Economics 26, 2007: 1081–1100.

[34] Cutler David M. and Jonathan Gruber, "Does Public Insurance Crowd out Private Insurance", Quarterly Journal of Economics 111, 1996: 391–430.

[35] Cutler David M. and Sarah J. Reber, "The Trade – off between Competition and Adverse Selection", Quarterly Journal of Economics 113, 1998: 433 – 466.

[36] Feldstein, Martin S., "The Welfare Loss of Excess Health Insurance", Journal of Political Economics 81, 1973: 251 – 280.

[37] Frech, H. E., and Paul B., "Competition among Health Insurers, Revised", Journal of Health Politics 13, 1998: 279 – 291.

[38] Gaynor, Martin., "What Do We Know about Competition and Quality in Health Care Markets?", National Bureau of Economic Research Working Paper 12301, 2006.

[39] Grossman, Michael., "On the Concept of Health Capital and the Demand for Health", Journal of Political Economics 80, 1972b: 223 – 255.

[40] Hsiao, William C., "Assessing the Implementation of Physician – payment Reform", New England Journal of Medicine 328, 1993: 928 – 933.

跋

"完善国民健康政策,为人民群众提供全方位全周期健康服务",这是中国共产党十九大对全国人民作出的深入民心的伟大承诺,是进一步实施健康中国、惠及万民的伟大战略。

中国共产党已经将保障人民健康当作了党和国家的一项重要工作,把为人民健康服务提升到了一个前所未有的高度。健康保险作为国家健康服务产业中的关键一环,在提升国民整体健康水平与健康保障方面,都面临着前所未有的发展机遇与空间,无论是现在还是将来,都会发挥着越来越重要的作用。

人食五谷,焉得无病?人的一生,总是在健康与不健康状态之间徘徊,但福寿安康是人们亘古通今的幸福期许。随着我国迈进上中等收入国家行列,人们对健康生活愈加渴望,对健康保障和健康服务的需求愈加多样,也自然会进一步提高对商业健康保险服务的要求。

已经成立十余年的我国首家专业健康保险公司——中国人民健康保险股份有限公司,以"让每一位中国人的健康更有保障、生活更加美好、生命更有尊严"为其崇高的使命,以"人民保险,服务人民"为其矢志不渝的追求,在"健康中国"建设的征程中,肩负着服务"国家治理体系和治理能力现代化"这一历史角色的重担,在建设"政府信任、人民满意的中国健康保险第一品牌"的道路上走出了成效。在近五年来,人保健康构建了清晰的发展模式;实现了多元化销售渠道建设和业务转型;达到了服务能力的明显提升;成为国家医疗保障体制改革的积极参与者和重要推动力量。在实现两个一百年奋斗目标和中华民族伟大复兴中国梦的文化大背景下,人保健康将继续把握战略机遇,牢记时代赋予健康保险的重要使命,致力于打造成服务"健康中国"建设的领军企业,成为国际一流的健康保险供应商。

党的十九大报告提出要"加强应用基础研究",要"建立以企业为主体、市场为导向、产学研深度融合的技术创新体系"。人保健康理应责无旁贷地承担起健康保险综合研究这一具有里程碑意义的开创性工作,因此,公司决定协调和组织一批知名专家学者,立足国内实际,借鉴国际经验,编著一套具有中国特色的《健康保险系列丛书》,系统梳理健康保险的基础理论和经营实践,初步构建相对系统、科学、完整的健康保险理论体系,为培养健康保险行业高水平人才奠定坚实的基础。

《健康保险系列丛书》项目由人保健康党委书记、总裁宋福兴同志亲自挂帅,组建了以公司高管为成员的高规格编委会,邀请保险、财税、公共管理、社会保障、医疗卫生领域近40位著名专家,共同编著。

为确保专业性和权威性,丛书编委会多次召开由多位专家学者参加的专题研讨会。整体来看,丛书既考虑了健康保险的既往经验、现实状况和未来发展趋势,体系上比较完善;同时又对健康保险的相关领域作了探索研究,拓宽了研究范围。从功能定位看,丛书体现了理论与实践并重的编写特色:既要有理论高度,具有一定的前瞻性,达到高等教育教材的编写水平;同时要有实效性,能满足专业健康保险公司经营发展中的现实需求。专家们认为,丛书对把握健康保险经营规律以及行业的可持续发展具有重大意义,充分体现了中国人保一贯以社会责任为己任的优良传统,利于当代、功在千秋。

在丛书的编著工作中,专家学者们都全情投入,科学严谨地为编著工作贡献着智慧。马海涛教授、王欢教授、王国军教授、王绪瑾教授、王稳教授、朱铭来教授、孙祁祥教授、李晓林教授、杨燕绥教授、张晓教授、卓志教授、赵尚梅教授、郝演苏教授、辛丹博士等专家学者负责各分册编著工作,李保仁教授、魏华林教授、庹国柱教授、李玲教授、孙洁教授、郑伟教授、于保荣教授、余晖教授、朱恒鹏教授、朱俊生教授、董朝晖博士等专家学者给予丛书编写许多指导和帮助,在此一并表示最衷心的感谢!

本丛书是对健康保险经营实践经验的阶段性总结和思考。但由于编写时间紧,难免有疏漏之处。而且随着健康保险专业化经营不断深化,还会有很多需要改进的地方。我们希望本丛书能构建起健康保险行业的理论体系与研究架构,对引领健康保险规范、良性和可持续发展起到积极作用。我们也希望借助本丛书,能培养出一批高素质的干部员工队伍,为"健康中国"的建设添砖加瓦,为实现两个一百年奋斗目标和中华民族伟大复兴中国梦贡献力量。